Contraste insuffisant

NF Z 43-120-14

RÉPERTOIRE

DE LA

LITTÉRATURE

ANCIENNE ET MODERNE.

IMPRIMERIE DE E. POCHARD,
RUE DU POT-DE-FER, N° 14, A PARIS.

RÉPERTOIRE

DE LA

LITTÉRATURE

ANCIENNE ET MODERNE,

CONTENANT :

1º LE LYCÉE DE LA HARPE, LES ÉLÉMENTS DE LITTÉRATURE DE MARMONTEL, UN CHOIX D'ARTICLES LITTÉRAIRES DE ROLLIN, VOLTAIRE, BATTEUX, etc. ;

2º DES NOTICES BIOGRAPHIQUES SUR LES PRINCIPAUX AUTEURS ANCIENS ET MODERNES, AVEC DES JUGEMENTS PAR NOS MEILLEURS CRITIQUES, TELS QUE :

D'Alembert, Batteux, Bernardin de Saint-Pierre, Blair, Boileau, Chénier, Delille, Diderot, Fénelon, Fontanes, Ginguené, La Bruyère, La Fontaine, Marmontel, Maury, Montaigne, Montesquieu, Palissot, Rollin, J.-B. Rousseau, J.-J. Rousseau, Thomas, Vauvenargues, Voltaire, etc.;

Et MM. Amar, Andrieux, Auger, Burnouf, Buttura, Chateaubriand, Dussault, Duviquet, Feletz, Gaillard, Le Clerc, Lemercier, Patin, Villemain, etc.;

3º DES MORCEAUX CHOISIS AVEC DES NOTES.

TOME VINGT-CINQUIÈME.

A PARIS,

CHEZ CASTEL DE COURVAL, LIBRAIRE-ÉDITEUR,

RUE DE SAVOIE, N° 6, ET RUE DE RICHELIEU, N° 87.

M DCCC XXVI.

RÉPERTOIRE

DE LA

LITTÉRATURE

ANCIENNE ET MODERNE.

ROUCHER (JEAN-ANTOINE), poète et littérateur, naquit à Montpellier en 1745, et fit ses études au collège des jésuites. Il sembla d'abord se destiner à l'état ecclésiastique ; mais lorsqu'il fut venu à Paris pour étudier en Sorbonne, son goût pour la poésie, son amour pour l'indépendance et la séduction des idées philosophiques, lui firent abandonner ses premiers projets ; il rechercha l'amitié des gens de lettres, et s'essaya dans la poésie pour laquelle il se sentait un véritable enthousiasme. Quelques morceaux insérés dans les journaux et l'*Almanach des Muses* étaient encore son seul titre de célébrité, lorsqu'il entreprit de chanter le mariage de Louis XVI avec Marie-Antoinette, dans un poème intitulé *La France et l'Autriche au temple de l'Hymen*. C'est, à proprement parler, le début de l'auteur dans la carrière poétique; on y remarqua de l'élévation dans le style et les pensées, et en outre, il valut à

IMPRIMERIE DE E. POCHARD,
RUE DU POT-DE-FER, N° 14, A PARIS.

RÉPERTOIRE

DE LA

LITTÉRATURE

ANCIENNE ET MODERNE,

CONTENANT :

1° LE LYCÉE DE LA HARPE, LES ÉLÉMENTS DE LITTÉRATURE DE MARMONTEL, UN CHOIX D'ARTICLES LITTÉRAIRES DE ROLLIN, VOLTAIRE, BATTEUX, etc. ;

2° DES NOTICES BIOGRAPHIQUES SUR LES PRINCIPAUX AUTEURS ANCIENS ET MODERNES, AVEC DES JUGEMENTS PAR NOS MEILLEURS CRITIQUES, TELS QUE :

D'Alembert, Batteux, Bernardin de Saint-Pierre, Blair, Boileau, Chénier, Delille, Diderot, Fénelon, Fontanes, Ginguené, La Bruyère, La Fontaine, Marmontel, Maury, Montaigne, Montesquieu, Palissot, Rollin, J.-B. Rousseau, J.-J. Rousseau, Thomas, Vauvenargues, Voltaire, etc.;

Et MM. Amar, Andrieux, Auger, Burnouf, Buttura, Chateaubriand, Dussault, Duviquet, Feletz, Gaillard, Le Clerc, Lemercier, Patin, Villemain, etc.;

3° DES MORCEAUX CHOISIS AVEC DES NOTES.

TOME VINGT-CINQUIÈME.

A PARIS,

CHEZ CASTEL DE COURVAL, LIBRAIRE-ÉDITEUR,

RUE DE SAVOIE, N° 6, ET RUE DE RICHELIEU, N° 87.

M DCCC XXVI.

RÉPERTOIRE
DE LA
LITTÉRATURE
ANCIENNE ET MODERNE.

ROUCHER (JEAN-ANTOINE), poète et littérateur, naquit à Montpellier en 1745, et fit ses études au collège des jésuites. Il sembla d'abord se destiner à l'état ecclésiastique ; mais lorsqu'il fut venu à Paris pour étudier en Sorbonne, son goût pour la poésie, son amour pour l'indépendance et la séduction des idées philosophiques, lui firent abandonner ses premiers projets ; il rechercha l'amitié des gens de lettres, et s'essaya dans la poésie pour laquelle il se sentait un véritable enthousiasme. Quelques morceaux insérés dans les journaux et l'*Almanach des Muses* étaient encore son seul titre de célébrité, lorsqu'il entreprit de chanter le mariage de Louis XVI avec Marie-Antoinette, dans un poème intitulé *La France et l'Autriche au temple de l'Hymen*. C'est, à proprement parler, le début de l'auteur dans la carrière poétique ; on y remarqua de l'élévation dans le style et les pensées, et en outre, il valut à

Roucher l'amitié de Turgot, qui ne lui fut pas inutile : il en était digne puisqu'il attendit pour lui donner des témoignages publics de reconnaissance que *son vers* ne fût plus *suspect de flatterie*, et puisqu'après la disgrace du ministre il imprimait dans le *Poème des Mois :*

Mais lorsque tu n'as plus d'autre éclat que le tien,
Lorsque de ton pouvoir mon sort n'attend plus rien,
Je puis, libre de crainte ainsi que d'espérance,
Bénir mon bienfaiteur et l'ami de la France.

A l'aide d'un emploi facile et lucratif que lui avait procuré son protecteur, Roucher cultivait la poésie et traduisait l'ouvrage de Smith, *De la Richesse des nations.* Sa vie paisible était encore embellie par l'amitié de plusieurs gens de bien, distingués aussi par leur mérite, lorsque la révolution éclata. Comme tant d'autres, il crut d'abord devoir favoriser une régénération utile à la France; mais de nombreux articles insérés dans les journaux du temps, attestent que dès-lors il désapprouvait hautement les excès révolutionnaires. Lorsque ces excès furent devenus des crimes atroces, la belle âme de Roucher se révolta à l'idée d'en être cru le complice, et il aima mieux en être la victime. Il osa s'opposer aux tyrans révolutionnaires ; il entreprit de parler raison, justice, humanité à une populace effrénée, et lorsque les terroristes eurent triomphé, il paya son dévouement. Malgré la retraite dans laquelle il vivait, ne s'occupant que de botanique et de l'éducation de sa fille chérie, il fut recherché comme suspect, poursuivi, arrêté. L'amour du travail le suivit sous les verroux de Sainte-Pélagie, et fut la consolation de sa captivité. Transféré à Saint-Lazare, on lui permit d'avoir auprès de lui son fils encore enfant, faveur bien précieuse pour un père; enfin, le 26 juillet 1794 on le prévint que son nom était porté sur les listes de mort.

Il était résigné depuis long-temps, il renvoya son fils à sa femme; fit faire son portrait par un de ses compagnon d'infortune, Leroy, élève de Suvée, et écrivit au bas :

A ma femme, à mes amis, à mes enfants.

Ne vous étonnez pas, objets sacrés et doux,
Si quelqu'air de tristesse obscurcit mon visage :
Quand un savant crayon dessinait cette image,
On dressait l'échafaud, et je pensais à vous!

Le même jour Roucher fut transféré à la Conciergerie, et exécuté le lendemain, 27 juillet.

La bonté, la douceur de son caractère, ses sentiments nobles et généreux, lui valurent l'amitié des gens de bien pendant sa vie, et lui mériteront à jamais les éloges et l'intérêt de la postérité. « Une ima-« gination brillante, audacieuse, dit M. Lacretelle, « (*Histoire de la Convention*), l'avait distingué par-« mi les hommes de lettres : une âme sensible et « forte le rendait cher à tous les gens de bien. » Les titres littéraires de Roucher sont le *Poème des Mois* et la traduction de l'ouvrage de Smith, *De la Richesse des Nations*. C'est le premier de ces ouvrages qui a fait la réputation de l'auteur. Célébré par tout le monde avant d'être livré à l'impression, il subit, lorsqu'il parut, des critiques trop amères, et plus exagérées encore que la louange prématurée dont il avait été l'objet ; l'article de La Harpe sur cet ouvrage en est malheureusement une preuve. On a publié encore : *Consolation de ma captivité* ou *Correspondance de Roucher*, 1797, 2 part. in-8°. Madame Guillois, fille de ce poète, se propose dit-on de donner au public quelques ouvrages inédits de son père : un poème *Sur les Jardins*, en trois chants ; l'*Astronomie*, poème ; *Thérèse et Faldoni* ou *Les Amants de Lyon*, poème en six chants; des fragments de la *Rhodéide* ou *La Prise de Rhodes*. Il est faux que Roucher ait laissé quelques chants d'un poème épique sur Gustave-Vasa, il n'en avait que tracé le plan. M. Jean-Cyrille Rigaud a prononcé dans la société des sciences et lettres de Montpellier, l'éloge de ce poète, son ami, et membre, comme lui, de cette réunion savante.

JUGEMENT.

C'est à regret que je suis obligé, pour compléter ce qui concerne les poèmes, de faire ici une mention critique d'un écrivain qui, compté parmi les victimes de la tyrannie révolutionnaire, semblerait ne devoir attendre de nous qu'un tribut de regrets bien légitime, et que personne ne lui paie plus volontiers que moi. On voit qu'il s'agit ici de l'infortuné Roucher, massacré par les bourreaux de la France en 1794 ; et à mesure que cet ouvrage me rapproche de nos malheureux jours, il commence à nous offrir des traces douloureuses et sanglantes, qu'assurément je ne croyais pas devoir jamais rencontrer lorsque je l'entrepris dans des jours de bonheur et de sécurité. Le sujet même, autant que la situation de la France, devait en éloigner toute idée, puisque dans tous les temps les gens de lettres ont été, de tous les hommes, les plus généralement étrangers aux révolutions des états. Mais aussi la nôtre a eu ce caractère particulier, qu'elle a été l'ouvrage de la *philosophie et des lumières*, comme on le dit encore dans la langue qu'elle a introduite, et qui subsiste au moment où j'écris *. Il est donc tout simple que ses auteurs en aient couru les dangers, et qu'ils en portent encore le poids, qui même est retombé plus d'une fois sur ceux qui s'en étaient tenus loin. Lemierre, dont j'ai parlé ci-dessus, ne s'en mêla en aucune manière : il n'a pas péri par le glaive, comme Roucher et tant d'autres, mais les dernières années de sa vieillesse ont été affreuses. L'horreur et l'effroi dont il était pénétré lui avaient absolument ôté l'usage de toutes ses facultés : il était tombé dans une stupeur silencieuse et morne, dont rien ne put jamais le tirer. Hors sa respectable épouse, qui lui rendit constamment tous les soins de la tendresse et de la religion, l'aspect de toute créature humaine l'épouvantait, et si l'on essayait de lui parler, il ne répondait pas; il frissonnait de tous ses membres. On compte par milliers ceux que la révolution, sans même les atteindre de ses mains

---

* A la fin de 1797.

meurtrières, a fait périr ainsi dans l'aliénation et le désespoir.

Roucher était bon père, bon mari, bon ami, et je voudrais pouvoir répandre sur son ouvrage l'intérêt qui, à cet égard, est dû à sa mémoire, ou pouvoir me dispenser d'en parler; mais l'un et l'autre est impossible. Ce serait une omission inexcusable de passer sous silence un poème qui fit tant de bruit pendant quelques années, et qui ne fut pas moins remarquable par la rapidité de sa chute à l'impression, que par l'éclat de ses succès dans les lectures de société. De plus, ces lectures prestigieuses furent précisément l'époque où les hérésies littéraires que j'ai déjà combattues dans ce *Cours* obtinrent une sorte d'empire, à la vérité fort passager, mais presque universel, par un concours de circonstances qui font bien voir à quoi tiennent les opinions des hommes. Ces paradoxes misérables n'avaient d'abord été qu'une révolte ridicule contre le bon sens et le bon goût, tramée dans la mauvaise littérature, et soutenue dans tous les journaux dont elle disposait; mais ils passèrent alors jusqu'aux académiciens et aux *philosophes*, divisés par les querelles de la musique. On n'était pas fâché de mortifier l'auteur des *Saisons* et le traducteur des *Géorgiques*, qui n'avait pas voulu sacrifier à l'idole du jour, à Gluck. On en voulait encore bien davantage à celui qui rappelle ici ces luttes frivoles et furieuses du charlatanisme et de la vanité, et qui, rendant hommage au compositeur d'*Orphée*, d'*Iphigénie*, comme à celui de *Roland* et de *Didon*, ne pouvait concevoir qu'on prétendît ne reconnaître qu'un seul musicien, comme il n'avait jamais conçu que certaines gens ne voulussent reconnaître qu'un seul poète tragique. Cette manie exclusive a toujours été celle des Français, et le sera toujours. Mais heureusement, comme ces engouements sont une mode; ils passent avec les intérêts particuliers, et il ne reste jamais que ce qui est à l'épreuve du temps. Roucher, qui était inconnu avant de commencer à lire son poëme dans les cercles, eut donc bientôt, comme tant d'autres, son moment de célébrité. Il fut étayé par la secte des *philosophes*, et d'autant plus que son ouvrage était empreint de leur cachet, et rempli de tout le fatras et de toute la morgue de leurs fallacieuses déclamations. J'insisterai peu sur ce vice de l'ouvrage, que l'oubli où il est tombé a rendu beaucoup moins dangereux qu'il n'aurait pu l'être, sans le rendre moins blâmable. *Les Mois* ne sont depuis long-temps lus de personne, si ce n'est de la jeunesse métromane. Mais le détestable goût dans lequel ils sont écrits est encore un système accrédité parmi cette foule d'apprentis rimeurs, et a même repris plus d'influence * dans

---

* Au moment où j'écris ceci, le hasard fait tomber entre mes mains une feuille où l'on rend compte d'une traduction de *la Forêt de Windsor*, dont l'auteur (M. de Boisjolin) avait débuté, il y a douze ou quinze ans, par quelques fragments d'un *Poëme sur les Fleurs*, où l'on avait remarqué de l'élégance et du nombre. Si tout le reste de ce nouvel ouvrage ressemble aux vers que le *Journal de Paris* en a cités, l'auteur est loin d'avoir fait des progrès :

> L'impatient coursier *palpite* dans l'attente ;
> Sur le sol qui *l'arrête*, il bat la plaine absente,
> Et ses pieds, *sans partir ont perdu mille pas.*

cette corruption universelle que la révolution ne cesse de propager, et dans le silence volontaire ou forcé de tous les vrais gens de lettres. Ce sont là les motifs qui me font une loi de m'étendre un peu sur ce poème, qui nous offrira d'ailleurs, en principe et

palpite n'est pas le mot propre pour le cheval comme pour l'homme. Le frémissement, le hennissement, le tremblement, sont les images convenables, parce qu'il s'agit ici de peintures physiques: celle du cheval est une des plus usées, et tous les bons poètes qui l'ont épuisée, n'ont jamais offert que des rapports qui différenciaient l'homme et l'animal. Mais ce qui est tout autrement choquant, c'est cet hémistiche : *il bat la plaine absente;* c'est l'excès de la recherche et de la fausseté. Comment l'auteur n'a-t-il pas vu que cet accouplement bizarre de mots discordants ne présente rien, absolument rien à l'esprit? *La plaine absente!* quel intolérable jargon! Quand Virgile a voulu peindre la bouillante impatience du jeune coursier, est-ce ainsi qu'il s'y est pris? s'exprime-t-il par énigmes?

Stare loco nescit, micat auribus et tremit artus.
. . . . cavatque
Tellurem, et solido graviter sonat ungula cornu.

Voilà comme on peint en vers à l'esprit et à l'oreille. Je retrouve, il est vrai, littéralement dans l'original anglais tout ce que je censure ici; mais quand Pope fit *la Forêt de Windsor*, il n'avait que dix-sept ans; et quoique ce fût déjà l'ouvrage d'un poète, on s'aperçoit en bien d'autres endroits qu'il n'avait pas, à beaucoup près, le goût formé. Rien n'obligeait le poète français à emprunter, d'après lui, à un aussi mauvais modèle que Stace, des vers aussi mauvais que ceux-ci : (*Theb.* VI.)

. . . . Pereunt vestigia mille
Antè fugam, absentemque ferit gravis ungula campum.

. . . . *Sans partir, a perdu mille pas.*

Et qu'importe *les pas* qu'il *a perdus?* Pas plus que *la plaine absente.* Qu'est-ce que tous ces rapports abstraits ont de commun avec une peinture poétique? Montrez-moi l'animal où il est, et tel qu'il est.

Son pied creuse la terre,

a dit l'élégant traducteur de Virgile; et dans cet hémistiche, je vois le cheen application, tous les défauts imaginables, tous les ridicules possibles dont se compose le style à la mode, et dont *les Mois* sont le modèle le plus complet, sans qu'on puisse dire cependant qu'ils soient assez méprisables pour être indignes de la critique, puisqu'ils ne sont pas sans beautés, et même d'assez grandes beautés, et que l'auteur avait réellement du talent. Ainsi toutes les considérations se réunissent pour autoriser cet examen, particulièrement approprié au but principal de cet ouvrage, c'est-à-dire à l'instruction des jeunes écrivains et au maintien des bons principes.

Je ferai voir d'abord à quel point ce poème est vicieux dans le sujet, dans le plan, dans la marche, dans le choix et dans la distribution des matériaux, dans les épisodes, dans les idées, dans les transitions; je finirai par le style..

Le sujet n'a point d'objet assez déterminé : tous les poèmes que nous avons vus jusqu'ici en ont un plus ou moins favorable, plus ou moins rempli; mais que signifie et que peut annoncer le titre *des Mois?* L'auteur s'est très inutilement efforcé de repousser

---

val comme sur la toile. Mais ici le chasseur n'est pas mieux représenté que le cheval :

> Il fend l'air, *il se penche*, et voit, *sans s'étonner*,
> Sous le *coursier volant la terre au loin tourner.*

Il se penche après *il fend l'air* est ridicule. Il est clair que l'attitude du chasseur et la course du cheval doivent être peintes simultanément. *Sans s'étonner* est encore pis. De quoi voulez-vous donc qu'il *s'étonne?* De ce *que la terre tourne?* Mais il est faux que *la terre tourne* sous les yeux du chasseur à cheval, à moins que la tête ne lui tourne à lui-même. Et le journaliste nous dit gravement que *c'est ainsi que Racine et Boileau font des vers!*

l'observation que tout le monde fit d'abord, que les quatre saisons de l'année offraient à la pensée une division toute naturelle de quatre tableaux différents, mais que personne ne devinait la différence spécifique de janvier et de février, de juillet et d'août, de novembre et de décembre. C'est le même défaut de sens qui a frappé tous les esprits dans les insignifiantes dénominations du nouveau calendrier, *pluviôse*, *nivôse*, *ventôse*, comme si la *pluie*, la *neige* et le *vent* n'étaient pas indistinctement attribuables aux mois de décembre, de janvier et de février, sans qu'il y ait d'autre différence que le plus ou moins pour chacun de ces mois, dans telle ou telle année. Roucher nous dit que pour les naturalistes et cultivateurs, il y a des différences très réelles d'un mois à l'autre : je n'en doute pas; mais sont-elles assez sensibles pour la poésie? Nullement, et ses *Mois* en sont la preuve. Plus d'une fois le nom du mois n'est qu'un titre et un texte pour fournir un chant, dont il n'y a pas la dixième partie qui se rapporte au mois : le reste n'est qu'un amas de digressions et de déclamations aussi incohérentes que déplacées. L'*Histoire universelle* et l'*Encyclopédie* sont à sa disposition : il lui suffit de s'accrocher à une date ou à un mot pour jeter au hasard des paquets de vers sur tout ce qui lui vient à la tête, sans qu'il paraisse se douter qu'il y a des lois de convenance prescrites par le bon sens, pour ne pas rapprocher des objets trop disparates, pour écarter ceux qui sont sans intérêt ou trop étrangers au sujet. Il n'a aucune idée de cet art si nécessaire de mener l'esprit, l'imagination et l'âme d'objet en objet, par des gradations et des liaisons ménagées et insensibles, de manière à ce que le lecteur suive le poëte sans effort, se reconnaisse toujours, et ne soit jamais dérouté. Roucher, au contraire, prenant le désordre pour la rapidité, vous transporte en un moment, sans la moindre raison, d'un bout du monde à l'autre; en sorte que vous ne pouvez pas le suivre sans que la tête vous tourne d'éblouissement et de fatigue, quand même vous n'éprouveriez pas une autre espèce de lassitude par la monotonie de la versification.

Ainsi, pour citer des exemples dès le premier chant, celui du mois de mars, lorsque le poëte vient de mettre sous nos yeux les espérances et les prémices du printemps, lorsqu'il en jouit avec sa Myrthé, lorsqu'il vient de s'écrier :

De quel nouveau plaisir mon cœur est enivré,
Quand je vois un troupeau dans la plaine *égaré**,
Bondir, et près de lui, les bergers, leurs compagnes,
Par groupes varier la scène des campagnes,
En réveiller l'Écho muet depuis long-temps,
Et saluer en cœur le retour du printemps ! etc.;

il s'avise tout d'un coup d'une longue et lugubre sortie contre l'usage de manger la chair des ani-

---

* *Égaré* est un terme impropre. Les troupeaux sont dispersés dans les campagnes, et n'y sont pas *égarés*, ils s'en faut de tout, quand ils sont, comme ici, avec leurs bergers et leurs chiens. Ces vers d'ailleurs, ainsi que mille autres, s'ils ne sont pas mauvais, sont au moins tout ce qu'il y a de plus commun et de plus rebattu ; mais je n'examine pas encore les vers.

maux, morceau copié de J.-J. Rousseau, qui l'avait copié de Plutarque :

Mais, dieux ! quel noir penser *attriste mon ivresse !*
Ces agneaux sous mes yeux folâtrant d'allégresse,
Arrachés à leur mère, aux fleurs de ce coteau,
Iront dans les cités tomber sous le couteau.
Ils seront l'appareil d'un festin sanguinaire,
Où l'homme s'arrogeant un *droit imaginaire*,
Tyran des animaux, étale sans remords
Ses meurtres déguisés, et se nourrit de morts.
Arrête, homme vorace : arrête, ta furie,
Des tigres, des lions, passe la barbarie, etc.

Suivent cinquante vers d'invectives et de moralités, et nous voilà transportés du printemps à la boucherie. Je suis bien sûr que l'auteur nous dirait comme l'Intimé : *C'est le beau;* mais le bon sens répondra : *C'est le laid.* Je laisse de côté la diction : attrister la joie, attrister l'allégresse, formerait une opposition heureuse et claire, qui a déjà été employée; mais *attrister l'ivresse* est vague et faux, car on dissipe l'ivresse, et on ne *l'attriste* pas : *seront l'appareil* n'est ni correct, ni élégant, etc. Mais ce qui nous importe ici, c'est qu'indépendamment du hors-d'œuvre de cette diatribe, qui vient si mal à propos *attrister* le printemps, elle n'est par elle-même, n'en déplaise au bon Plutarque et à Rousseau son copiste, qu'une déclamation fort déraisonnable, qui m'étonne beaucoup plus dans l'un que dans l'autre, mais qui ne vaut rien nulle part.

Je n'invoquerai point l'autorité de l'Écriture ; nous ne sommes plus au temps où c'en était une que personne n'eût voulu récuser. Je laisse même à part l'empire de l'homme sur les animaux, empire fondé non-seulement sur les paroles expresses du Créateur, qui a tout fait ici-bas pour l'usage de l'homme, mais encore sur les lois de la nature, qui l'ont rendu le maître du monde par l'ascendant de ses facultés intellectuelles. Je me borne à faire voir en passant combien il y a sur ce point, comme en tout autre, d'inconséquence et d'irréflexion dans cette *philosophie* qui prétend réformer ce qu'a établi la Providence avec une souveraine sagesse. Il y avait déjà long-temps qu'on avait réfuté victorieusement cette erreur de Plutarque, la seule, je crois, de cette espèce, qui se rencontre chez un écrivain d'ailleurs si éloigné de semblables écarts. Il est de toute évidence que, si les bestiaux ne servaient pas à la nourriture de l'homme, la multiplication de tant d'espèces animales serait en peu de temps si prodigieuse, qu'elles couvriraient et envahiraient la terre, et affameraient et désoleraient l'espèce humaine. De plus, elles ne servent pas seulement à nourrir l'homme, mais encore à le vêtir contre le froid. Ainsi la nécessité prochaine de la défense naturelle serait déjà une apologie suffisante. Et qui peut d'ailleurs ignorer qu'une des lois reconnues essentielles au maintien de l'ordre physique du globe, c'est que toutes les espèces animales, dont la multitude, proportionnée à celle de nos besoins, et même de nos plaisirs, est le bienfait d'une Providence libérale, soient incessamment dévorées les unes par les autres, ou livrées à la faim de l'homme, puisque la terre est absolument insuffisante pour les nourrir sans cette destruction réciproque et continuelle? Et où est le mal de cette destruction d'une foule de créatures passagères, formées uniquement pour la seule créature immortelle, sur un globe qui disparaîtra lui-même dès qu'elle aura rempli sa destination, et qu'elle entrera dans le monde éternel? A quoi revient cette compassion de la mort des brutes, qui n'ont pas même l'idée de la mort? Les maltraiter gratuitement est une cruauté, puisqu'elles sont sensibles, une ingratitude quand elles sont utiles; les tuer quand elles sont malfaisantes est un devoir; s'en nourrir et s'en vêtir est un droit naturel, puisque autrement nous mourrions de faim et de froid. L'exemple des brames ne signifie rien : l'auteur des *Mois* nous dit naïvement (et il est plaisant de remarquer que ce style niais est chez lui presque aussi commun que le style boursoufflé) :

Du moins *n'insultons pas* aux brames innocents.

Et qui les a jamais *insultés?* Mais aussi que prouve une petite caste frugivore, sinon une exception, comme il y en a presque en tout, et plus naturelle dans l'Inde que partout ailleurs, à raison de la quantité de fruits à la fois rafraîchissants, succulents et nourrissants, qui sont au nombre des richesses et des délices de ce beau climat?

La conformation des dents de l'homme prouverait seule que la nature l'a destiné à être carnivore, si l'on fait attention aux rapports constamment établis dans tous les êtres entre leurs fins et leurs moyens; et rien n'est plus faux que cette idée vulgaire, adoptée par Roucher, comme tant d'autres, que l'habitude de manger de la chair corrompt le sang de l'homme, le rend cruel et méchant, précipite sa mort, etc. En voilà, des *préjugés*, c'est l'intempérance, ce sont les chagrins, les excès, qui sont la vraie cause des maladies; et les passions, la vraie cause des crimes; et les passions sont dans le cœur et non pas dans le sang, quoi qu'en ait dit la physique moderne; et ce qui le prouve sans réplique, c'est que les passions se trouvent au même degré de force dans tous les tempéraments possibles.

Enfin, quand on se permet d'insulter si violemment l'espèce humaine, parce qu'elle mange de la chair, il faudrait, ce me semble, être conséquent, et prêcher d'exemple. Si, lorsque Roucher était assis aux meilleures des tables de Paris, quelqu'un se fût avisé de lui dire :

Arrête, homme vorace, arrête, ta furie,
Des tigres, des lions, passe la barbarie.

qu'aurait-il répondu? Quelle excuse aurait-il pu lui rester quand on lui aurait montré la table couverte des meilleurs légumes, et le buffet orné des plus beaux fruits? Je crois bien qu'il eût été réduit à dire que cela était bon pour faire une tirade de vers, car il n'aurait pas même eu la ressource de quelques prédicateurs : *Faites ce que je vous dis, et non pas ce que je fais.* Les prédicateurs ne parlent pas en leur nom; mais au nom du Dieu de l'Évangile; ils remplissent un devoir indispensable; et que le ministre en soit plus ou moins digne, le ministère est toujours sacré. Mais qui oblige un rimeur, de prêcher à propos du mois de mars, l'abstinence de la viande, quand lui-même ne s'en abstient pas?

Au reste, il ne faut pas croire que ni Rousseau ni Roucher ignorassent les réponses péremptoires qu'on avait faites au paradoxe de Plutarque, devenu depuis une espèce de lieu commun pour les rhéteurs en prose et en vers. Une preuve qu'ils les connaissaient parfaitement, c'est qu'ils se gardent bien d'en dire un mot : mais ni l'un ni l'autre ne voulait perdre ses phrases. Règle générale : nos *philosophes* trouvent fort bon, trouvent beau et grand de sacrifier toute une génération *aux générations futures* ; c'est même là le fin du métier ; car si l'on peut être aisément confondu sur le présent, on ne peut jamais l'être sur l'avenir : mais ne leur demandez pas de sacrifier leurs phrases à l'intérêt même du genre humain ; c'est ce que jamais vous n'obtiendrez d'eux.

Après cette excursion de Roucher en faveur des bœufs et des moutons, il introduit un cultivateur adressant sa prière à Dieu pour obtenir une heureuse récolte; et, comme il médite une excursion nouvelle, il est bon de voir de quelle façon il s'y prend pour l'amener :

Il prie encore, il prie; et d'un nuage immense
Son œil épouvanté voit les flancs épaissis
S'élargir, s'alonger sur les monts obscurcis,

Descendre en tourbillon *dans la plaine**, et s'étendre
Et rouler ; un bruit sourd au loin s'est fait entendre.
Le nuage en tonnant s'ouvre.....

Vous croyez sans doute que c'est un orage, et je
l'ai cru comme vous : tant l'auteur sait caractériser ses peintures ! Point du tout, c'est une armée,
et à sa suite cent vers de lieux communs, des plus
communs, contres *les assassins payés* ; car on sait
qu'il y a long-temps que nos *philosophes* n'appellent
pas autrement ceux qui exposent leur vie à très
bon marché pour mettre leur patrie et leurs concitoyens à couvert des armes étrangères. Graces au
Ciel, je n'ai jamais souscrit à ces invectives, où
l'absurdité se joint à l'ingratitude ; car s'il est très
coupable d'être un agresseur injuste, il est très
glorieux de le repousser ; et il est à peu près impossible que l'un ne suppose pas l'autre. Mais ce
que je considère ici, c'est la marche de l'auteur. Il
avait vu dans *les Saisons* un contraste rapidement
présenté des charmes du printemps qui renaît, et
des horreurs de la guerre qui s'ouvre à la même
époque. Ce sont là de ces oppositions naturelles qui
ont toujours leur effet quand elles ont leur mesure,
quand vous ne quittez pas votre objet principal
pour vous jeter tout entier sur un autre, au point
que l'épisode moral fasse oublier le sujet ; quand au
contraire vous ne prenez de chacun des deux que
ce qui peut les faire ressortir l'un et l'autre par la

* Cette affectation de placer une césure au quatrième pied, sur des mots aussi insignifiants que *dans la plaine*, est le dernier degré de l'ignorance et du mauvais goût : nous reviendrons sur cette barbare facture de vers.

disparité des effets. C'est ce qu'avait fait M. de Saint-Lambert, en homme qui connaît l'art; mais cet art est précisément ce dont l'auteur des *Mois* ne s'est jamais douté.

Voici le morceau des *Saisons* qui n'est pas long :

> Et c'est dans ces beaux jours que les rois de la terre
> Évoquent des enfers le démon de la guerre!
> C'est lorsque le printemps, précédé des Zéphyrs,
> Des monts chargés de fleurs appelle les plaisirs,
> Que la voix des tyrans nous appelle au carnage!
> Leurs esclaves cruels, ministres de leur rage,
> Sur des bords *consacrés aux transports les plus doux*
> Vont lancer le tonnerre et tomber sous ses coups.
> Là le jeune guerrier s'éclipse à son aurore;
> Il rougit de son sang la fleur qui vient d'éclore,
> Et tourne ses regards vers l'aimable séjour
> Où le rappelle en vain l'objet de son amour :
> Les regrets dont sa mort sera bientôt suivie
> Ajoutent dans son cœur au regret de la vie.

L'oreille entend déjà une autre langue que celle des *Mois* : il n'y a ici qu'un vers vague et faible, celui *des bords consacrés aux transports*. Mais observez sur-tout comme le reste rentre de tous côtés dans les idées analogues au printemps. C'est *le jeune guerrier*, c'est *la fleur qui vient d'éclore*, c'est *un séjour aimable où le rappelle l'objet de l'amour*. Toutes ces teintes douces tempèrent le fonds de tristesse qui naît un moment du contraste de la guerre avec le printemps, et conservent ainsi le ton de couleur générale propre au sujet. Si vous eussiez dit tout cela à Roucher, je doute qu'il vous eût même compris. Ce n'est pas ainsi qu'il procède, lui ; il laisse là le printemps et le mois de mars pour la seconde fois, comme s'il n'y en eût jamais eu, et monte en chaire, comme il y monte à tout moment. Il commence par la description d'une bataille telle que pourrait la comporter l'épopée, pourvu qu'elle fût écrite par Claudien ou Stace; ensuite un sermon où il prend tour à tour à partie les rois et les soldats, où il analyse le contrat primitif des peuples avec les souverains. Première apostrophe, celle du combat :

> Hommes nés pour les rois, instruments de colère,
> Hâtez-vous, par le sang gagnez votre salaire.

Seconde apostrophe, celle du *Te Deum* :

> Taisez-vous, assassins ; etc.

Troisième apostrophe : celle-ci est pour les rois :

> Oui, contre vous, ô rois, etc.
> . . . .
> Répondez, quand ce peuple, etc.

Ici la discussion du contrat social ; et notez que dans tout cela il n'y a pas une idée, pas une expression qui ne soit mauvaise, si elle n'est pas rebattue. Et l'on a pu être dupe de cette plate rhétorique en vers bouffis!.... Je ne dis rien du dernier épisode, celui de la fête de l'agriculture à la Chine, le seul de tous qui convînt au sujet, mais dont l'auteur étouffe tout l'intérêt à force d'emphase. Tel est le premier chant.

Les épisodes du second ne tiennent pas moins de place, et ne valent pas mieux. C'est d'abord la *patrie* de l'auteur, c'est-à-dire Montpellier dont il relève tous les avantages naturels et politiques, ses vins, ses olives, ses jolies femmes, son école de médecine et ses États; et à propos de sa *patrie*, il parle encore plus de *son père*, et encore plus de lui-même.

Je lui rendrai son fils si long-temps attendu.
Ce fils que *pour la gloire il crut trop tôt perdu.*

Hélas! n'est-ce pas *ce fils* lui-même qui crut *trop tôt* avoir trouvé *la gloire* dans les cercles de Paris, qui l'abandonnèrent tous le lendemain de la publication de son ouvrage, et allèrent même, comme il arrive d'ordinaire, jusqu'à n'y voir plus rien que de *détestable?* Mais dans tous les cas, il ne faut pas être si pressé de parler de *sa gloire*. Horace et Ovide ne se promettent du moins l'immortalité qu'à la fin de leurs ouvrages, et Homère et Virgile n'en parlent pas.

Mais si cette digression sur Montpellier, qui devait fournir dix ou douze vers, a le défaut d'être six fois trop longue, et d'occuper beaucoup trop de l'auteur et de *son père*, l'épisode de la navigation est bien autrement vicieux. C'en était un véritable et qui convenait au sujet s'il eût été bien entendu; mais la conception en est totalement absurde. L'auteur, qui est partout dénué de toute espèce d'invention, n'a fait que prendre très ridiculement l'inverse de cet épisode fameux de *la Lusiade*, cette apparition du géant Adamastor aux navigateurs portugais qui voguent vers l'Océan indien. Tout le monde est d'accord sur cette idée vraiment épique et sublime : il y a autant de grandeur que de vérité à supposer que le Génie, gardien de ces mers jusques alors inaccessibles, s'élève des flots près du Cap des Tempêtes, qui est comme la barrière naturelle de la mer des Indes, et qu'indigné de l'audace de ces Européens qui osent la franchir, il leur annonce dans son courroux tous les fléaux qui vont fondre sur eux. Roucher a un dessein tout différent, l'origine de la navigation; et au lieu de faire usage des traditions reçues et avouées de ces premières tentatives hasardées dans le creux d'un arbre flottant près du rivage, au lieu de passer de là par quelque fiction ingénieuse à la découverte de la boussole, il introduit un Génie souverain des mers qui, sans qu'on puisse deviner pourquoi, invite l'homme à les défier, à traverser l'Océan : et dans quel moment? Lorsque l'homme découvre pour la première fois, du haut des rochers, cet élément terrible, qui ne peut encore lui inspirer que l'étonnement et l'effroi. Ce n'est pas tout, comment le Génie s'y prend-il pour dissiper cet effroi si difficile à vaincre? On ne le devinerait jamais; c'est en mettant sous les yeux des humains, par un prodige de son pouvoir, tous les dangers les plus effroyables qui les attendent sur l'Océan. Voici les vers; il faut les lire :

..... Fais du monde entier une seule patrie.
Les plus affreux périls vont assaillir tes jours.

Je ne te cèle pas *qu'ils renaîtront toujours.*
Veux-tu que devant toi je les appelle ensemble?
Regarde : sous tes yeux mon pouvoir les rassemble.

Suivent cinquante vers où sont décrits les orages, les naufrages, les courants, les typhons, les rochers de glace, en un mot, tout ce qu'on peut décrire pour ôter au plus hardi l'envie de regarder seulement la mer. Et ce dont on ne revient pas, c'est que l'auteur amène cette description immédiatement, comme on l'a vu, après une invitation fort courte à s'embarquer sur l'Océan, et qu'il ne songe pas même à faire précéder cette épouvantable description par quelque chose de rassurant qui puisse au moins en balancer l'effet; en sorte que le Génie, après leur avoir dit : Venez, se hâte d'ajouter tout ce qu'il serait possible de *rassembler* s'il leur avait dit : Ne venez pas. C'est l'excès de la déraison : mais la raison n'est pas non plus ce dont l'auteur se soucie. Il voyait là des typhons, des trombes d'eau, des tourbillons et des rocs de glace; il ne lui en faut pas davantage; il va faire des vers, n'importe comment ni pourquoi. Le défaut de sens est un des caractères habituels de son ouvrage.

Il s'est bien douté pourtant, quand son tableau a été fait, qu'il n'y avait pas là de quoi encourager la navigation : et si du moins il eût opposé à cette peinture, quoique placée à contre-sens, celle de toutes les ressources que l'homme pourrait devoir à son industrie et au progrès des arts, de tous les moyens de salut qu'il pourrait trouver, soit dans la construction des grands navires, soit dans l'art de les diriger, il aurait jusqu'à un certain point couvert et réparé cette première faute, et de plus il avait là sous les mains un sujet neuf pour la poésie. Rien de tout cela : ce qui manque le plus à ces hommes de *génie**, ce n'est pas même le talent de bien écrire, quoiqu'ils en soient si loin ; c'est surtout celui de concevoir, celui de penser. Roucher en particulier n'a pas une idée, je dis une qui soit à lui. Tout est lieu commun dans *les Mois*, tout, sans exception. Il se sert toujours de ce qu'il a lu, et le gâte presque toujours. Les seuls morceaux que je citerai comme louables n'ont d'autre mérite que celui d'une versification meilleure qu'elle ne l'est d'ordinaire chez lui : pour le fonds des choses, il est pris partout.

Mais ici le Génie, qui aurait été obligé de dire en vers ce que les vers n'avaient pas encore dit, ce Génie, qui n'est autre que celui de l'auteur, et par conséquent aussi pauvre de pensées que riche en babil ; ce Génie, quand il voit *l'homme par la terreur lié dans tous ses sens* (ce qui est assurément très naturel, quoique très mal exprimé), n'a plus rien à lui offrir que cinq à six phrases vulgaires :

« Espère la victoire, et tu seras vainqueur,
« Dit-il ; si tu reçus le génie en partage,
« Par de hardis travaux accrois cet héritage.
« Ne sais-tu point que l'homme est né pour tout oser?

---

* On sait que ce mot de *génie* est le refrain de tous ces rimeurs qui n'ont pas le sens commun : on en voit la preuve dans les notes de Roucher.

« La mer a des périls, ose les mépriser :
« Viens, *sur un frêle bois* leur disputer ta vie... »

En effet, il y a de quoi se presser, et cela est fort encourageant! *Sur un frêle bois,* qui est partout, et qui peut être bien partout ailleurs, est ici encore (il faut dire le mot) une bêtise. Un vaisseau de haut-bord n'est rien moins qu'*un frêle bois* ; et c'est ce vaisseau-là qu'il fallait peindre. *Viens leur disputer ta vie* : autre bêtise. Ce n'est sûrement pas ainsi qu'on parlerait à des soldats en les envoyant à un grand danger : on ne manque pas, en ce cas, d'en écarter l'idée, et de montrer celle de la supériorité. Cela n'est pas bien fin, et pourtant l'auteur n'en sait pas jusque là, car il n'a que du *génie*. Enfin, il les appelle en quatre vers *à l'aurore, à l'occident, au midi et au pôle glacé,* et il disparaît. Si jamais les hommes n'avaient été conduits à l'art de naviguer que par les moyens de Roucher et de son génie, je ne crois pas qu'on eût encore vu un bateau sur une rivière.

La navigation pouvait le conduire au commerce, qui offrait encore un magnifique tableau, où l'intérêt des vérités utiles pouvait se joindre à celui des couleurs brillantes. Mais il se présentait ici à Roucher un texte de déclamation, aussi usé en vers qu'en prose, et c'est celui-là seul dont il s'empare. Certes, la traite des nègres et leur esclavage sont abominables devant Dieu et devant les hommes; mais, ou il fallait n'y pas revenir après tant d'auteurs, ou il fallait faire mieux. Trente vers de la plus déplorable faiblesse ne servent ici à rien, si ce n'est à mener l'auteur à une transition très mauvaise pour arriver aux ouragans et aux tremblements de terre qui désolent si souvent les colonies du Nouveau-Monde. Roucher les appelle pour venger les nègres ; ce qui est très déplacé, d'abord parce que les fléaux physiques n'épargnent pas plus les noirs que les blancs, ensuite parce que ces fléaux sont de tous temps ceux de ces climats avant qu'il y eût des nègres esclaves. Il y a quelques beaux vers dans sa description; mais il a voulu y joindre une petite scène dramatique, qu'il n'était nullement difficile de rendre intéressante, si l'auteur avait eu une étincelle de vraie sensibilité. Voici la scène :

> Sous les lois de l'hymen l'avare Sélinçour
> A la riche Myrinde engageait son amour.
> La lampe d'or brûlait dans la demeure sainte,
> Et l'encens le plus doux en parfumait l'enceinte.
> On voyait dans les mains du ministre sacré
> Pour les jeunes époux le voile préparé.
> Le silence régnait dans les flancs de la terre.
> Par trois fois roule et gronde un sourd et long tonnerre :
> Tous les fronts ont pâli ; le pontife tremblant
> Embrasse en vain l'autel sur ses pieds chancelant.
> *L'orage enfin éclate*, et la voûte écroulée
> Ensevelit l'autel, le prêtre et l'assemblée.

Il y a un effet d'harmonie imitative dans ces vers,

> Par trois fois roule et gronde un sourd et long tonnerre.

Mais si au lieu de son *avare Sélinçour*, qui *engage*

son amour à la riche Myrinde; il eût mis deux jeunes amants long-temps traversés; s'il se fût occupé d'eux plus que de *la lampe et de l'encens*, qui ne sont là que parce qu'on les a vus partout; s'il eût gradué la terreur pendant quatre vers; s'il eût peint le ministre sacré, non pas *embrassant l'autel*, mais occupé des deux époux plus que de lui, et levant vers le ciel ses mains suppliantes et la victime sainte; si l'on eût vu en même temps les deux époux dans les bras l'un de l'autre, et l'assemblée prenant la fuite, alors on aurait eu un tableau digne d'un vrai poète; et vingt vers, tels que le vrai poète sait en faire quand il sait autre chose que d'écrire bien ou mal, aurait suffi pour colorier ce tableau et pour faire couler quelques larmes. Mais cinquante journalistes seront de force à remarquer l'effet du vers imitatif, quoique très commun et à la portée de tout le monde, et pas un ne se doutera seulement qu'au lieu de ce croquis informe et glacé, il y avait le sujet d'un tableau, non pas, il est vrai, pour leur homme de *génie*, mais pour l'homme d'un grand talent, ce qui est tout autre chose que leur *génie*.

Le mois de *Mai* est ici, sans comparaison, le meilleur de tous; c'est le seul qu'on puisse lire de suite sans ennui, et souvent même avec plaisir, au moins dans la première moitié. Aussi n'y avait-il pas de sujet où l'auteur pût s'aider davantage de tout ce qui avait été fait avant lui; mais, soit que le goût des Anciens et des Modernes, qui dans ces peintures a été le même, ait influé sur celui de Roucher, soit qu'en effet il aimât véritablement la campagne (et les autres bons morceaux de son poème font présumer volontiers que ce sentiment était le seul qui fût vrai en lui); ce qui est certain c'est qu'ici son style est détendu, qu'il a pris de la flexibilité et de la douceur, de la grace même et du sentiment, celui du moins des beautés de la nature. Le rhythme de ces vers est rentré dans ses formes naturelles. Le petit épisode d'Iphis est bien imaginé et pas mal écrit : les amours du cheval et du taureau sont tracés avec énergie. Mais bientôt il retombe dans ses travers accoutumés, et peint les amours des huîtres, dont il fait *des époux et des épouses, des amantes et des amants*. Le passage de l'adolescence à la jeunesse, et le premier éveil des sens pour la volupté, offre des détails mêlés de bon et de mauvais, mais pèche sur-tout par l'idée principale, par ce vers que j'ai entendu louer comme ingénieux, et qui n'est que forcé et indécent :

Le jeune homme *à l'enfance enlevé par un songe*..

Ce n'est sûrement pas là ce que la nature et la poésie offraient de plus heureux sur un sujet susceptible d'un tout autre intérêt; et l'on voit qu'en cela, comme en tout le reste, quand l'auteur veut imaginer, il ne va pas loin. Gresset, dans l'*Épître à sa sœur*, et M. de Saint-Lambert dans *les Saisons*, avaient représenté vivement les effets de la convalescence, qui, en ranimant l'homme, renouvelle pour lui tout ce qu'elle lui rend. Roucher, dans un morceau semblable, lutte contre eux, et reste fort au dessous. Il rappelle et décrit très froidement une maladie de sa première jeunesse, dont il fut guéri en une nuit par un profond sommeil :

> Je m'endors, et ma sœur et mon père éperdus
> Se disaient : *Il s'endort pour ne s'éveiller plus.*

C'est ainsi qu'en cherchant le naturel, il ne trouve que la platitude, et cela lui arrive assez souvent. Mais il revient ensuite à son emphase :

> Des portes du tombeau *je remonte à la vie*,

et cette froide emphase est plus froide encore que la platitude. Qui jamais s'est figuré la convalescence *remontant?* Comme tout ce qui est faux est toujours sans effet ! L'auteur n'a pas senti que, pour rendre intéressante la force qui renaît, il faut y laisser voir encore la faiblesse. Si l'on savait ce qu'il faut de justesse dans l'esprit pour diriger l'imagination quand elle peint, et combien cet accord, qui seul fait le grand écrivain, est une chose rare, et ce qu'il faut que la nature et l'art y mettent ensemble, on n'accuserait pas les artistes qui connaissent l'un et l'autre d'être trop sévères quand ils rejettent à une distance immense des écoliers dont quelques ignorants ont voulu faire des maîtres, et à qui la saine critique, dès qu'elle se fait entendre, ne laisse que quelques morceaux si faciles à faire sur des sujets usés, après cent cinquante ans de modèles.

Il n'y en a pas même de cette espèce dans le mois de *Juin* : les bons vers y sont clair-semés, et le style y est d'une inégalité continue. Les deux principaux épisodes sont d'un genre bien différent :

le premier est une description de *la Fête de la Rosière*; le second celle de deux voyageurs, père et fils, étouffés l'un près de l'autre par un énorme serpent sur les côtes d'Afrique. C'est précisément le tableau du poème de Malfilâtre, dont j'ai parlé ci-dessus; car Roucher aime beaucoup à refaire ce qui a été très bien fait : nous en verrons des exemples assez frappants. Il ne se tire pas mal de son épisode du serpent : mais il est loin d'égaler Malfilâtre. Quant à sa *Fête de la Rosière*, il n'y a ni plus de vérité ni plus d'intérêt que je n'en ai vu dans la chose même, que j'avoue n'avoir jamais approuvée. L'intention des fondateurs était sans doute très bonne et très pure; mais il n'est pas inutile d'observer aujourd'hui qu'ils s'étaient trompés, et qu'il y a contradiction entre le dessein et l'effet. Une idée si fausse appartenait à un siècle où tout a été mis en vaine montre et en représentation illusoire, quand on détruisait tout en réalité; où l'esprit a été si faux, qu'il gâtait même le bien quand il voulait le faire; en un mot, où l'on a imaginé de *faire de la vertu* comme on *fait de l'esprit*, c'est-à-dire tout le contraire de la véritable vertu et du véritable esprit. Il est ridicule et absurde de *couronner la vertu*, qui n'a ici-bas de couronne qu'elle-même. Les païens l'avaient senti : c'est Claudien qui a dit : *Ipsa quidem virtus pretium sibi*. On couronne les talents, les exploits, les services; c'est l'opinion qui les juge, et c'est la reconnaissance qui les paie; et encore l'une et l'autre se trompent et doivent se tromper plus d'une fois. Mais il n'y a point de prix pour la vertu : elle est dans le cœur, et Dieu seul la voit telle qu'elle est. L'homme n'a ni le droit ni les moyens de décerner un semblable prix ; il est trop faible et trop borné. Qui lui répondra, au moment où il se flatte de couronner la plus vertueuse, qu'il n'y a pas dans l'assemblée d'autres filles qui le sont davantage ? Qui lui répondra que celles-là n'arriveront pas à leur terme sans couronne et sans tache, tandis que la Rosière y portera une couronne et des fautes ? Et voilà dès-lors la vertu compromise comme la couronne, et le ridicule de l'une ne manquera pas de rejaillir sur l'autre. Mais sur-tout quel contre-sens de donner un prix public, un prix d'appareil à la vertu des femmes, à la pudeur ! C'est réunir ce qu'il y a de plus opposé. Quoi de plus opposé à la sagesse, à la modestie, à la pudeur d'une vierge, que de la produire en public, d'amener comme sur un théâtre ce qui est essentiellement ami de la retraite, du silence et de l'obscurité ? Vous prétendez honorer la vertu du sexe, et vous la violez. Il n'y a point de mère éclairée qui souffrît qu'on rendît à sa fille cet honneur, qui n'est qu'un outrage ; et si sa fille est ce qu'elle doit être, elle ne doit pas comprendre pourquoi on veut la couronner. En général, toute espèce de prix est vanité ou intérêt, et l'un et l'autre sont trop au dessous de la vertu. O siècle de mensonge !..... Mais cette digression, quoique peut-être un peu plus utile que celle des *Mois*, m'a déjà mené loin du poème, et j'y reviens.

L'auteur, pour éviter la chaleur de *Juillet*, se

sauve dans les Alpes, et peint les glaciers d'après Haller et beaucoup d'autres ; mais ce morceau est un des mieux faits de tout l'ouvrage. Celui des castors, qui le précède est extrêmement inégal ; et l'épisode de Hachette défendant les murs de Beauvais est aussi mal amené que mal exécuté. C'est une occasion d'observer ici qu'elle est d'ordinaire la marche bizarre et forcée des idées de l'auteur. De la récolte du miel dans nos climats, il passe à la pêche de la baleine dans le Groënland. Une des dépouilles de ce poisson était le fanon dont on faisait cette espèce de lattes appelées *baleines*, qui ont si long-temps raidi la taille des femmes, et gêné la croissance et la liberté des enfants. On eut à Rousseau l'obligation d'avoir aboli cet usage ridicule et nuisible : de là un hommage à Rousseau. Mais Rousseau a refusé aux femmes la supériorité des talents : de là hommage aux femmes, que l'auteur console et venge de cette injustice. Il leur rend tout ce qu'on a voulu leur disputer, et même le courage guerrier ; et pour preuve de ce courage, l'auteur, après une invocation en forme à la muse de l'épopée, embouche la trompette, et nous raconte longuement les exploits de Hachette au siège de Beauvais. Il est vrai qu'il a soin de nous prévenir qu'il vient d'épouser une femme de la famille de cette héroïne ; mais je ne crois pas que ce mariage même puisse justifier cette longue suite d'écarts qui nous ont fait arriver par sauts et par bonds, depuis la baleine jusqu'à cette Hachette, et du Groënland jusqu'à Beauvais. On permet dans le désordre lyrique, qui est très court, de saisir un objet éloigné, sans beaucoup de préparation, mais jamais plusieurs de suite, et toujours du moins avec un rapport quelconque au sujet : Pindare lui-même, comme nous l'avons vu, n'y a jamais manqué. A plus forte raison, l'ordre naturel des idées doit-il être toujours observé et toujours sensible dans un long poème, soit didactique, soit descriptif. Ici pas un des objets que l'auteur assemble de force n'a de connexion avec ce qui précède ou ce qui suit, et rien ne se rapporte à un dessein quelconque. C'est à la fois, et le vice général de l'ouvrage, et un défaut particulier à l'auteur ; et un seul des deux suffirait pour faire tomber le livre des mains, quand il serait mieux écrit. Jamais personne n'a plus méconnu que Roucher ce principe universellement reçu de tout temps, que le lecteur veut toujours savoir où on le mène, et aller à un but ; c'est ce qu'Horace appelle *lucidus ordo* ; c'est ce qu'il recommande quand il dit : *tantùm series juncturaque pollet!* Comment, au contraire, Roucher passe-t-il des abeilles aux baleines ? Il faut le voir, afin de comprendre, s'il est possible, ce qu'il a pris pour des transitions. Il s'élève, avec raison, contre l'usage où l'on est, dit-il, dans quelques cantons, de mettre le feu aux ruches pour recueillir le miel. Il nous montre les abeilles étouffées par la fumée :

. . . . Et le peuple et la reine
Déjà *mourant d'ivresse,* et couchés sur l'arène.

Et tout de suite :

C'en est trop; et s'il faut que les cruels humains
Signalent *par le sang le pouvoir* de leurs mains,
Aujourd'hui vers les bords où l'Europe commence,
Le commerce leur ouvre une carrière immense.
Qu'ils volent à travers une mer de glaçons,
Combattre et déchirer les monstrueux poissons
Que l'Océan du nord voit bondir sur son onde.

Il est rare d'accumuler plus d'inepties et de contresens de toute espèce en si peu d'espace. Cette exclamation niaise, *c'en est trop ; ce pouvoir des humains, signalé par le sang*, à propos des abeilles que la fumée fait *mourir d'ivresse*, l'incompréhensible absurdité de cet énoncé textuel : « S'il faut du sang « aux humains, aujourd'hui le commerce leur ou- « vre une carrière immense : » d'où il suit que c'est *le commerce qui ouvre une carrière de sang*; cette autre absurdité de faire *voler* des navires pêcheurs *à travers une mer de glaçons* ; enfin cette manière de raisonner, aussi inconcevable que tout le reste : « Au lieu de tuer des abeilles, allez-vous-en har- « ponner des baleines. » N'est-ce pas là en sept ou huit vers le chef-d'œuvre de la déraison ? N'est-ce pas là ce qu'Horace appelle *ægri somnia*, les rêves d'un malade ? Et cette déraison revient à tout moment : il n'y a que la crainte de l'ennui qui empêche la critique de trop multiplier ces exemples. N'en est-ce pas assez au moins pour faire sentir à la jeunesse métromane qu'il ne suffit pas, pour écrire, ne fût-ce qu'une pièce de deux cents vers, d'avoir des hémistiches dans la tête et dans l'oreille, et qu'il faut encore, sinon beaucoup d'esprit, au moins le sens commun ? Mais c'est bien inutilement que Boileau leur a dit *d'enchaîner la rime avec la raison* : il est clair qu'ils se sont persuadés que *la rime* dispense de *la raison* : au moins il est impossible d'expliquer autrement leur manière de composer. Je puis affirmer pour mon compte que, de tous ceux que j'ai vus réciter ou écouter des vers, je n'en ai pas vu un seul faire la moindre attention aux choses : leur attention tout entière se portait sur le vers, non pas qu'ils en sussent beaucoup plus sur le vers que sur les choses, mais le vers était tout ce qui les occupait. Combien sont venus me porter leurs plaintes dans le temps des concours académiques, et tous convaincus qu'on *n'avait pas lu leurs pièces !* Je les invitais à lire leur ouvrage, et je tâchais d'abord de leur faire voir le défaut de sens, ou la fausseté, ou l'inconvenance, ou l'incohérence des idées. Ils ne se défendaient pas trop là-dessus, moins peut-être par la difficulté de répondre que par le peu d'importance qu'ils attachaient à tout cela. Je leur montrais alors les fautes de style et de versification, et là-dessus ils se débattaient un peu davantage ; mais en dernier résultat ils se rejetaient sur trois ou quatre vers bien tournés, et ne paraissaient pas douter que ce n'en fût assez pour mériter un prix.

Mettez en prose les *Géorgiques* de Virgile, vous n'y trouverez rien que de raisonnable : partout la filiation des idées naissant les unes des autres, partout l'enchaînement naturel des objets, dont l'un vous conduit à l'autre, sans saccade et sans effort. Mais essayez de mettre en prose, je ne dis pas les douze *Mois* de Roucher (il faut ménager le temps et la patience), mais un de ses *Mois*, et il n'en restera qu'un ténébreux chaos, d'où sortiront quelques traits de lumière.

La peinture des belles nuits d'*Août* en offre de brillants ; mais on repousse avec dégoût une fiction très déplacée, l'ombre de la France qui vient retracer les horreurs de la Saint-Barthélemy. C'est attrister et flétrir bien mal à propos l'âme du lecteur, que le poète, un moment auparavant, a transportée dans les cieux avec Newton. Il invective dans ses notes contre ceux qui avaient condamné cet épisode, même au milieu du prestige des lectures, qui couvrait tant d'autres défauts, et qui n'avait pu déguiser celui-là, tant il était choquant. Mais Roucher, pour réfuter le reproche, se garde bien de l'exposer tel qu'on le lui avait fait. Personne ne prétendait qu'il fallût s'imposer le silence sur cette épouvantable époque de nos annales ; il est toujours bon de renouveler l'horreur d'un si grand crime quand l'occasion s'en présente ; mais on lui niait que ce fût là l'occasion, et on avait raison : « Non « erat hîc locus. » Assurément il est trop visible qu'il n'a voulu, suivant sa coutume, que remanier un tableau déjà fait, celui du second chant de *la Henriade*, ce qui suffirait pour prouver qu'il n'en sentait pas le mérite ; et de fait il croyait, de la meilleure foi du monde, faire des vers beaucoup mieux que Voltaire. Il ne serait pas juste de le juger sur cette ridicule tentative : il pourrait être au dessous de Voltaire, et pourtant être encore quelque chose ; mais ici Roucher est au dessous de Roucher autant qu'il est habituellement au dessous de Voltaire. Son morceau de *la Saint-Barthélemy* est, d'un bout à l'autre, du dernier des écoliers. Ce n'était pas la peine de noircir si mal à propos l'imagination du lecteur, et de faire une grande note déclamatoire pour justifier de mauvais vers.

Un épisode un peu mieux choisi, c'était celui de Lozon et de Rose, s'il eût été mieux conçu et mieux terminé. Rose va se baigner dans la Dordogne au point du jour; Lozon, dont il eût fallu détailler en quelques vers l'inclination pour Rose, la suit de loin, et va se baigner aussi à quelque distance. Un orage survient, et Lozon sauve la jeune Rose près de se noyer, non sans courir lui-même un grand danger. Elle obtient de lui qu'il n'abuse pas de sa situation et qu'il respecte son honneur ; et là-dessus ils se séparent sans qu'il en résulte rien de plus. Qui ne voit qu'il eût fallu ici un dénouement, et que cet épisode fût un petit drame ? Mais l'auteur ne sait ni rien arranger, ni rien finir.

Il y a de beaux détails dans les moissons d'août, dans le morceau où l'auteur représente la circulation bienfaisante de la sève, qui, vers la fin de ce mois, prépare la maturité des fruits de l'automne : il y en a dans la description de la famine qui désola Rome au temps de l'invasion des Hérules ; mais là comme ailleurs, manque l'heureuse distribution des matériaux : tout est plus ou moins maladroitement recousu, et rien ne forme un tissu régulier.

Mais l'épisode qui revient le plus fréquemment dans le poëme, c'est l'auteur lui-même : il est lui-même le sujet dont il aime le plus à parler et à parler long-temps. J'avoue que si l'égoïsme intérieur ou l'excès vicieux de l'amour de soi est plus ou moins de tous les temps, l'égoïsme naïf ou même impudent est un des caractères distinctifs de ce siècle. Je sais encore qu'il y a une sorte d'orgueil poétique que l'on pardonne assez volontiers, soit aux grands poètes, qui ne le montrent pas souvent et qui le justifient, soit aux rimailleurs, parce que ce n'est qu'un ridicule ajouté à celui de leurs vers, et oublié avec eux. Mais pourtant il y a des bornes à tout; et quelque complaisance qu'on ait pour son amour-propre, il est certaines bienséances généralement observées, qui doivent avertir que les autres hommes ont aussi leur amour-propre, et que les occuper à tout moment de soi, dans ses vers, sans en avoir ni raison, ni besoin, ni prétexte, c'est les choquer très gratuitement, et choquer en même temps la décence et le bon sens. Virgile, dans ses *Géorgiques*, n'a parlé de lui que deux fois, et très humblement et en quatre mots : une fois pour dire que, s'il ne lui est pas donné de pénétrer les secrets de la nature, du moins il veut toujours aimer les bois et les eaux, sans prétendre à aucune gloire : « Flumina amem « sylvasque inglorius; » une autre fois, à la fin de son poëme, pour en marquer l'époque par les exploits d'Auguste en Orient, et pour opposer à tant de gloire son loisir obscur dans sa douce retraite de Naples. Il n'y a pas là de vanité; c'est même user avec art du droit accordé aux poètes de se mettre un moment dans un petit coin de leurs tableaux, mais avec une extrême réserve, toujours avec intérêt, et jamais avec prétention. Il n'est pas ici question, sans doute, des genres de poésie où l'auteur est censé converser avec un ami ou avec le lecteur, comme l'épître sérieuse ou badine, la satire, la fable : il s'agit des grands ouvrages, où il doit s'oublier d'autant plus qu'il est censé inspiré par une Muse. Pour ce qui est de Roucher, il faut apparemment qu'il ait mis l'égoïsme au nombre de ses Muses inspiratrices, et ce n'est sûrement pas la moins occupée. Il n'y a pas un de ses chants où elle ne tienne une place plus ou moins étendue. Nous avons vu sa maladie et sa convalescence à Montpellier, son mariage à Beauvais, la tirade où il promet à son père d'aller le revoir et de le rassurer sur la gloire de son fils. J'aurais pu vous faire voir une autre tirade fort longue, où il promet à Virgile d'aller à Naples baiser sa cendre; une autre tirade encore (car il ne parle jamais de lui que par tirades), où il voue à Pétrarque un pélérinage à Vaucluse pour visiter son ombre. Que serait-ce si je rappelais tous les endroits où il ramène sa Myrthé? Passe pour Myrthé, dira-t-on, l'amour excuse tout. Je le veux bien, mais il y a encore ici un terrible inconvénient; c'est que, lorsqu'on s'y attend le moins, voilà Myrthé qui est tout à coup répudiée pour faire place à Zilla; et en proclamant l'avènement de l'une, il proclame l'infidélité de l'autre, ce qui refroidit beaucoup pour Myrthé, et même un peu pour Zilla. Properce, dans ses *Élégies*, qui sont des pièces détachées, pouvait passer sans risque d'une maîtresse à une autre; mais dans un poème il n'en faut qu'une, ne fut-ce que par respect pour l'unité d'objet. Il est trop clair que l'amour de Myrthé n'a pas pu aller au-delà de la moitié du poème, et cela se conçoit. Il faut beaucoup d'amour pour aller même jusque-là, et bien des lecteurs n'iront pas si loin. Cela n'empêche pas l'auteur de faire une exacte répartition d'hommages entre ses deux belles : six mois pour Myrthé, six mois pour Zilla : il n'y a rien à dire.

C'est dans le mois de *Septembre* que la Muse de l'égoïsme a pris l'essor le plus large. Dans sa première excursion, l'auteur nous raconte ses étranges aventures lorsqu'il voulut voir de près le rut des cerfs. Son indiscrétion déplaît à l'un de ces animaux, dont il se trouve si près,

..... Qu'un souffle *imprudent* de sa bouche échappé
Décèle sa présence au cerf *qu'il a frappé.*

Le cerf n'avait pas, comme on voit, beaucoup de chemin à faire pour l'atteindre : du premier bond il devait être sur lui. Cependant voici la suite du récit:

Soudain il vole à moi ; je me livre à la fuite;
Et bientôt sur mes pas *ramenant sa poursuite*,
Au cirque *de nouveau* je rentre le premier,
Et triomphant m'élève au faîte d'un cormier.

Le cirque est ici l'enceinte où sont rassemblés les

cerfs et les biches, et le théâtre de leurs amours. Ainsi Roucher est sorti de cette enceinte en fuyant devant le cerf, l'y a *ramené de nouveau*, et a encore eu le temps de *monter triomphant* sur un cormier; ce qui prouve qu'il court plus vite qu'un cerf, et qu'il grimpe comme un singe. Cette espèce de fiction me semble plus gascone que poétique; et pour qu'il n'y manque rien, il ajoute :

Lorsque enfin assuré que, d'un *essor rapide*,
Je trompais en fuyant *son audace intrépide*,
Dans l'arène déserte il revient *orgueilleux*.

Il n'y a pas un mot qui n'ait son prix. Quelle *audace intrépide*, que de poursuivre un homme qui fuit et qui est sans armes! A l'égard de *l'essor rapide*, oh! il l'est en effet, puisqu'il l'est plus que celui du cerf, le plus léger de tous les animaux. Mais pourquoi le cerf *revient-il orgueilleux?* Il n'y a pas de quoi, puisqu'il est *assuré* que notre poète court mieux que lui. C'est bien là le cas de dire comme don Quichotte à Sancho, après le conte des trois cents chèvres : *En vérité, Sancho, voilà bien le conte le plus extraordinaire que j'aie ouï de ma vie.* La description du rut, qui vient après, est empruntée du poème latin de Savary: *Venationis cervinæ leges* ; mais l'épisode du cormier est de l'invention de Roucher, et c'est un bel épisode et une belle invention!

Il n'est pas tout-à-fait aussi neuf dans une autre excursion sur les louanges de l'agriculture, qui n'a rien de commun, il est vrai, avec ce morceau si plein de charmes, *O fortunatos!* qu'on ne se lasse pas de relire dans les *Georgiques*. Mais on y prouve en forme, qu'il vaut mieux *aux humains fournir leur aliment, que de ramper à la cour dans de lâches intrigues*, et d'aller *égorger l'habitant d'un tranquille rivage*; et cela est très vrai. Ces grandes vérités l'échauffent au point qu'il ne doute pas qu'un jour ses vers, *portés par l'harmonie jusqu'au trône des rois*, ne les déterminent à *couronner tous leurs noms du nom de laboureur,* quand ils seront *échappés à l'erreur*; et il faut avouer que cela est très *philosophique.*

Mais enfin, après avoir été aux prises avec les cerfs, et avoir enseigné aux rois à être *laboureurs*, il revient à ses vers, et c'est l'automne qui l'y ramène. Voici le panégyrique qu'il en fait (je veux dire celui de ses vers): il n'y manque rien, si ce n'est peut-être ce qui manque souvent aux panégyriques, la vérité:

J'oubliais, endormi sur mes premiers essais,
D'en mériter l'honneur par de nouveaux succès.
Je n'étais plus moi-même : ô soudaine merveille!
Dans le calme des bois mon ardeur se réveille.
Je renais, je revole à la cour des neuf sœurs,
Et l'art des vers encore a pour moi des douceurs.
Oui, mon luth, tour à tour *léger, sublime et tendre,*
Aux *antres* du Parnasse ira se faire entendre.
Riche saison des fruits, c'est à toi que mes chants
Devront *cette énergie et ces accords touchants,
Qui, maîtrisant le cœur par l'oreille enchantée,
Font aimer dans mes vers la nature imitée.*

Je ne me rappelle pas que l'amour-propre le plus déterminé ait jamais fait au public des confidences si ingénues. Ces illusions sont heureusement fort innocentes, comme toutes celles des poëtes; mais elles sont fortes. Cet homme est-il assez content de lui-même? Il *maîtrise le cœur;* il *enchante l'oreille*, il est tour à tour *léger, sublime et tendre ;* ses *accords* sont *touchants; on aime la nature dans ses vers,* etc. Tout poëte est content de lui et de sa muse, on le sait, et d'ordinaire en raison inverse de ce qu'il vaut ; mais d'ordinaire aussi c'est une jouissance assez secrète, dont il ne fait part qu'à quelques amis complaisants, et qu'il ne communique pas au public, *de peur des jaloux,* comme les amants qui ont toujours peur que tout le monde n'aime leur maîtresse, même quand personne n'y pense. Roucher étant plus confiant, il dut tomber de haut, huit jours après la publication de son poème *léger, sublime et tendre. Léger!* il n'existe pas de versification plus lourde que la sienne. *Tendre!* il n'y a pas dans son ouvrage un vers de sentiment. *Sublime!* il a quelques tableaux qui ont de la richesse et de l'expression; mais quand il tend au *sublime*, il est boursoufflé. *Ses accords touchants maîtrisent le cœur!* il n'a jamais su parler au cœur, et nul écrivain n'est plus étranger au pathétique. Quand nous en serons à l'examen des vers, nous verrons comme il *enchante l'oreille.*

Au reste, il prophétise sur les progrès de l'esprit humain aussi magnifiquement que sur les *succès* de sa muse. Il ne doute pas qu'il ne vienne un jour où l'homme saura tout; et l'on reconnaît là le charlatanisme, aujourd'hui un peu décrédité, de cette *philosophie* qui, ne pouvant pas trop se vanter du présent, promet toujours des merveilles pour l'avenir, d'après le calcul du charlatan de *La Fontaine*, qui se fait payer d'avance par le roi pour faire d'un âne un orateur dans l'espace de dix années : avant ce terme, dit-il,

>Le roi, l'âne ou moi nous mourrons.

Roucher nous annonce de même que nous connaîtrons un jour l'origine des vents, la nature de la lumière, tous les corps célestes ! que *nous saisirons l'âme tout entière d'un seul regard*, quoique personne n'ait encore soupçonné seulement ce qu'elle est; qu'enfin il viendra un temps où *l'instinct forcera sa prison et s'élèvera au jour de la raison.* Voilà bien, en d'autres termes, *l'âne orateur;* mais en attendant que *la philosophie* élève la bête au rang des hommes, on ne saurait nier du moins qu'elle n'ait, et en principe et en résultat, rabaissé l'homme jusqu'à la brute et jusqu'à la bête féroce : c'est un triomphe fort différent de celui qu'elle annonçait, mais on ne peut lui contester celui-là.

Tout ce qui afflige Roucher, c'est que, quand toutes ces grandes choses arriveront, il ne les verra pas : il ne sera plus..... Infortuné! dont je ne rappelle ici les erreurs que parce qu'elles tenaient à un funeste système, dont tu as été dupe comme tant d'autres, sans aucune méchanceté, j'aime à croire du moins que tu es mort détrompé : tu en as vu assez pour l'être.

Si vous voulez juger de la distance du bon esprit au mauvais, du sentiment juste de toutes les convenances les plus délicates à l'oubli des bienséances les plus communes, voyez de quelle manière Despréaux parle de lui dans son *Épître sur le vrai*:

> Sais-tu pourquoi mes vers sont lus dans les provinces,
> Sont recherchés du peuple, et reçus chez les princes?
> Ce n'est pas que leurs sons, agréables, nombreux,
> Soient toujours à l'oreille également heureux;
> Qu'en plus d'un lieu le sens n'y gêne la mesure,
> Et qu'un mot quelquefois n'y brave la césure;
> Mais c'est qu'en eux toujours, du mensonge vainqueur,
> Le vrai partout se montre, et va saisir le cœur;
> Que le bien et le mal y sont prisés au juste;
> Que jamais un faquin n'y tint un rang auguste;
> Et que mon cœur, toujours conduisant mon esprit,
> Ne dit rien au lecteur qu'à soi-même il n'ait dit.

Il ne détaille pas tous les mérites de sa poésie, quoiqu'ils soient réels et nombreux; il ne parle que des défauts, quoiqu'ils soient rares et légers. Roucher, au contraire, étale tous les mérites qui ne sont pas dans ses vers, et n'y soupçonne pas un seul de leurs défauts énormes et innombrables. Il parle de *l'honneur de ses essais*, qu'il n'a encore que récités, des *nouveaux succès* qu'il attend, quoique n'ayant encore rien publié, il n'ait point encore eu de succès. Despréaux, entouré de vingt éditions, ne parle que d'une espèce de succès qui est un fait public et incontestable ; et bien loin de l'attribuer à la beauté de ses vers, il ne veut en être redevable qu'à une qualité dont il lui est permis de s'applaudir, parce qu'elle n'est qu'un devoir essentiel au poète satirique, l'amour *du vrai*; et cela même fait rentrer dans son sujet ce qu'il dit de lui-même. Voilà comme on sait composer. Et quelle heureuse élégance dans ces vers mêmes où il ne parle que des défauts de ses vers! Mais ce Boileau vivait dans le *siècle des préjugés*, où un poète même ne devait parler de lui qu'avec modestie, avec art, avec intérêt: *le siècle de la philosophie a changé tout cela*. Quel sot *préjugé* que la modestie! Prônez de toutes vos forces, et à pleine voix, et votre *génie*, et vos *succès*, et vos *palmes*, et vos *lauriers*, et vos *triomphes**, il y aura toujours assez de sots pour vous croire. Et qu'est-ce donc que la *philosophie*, si ce n'est un calcul sur la sottise humaine? On l'avait jusqu'ici laissé aux fripons: c'était une duperie, et *la philosophie* est venue pour nous en corriger.

Un des plus mauvais *Mois* de Roucher est sans contredit celui d'*Octobre*, et la vendange ne lui a pas porté bonheur, quoiqu'il s'efforce d'y mettre d'abord un enthousiasme factice qui n'est qu'une froide exaltation de tête, et ensuite une gaieté bachique qui descend jusqu'au ton du cabaret. Toujours porté à agrandir tout, ce qui est un moyen de tout gâter, au lieu de concentrer la joie de ses vendanges dans une scène champêtre et privée, il nous

---

* Phrases habituelles qui remplissent presque toutes les préfaces de nos jours.

invite à courir l'Europe pour vendanger avec lui ; ce qui suppose un secret particulier pour être à la fois sur le Danube et sur le Tage. Si l'on doutait de ce nouvel accès de folie qu'il prend pour de la verve, voici les vers :

Vous, dignes d'assister à nos sacrés mystères,
Sortez *à flots nombreux* de vos toits *solitaires;*
Courons, et de l'Ister au Tage répandus,
Assiégeons les raisins aux coteaux suspendus.

Il ne se borne point à ce petit voyage; il appelle l'Espagnol, l'Allemand, l'Italien, le Hongrois, et finit par les Suisses :

Et par des flots de vin *tous les Suisses* trempés
Dansent sur le sommet de leurs monts escarpés.

Tous les Suisses, est bien la plus plaisante cheville qu'il soit possible de rencontrer. Il y a de quoi se récrier sur *tous les Suisses*, comme sur le *quoi qu'on die* de Trissotin. Ce n'est pas *les Suisses* qu'il se contente d'appeler comme les Espagnols et autres peuples, c'est *tous les Suisses*, apparemment parce qu'il n'y en a pas un seul qui n'aime à boire. Les Allemands pourraient s'en formaliser, mais on ne peut pas songer à tout. C'est dommage que, dans le temps où la lecture des *Mois* était le vin nouveau qui tournait toutes les têtes, quelqu'un ne lui ait pas dit,

Encore une fois ce charmant *tous les Suisses!*

mais on lui a fait répéter des vers qui ne valaient guère mieux.

Après une terrible sortie contre ceux qui *nous défendent la joie*, quoique je ne sache pas que jamais personne ait *défendu* ni *la joie* des vendanges, ni aucune de ces joies naturelles et innocentes qui, bien loin de corrompre l'homme, le rendent meilleur en le tenant près de la nature, il passe, sans qu'on sache pourquoi, à la *peste noire* qui désola la plus grande partie du globe au XIVe siècle (en 1348) et dont la description et les accessoires remplissent la moitié de ce chant. Puisqu'il lui fallait une peste (et sans doute il lui en fallait une après celle de Virgile et de Lucrèce), il eût été beaucoup plus avantageux de choisir celle de Marseille (en 1720), qui aurait eu pour nous un intérêt particulier ; mais elle ne lui aurait pas fourni le plus grand plaisir qu'il pût avoir, celui de faire en vers le tour du monde. Quelle bonne fortune pour un déclamateur ! Il en tire, entre autres avantages, une petite période de trente-cinq vers, qui est bien la chose la plus curieuse et la plus divertissante, si ce n'était qu'on demeure un peu essoufflé quand on est au bout. Mais on le serait à moins, car il nous a fait voir bien du pays, à commencer par le Catay et à finir par la France. Cette peste donc

Abat le grand Négus, son peuple, ses enfants;
Frappe la Côte-d'Or, celle des Éléphants;
Dévaste le Zaïre, etc.

Or le Zaïre est un fleuve d'Afrique, et jamais on n'a dit *dévaster la Seine*, pour dévaster la France, ni *dévaster le Tibre* ou *l'Euphrate*, pour dévaster l'Italie ou l'Asie. On ne le dirait que des brochets ou des requins : ce sont eux qui *dévastent* les rivières ou les mers. C'est là le sublime de Roucher; mais ce qui est plus heureux que tout le reste, c'est *le grand Négus*. Comme *le grand Négus* figure bien là ! Concevez-vous quel plaisir d'*abattre le grand Négus* d'un seul hémistiche ? Cela peut n'être pas fort touchant pour nous qui ne connaissons pas trop *le grand Négus* ; mais à coup sûr cela est *sublime*. Suivons la peste :

Perce du vieux Atlas les sommets orageux.
De cadavres infects couvre ses rocs *neigeux*.

L'auteur a dû se féliciter de cette épithète à la Ronsard, *les rocs neigeux* ; elle *n'enchante* pas autrement l'oreille et le goût, et je ne vois pas que ce mot soit bon à rien, si ce n'est pour dire un temps *neigeux*, dans l'almanach. De plus, il est difficile que la peste *couvre de cadavres infects les rocs* de l'Atlas, où il n'y a en effet que des neiges et des glaces, comme sur toutes les montagnes de la même élévation, et où n'habitent pas même les animaux. Mais l'épithète renouvelée de Ronsard répond à tout, et c'est encore du *sublime*. La peste court toujours :

Mêle ensemble et l'Ibère et le Maure indomptés.

Mais il n'était pas besoin pour cela de la peste ; l'Ibère et le Maure étaient alors *mêlés ensemble* dans toute l'Espagne; et comme ils se faisaient une guerre continuelle qui finit par la victoire des uns et l'expulsion des autres, on n'entend pas trop comment cette épithète, *indomptés*, serait autre chose qu'une cheville à contre-sens. La peste, toujours portée par la période éternelle dont le mouvement ne change pas une seule fois,

> De tous ses potentats *purge* la Germanie,
> Des ducs de la Néva *punit la tyrannie.*

Je ne sais pas précisément qui était alors *duc de la Néva;* mais si c'était un *tyran*, la peste eut raison, et ce n'était pas sous ce rapport qu'il fallait la montrer. Pour ce qui est de *purger la Germanie de tous ses potentats, la purgation* est un peu forte, et le ridicule ici va jusqu'à l'indécence et l'atrocité; car si l'auteur n'était pas en état de prouver que *tous ces potentats* étaient des monstres (et je crois qu'il y eut été embarrassé), ou le vers n'a pas de sens, ou il signifie que *tous les potentats* ne sont bons qu'à mourir de la peste, et que la peste est bonne à en *purger* le monde; ce qui est une déclamation aussi odieuse qu'insensée. Voilà où conduit le style déclamatoire; il peut rendre le meilleur homme du monde, non-seulement absurde, mais scandaleux. La peste enfin

> . . . . dans les champs français,
> Par des *excès* nouveaux vient combler *ses excès.*

Respirons, malgré *les excès* de la peste. Qui jamais, avant qu'il y eût un poème des *Mois*, avait entendu parler *des excès* de la peste? Mais au moins la période est finie; je n'en ai pris que quelques membres : si j'eusse essayé de la réciter tout entière, il est fort douteux que j'eusse pu avoir assez d'haleine, et vous assez de patience pour la soutenir jusqu'au bout. Je m'y suis arrêté, même avec quelques détails critiques, parce que c'était, dans le temps des lectures, un des morceaux les plus fameux. Il n'était bruit que de la *peste noire;* et toujours au dernier vers, celui de la peste qui *comble ses excès par des excès nouveaux*, les battements de mains ne finissaient pas. Si c'eût été de satisfaction d'être au bout de la période, comme Dandin *suait sang et eau* pour arriver à la fin des *quand je vois* de Petit-Jean; ou si c'eût été une manière de féliciter l'auteur d'avoir pu achever son incommensurable tirade sans rendre l'âme, j'aurais compris cette explosion d'applaudissements; mais non, en vérité, c'était de l'admiration toute pure pour ce fatras assommant dans lequel il n'y a pas même un bon vers, et qui est chargé d'inepties d'un bout à l'autre, telles, par exemple, que cet hémistiche, que je n'ai pas cité; car qui pourrait relever tout?

Brave les feux d'Hécla.

Devinez, s'il est possible, ce que c'est que la peste qui *brave les feux* d'un volcan. Croyez-vous que l'auteur se soit entendu lui-même, qu'il eût pu nous expliquer ce que la peste peut avoir à craindre des *feux* d'un volcan? Car on ne *brave* que ce qui peut être à craindre. Mais il s'agit bien de s'entendre! Est-ce qu'on s'entend quand on est *sublime* comme nos faiseurs de *sublime?* Et, comme disait un homme de beaucoup d'esprit et de talent, dans un poème fort différent des *Mois:*

> Nous allons voir si, pour être en crédit,
> Il est besoin de savoir ce qu'on dit *.

Quoi qu'il en soit, voilà la peste arrivée en France, et, parce qu'elle y commença par les bestiaux, l'auteur, plus fidèle à l'histoire qu'aux lois de la composition, décrit d'abord une épizootie. Celle des *Géorgiques* est du plus grand effet, d'abord parce qu'elle tient étroitement au sujet, ensuite parce que le poète, fidèle à l'esprit du sujet, sait nous intéresser pour les animaux, en leur donnant le degré de sensibilité dont ils sont susceptibles, et dans des vers tels que ceux-ci :

> « It tristis arator
> « Mœrentem abjungens fraternâ morte juvencum. »

Avec cet art et ce style, il n'y a point de sujet que l'on n'enrichisse, et point de lecteur que l'on n'attache. Mais lorsque, dans la longue course de la peste, on a *abattu* à chaque vers, ou même à chaque hémistiche, un *peuple* ou un *potentat*, il ne faut pas venir ensuite nous apitoyer sur les bestiaux ; et d'après le principe, *crescat oratio*, il convenait de commencer par les bœufs et les moutons, et de finir par le Sophi, le Mogol et le grand Négus.

A la suite de la peste, l'auteur introduit un Philamandre qui, pour préserver du fléau sa fille Linda et son fils Saint-Maur, les enferme avec lui dans une

---

* *Les Voyages de Polymnie*, poème de M. Marmontel, non encore imprimé. — M. Marmontel fils, l'a publié en 1821.

4.

église, dont *il scelle la porte sur lui.* Il y meurt avec eux, ce qui n'a rien d'étonnant ; mais comme Philamandre, et Linda, et Saint-Maur, n'ont rien qui les rende plus intéressants que d'autres, cette espèce d'épisode d'environ cent vers est en pure perte, et qu'ils meurent dans une église ou ailleurs, rien n'est plus indifférent : ce sont là les inventions de l'auteur.

Quant à son pathétique, il tâche d'en mettre beaucoup dans la coupe des bois et des forêts. Il s'écrie :

Et comment en effet *contempler froidement*
Ces forêts, de la terre autrefois l'ornement,
Aujourd'hui par le fer de leur sol arrachées, etc.

On a cent fois joint des mouvements poétiques à la chute des grands arbres, ou bien l'on en a tiré des comparaisons et des moralités. Mais cet intérêt sérieux est d'un rhéteur qui exagère tout ce qu'il a lu. Un *philosophe* (et il se donne pour tel à tous moments) aurait pu se souvenir qu'il faut du bois pour se chauffer, qu'il en faut pour construire des maisons, des navires, des meubles, des charrues, etc.; que c'est aussi pour cela que le bois a été donné à l'homme ; et que quand la coupe est régulière, il n'y a pas de quoi gémir, puisqu'il renaît d'autre bois et d'autres forêts. Il y voit, lui,

. . . . Ces sanglants bataillons,
Dont le bras de la guerre a jonché nos sillons.

Soit ; mais on ne s'attend guère aux conséquences qu'il en tire :

> Dieux! comme à cet aspect mon âme consternée
> Des ministres de Mars a plaint la destinée!

Passe pour cela : la plainte n'est pas ici déplacée ; mais nous ne sommes pas au bout :

> Si leur sang généreux, répandu pour l'honneur,
> Du moins de leur patrie eût accru le bonheur,
> J'envîrais leur trépas ; mais, ô gloire *infertile*!...*.
> Que dis-je? ils n'ont prêté leur glaive aux conquérants,
> Que pour mettre la terre aux chaînes des tyrans.

Quoi! lorsque Turenne, avec vingt mille hommes, délivrait l'Alsace de soixante mille Autrichiens ; lorsque Villars arrêtait à Denain une armée qui n'avait plus qu'un pas à faire pour venir à Paris ; lorsque le maréchal de Saxe renversait à Fontenoi la colonne anglaise, et sauvait nos frontières, ils n'ont rien fait pour le *bonheur* de la patrie! Quelle démence! La détestable race que la race des déclamateurs! Il faut avoir la tête bien vide de toute idée pour courir sans cesse, au mépris de toute raison et de toute décence, après des lieux communs traînés depuis deux mille ans dans la poussière des classes, et pour les pousser à un excès qui n'est plus que de l'extravagance. L'extravagance se soutient : il continue :

> Oh! que j'aime bien mieux les *destins honorables*
> Dont jouiront encor ses tiges *vénérables*!

---

* *Infertile* est en lui-même une très bonne expression, sur-tout en poésie : il est sonore, il offre une nuance au dessous de *stérile* ; mais l'auteur l'emploie ici très mal à propos avec une idée abstraite. Terre *infertile*, travail *infertile*, sucs *infertiles*, etc., c'est ainsi qu'il est bien placé.

Bientôt sous l'humble toit qu'agite le malheur,
Elles rendront au pauvre une douce chaleur.

D'abord, il n'est pas si *malheureux* d'avoir de quoi se chauffer quand il fait froid ; et que dirait-il donc, s'il n'y avait pas de bois *sous cet humble toit!* *Le malheur* est donc là pour la rime et contre la liaison des idées. Mais ce n'est rien ; ce qui est sans prix, c'est cette préférence si affectueuse et si tendre pour *les destins honorables de ces tiges vénérables* qui auront *l'honneur* de servir à faire du feu ; c'est ce beau transport de l'auteur, qui aime bien mieux ce *destin* des bûches que celui des soldats de Turenne et de Villars. Il faut articuler nettement la vérité : je défie qu'on me montre dans ce que le siècle passé, et même celui-ci, ont produit de plus ridicule, quelque chose de plus frappant dans le genre de la bêtise. Observez qu'en général il y a toujours, dans la déclamation, un fonds de déraison plus ou moins marquée ; et c'est pour cela même que la raison a un si profond mépris pour toute la déclamation. Mais la bêtise est ici hors de toute limite et de tout exemple. Voyez les choses bien exactement telles qu'elles sont, et songez dans quel état pouvait être la tête d'un homme qui se pâme de plaisir en vous disant : « *Oh ! que j'aime bien* « *mieux* être la souche, qui brûle dans un foyer, « que le brave soldat qui meurt pour la patrie ! »

Un abattis de sapins termine ce chant, et toujours sur le même ton. L'auteur rappelle que ces sapins *ont vu César et Pompée errants sous leur ombrage,* quoique jamais César et Pompée, que Boileau a raison de représenter *errants dans l'Élysée*, n'aient été *errants sous des sapins*. Mais ceci amène encore une exclamation dans le genre niais :

Mais à quoi sert la gloire ! Hélas ! d'un fer *jaloux*
Le grossier bûcheron s'arme et frappe sur vous.

Savez-vous pourquoi l'auteur abuse des figures communes et vieilles ? c'est qu'il ne les entend pas. Quand les bons poëtes ont dit, *l'honneur* ou *la gloire* ou *la richesse* des arbres, ils appelaient ainsi les feuillages, les fruits, les fleurs, par un rapport que tout le monde comprend. Mais Roucher, qui prend tout cela au propre et au sérieux, vous dit douloureusement :

Mais à quoi sert la gloire ! Hélas !

Comme il le dirait de Pompée égorgé par Photin, ou de César assassiné par Brutus; et il ajoute pour que rien n'y manque :

Et maintenant, ô rois ! instruisez-vous : le sort
Frappe ainsi votre orgueil et l'éteint dans la mort.

Tout à l'heure c'était le bûcheron qui était *jaloux* du sapin, actuellement c'est le sapin qui doit *instruire les rois!* Remarquez que ces mots, *et maintenant, ô rois ! instruisez-vous*, sont de l'Écriture : *et nunc, reges intelligite* ; et ce qu'il y a de bon, c'est que l'auteur cite le passage dans ses notes. Mais apparemment il ne se souciait pas de savoir à quel propos l'Écriture donne cette leçon aux rois ; c'est immédiatement après un verset où il est question de la puissance de Dieu qui *brise les humains* quand il lui plaît, *comme un vase d'argile* ; et ce que le prophète dit aux rois, à propos de la justice divine, Roucher le leur répète à propos du *fer jaloux* qui *frappe sur les sapins*.

Au reste, s'il aime à donner des leçons, n'importe comment, il nous produit les titres de sa mission dans son *Mois de novembre* ; c'est qu'il est *le dispensateur de la louange et du blâme.* Cela est fier ; mais chacun a son *emploi* ; et voici comme il s'exprime sur le sien :

> Poursuis donc, Dupaty, ta course glorieuse,
> Et tandis qu'au sénat ta main victorieuse
> Couvrira l'opprimé de l'égide des lois,
> Moi, *qu'un autre destin fit pour d'autres emplois*,
> Au nom des saintes mœurs dont l'intérêt m'enflamme,
> J'ose, *dispensateur de l'éloge et du blâme*,
> Faire entendre ma lyre à *ces flots* de guerriers, etc.

Passons sur ce mot de *flots*, si mal placé après *la lyre* : c'est ainsi que l'auteur, le plus souvent, place au hasard les figures connues. Rien n'empêche assurément que la morale ne trouve sa place dans la poésie ; mais je n'aurais pas imaginé que celui dont l'*emploi* est de manier *la lyre* d'Apollon, et dont l'objet est de chanter *les mois*, pût dire de lui que son *destin* l'a fait pour *dispenser l'éloge et le blâme*. Personne d'ailleurs ne lui reprochera d'avoir loué le courage et les vertus de Dupaty, non plus que de dire *à ces flots de guerriers* :

> Dites *pourquoi*, trompant et la mère et la fille,
> Vous abreuvez d'opprobre un vieux chef de famille;

Pourquoi d'un jeu sans borne affrontant les hasards,
On vous voit dans la nuit, échevelés, hagards,
De vos *immenses* biens ruiner l'édifice,
Et pour le *réparer appeler* l'artifice ;
Pourquoi l'humble artisan, chargé de vos mépris,
En vain de ses travaux vous demande le prix ;
Et pourquoi prodiguant un amour idolâtre
Aux beautés dont le vice a paré le théâtre,
De ces viles Phrynés vous adoptez les mœurs, etc.

Ces leçons, sans contredit, sont fort bonnes ; mais ces vers-là ne sont pas bons ; ils sont trop froids et trop médiocres. Le *pourquoi* est ici à la glace ; et quand les leçons sont données sur *la lyre*, elles doivent avoir un autre feu.

La chasse du cerf est le morceau principal de ce chant ; il est très défectueux et très faible, et les phrases sont souvent aussi lentes et aussi lourdes qu'elles devraient être légères et rapides.

A propos de la chasse, dont il exclut les femmes, et avec raison, il saisit l'occasion de leur dicter aussi des règles de conduite. Il veut qu'elles soient vêtues légèrement, qu'elles fassent de la musique, qu'elles cultivent et dessinent les fleurs, qu'elles brodent et qu'elles dansent. Fort bien :

.... Sur-tout qu'*amantes enflammées*,
Vous sentiez, vous goûtiez le plaisir d'être aimées ;
Qu'écartant loin de vous toute frivolité,
Vous ne voliez jamais à l'infidélité ;
Que votre sein fécond reproduise vos graces...

Il m'est impossible de deviner ce que signifie ce dernier vers, à moins que ce ne soit une exhortation à faire de jolies filles ; précepte qu'elles ne sont pas trop maîtresses d'observer toujours. Mais ce qui est plus remarquable, c'est de vouloir qu'elles soient des *amantes enflammées* : cela n'est pas trop moral pour un moraliste de profession, qui tout à l'heure était *enflammé* de l'intérêt *des saintes mœurs*, qui parlait *en leur nom*, et qui même en faisait le titre de sa mission. *Goûter* dit moins que *sentir*, et par conséquent est mal placé ; mais ceci ne regarde que le poète. Quant au prédicateur, il dira que c'est dans la bouche de l'*Amour* qu'il met ses leçons, et qu'il parle au nom de l'*Amour*. Mais il n'en a pas moins tort, et quand on se métamorphose ainsi à tout moment, on n'a ni *destin* ni *emploi*, et les leçons de l'*Amour* décréditent un peu les *saintes mœurs*.

> Enfin quand l'*âge mûr* changera vos désirs,
> Que *vos châteaux* encor vous donnent des plaisirs.

Et pourquoi donc attendre si tard pour goûter les *plaisirs des châteaux?* D'ailleurs, il y a trop peu de dames à *châteaux*, et l'*Amour* devait parler à toutes, aux champs comme à la ville.

> De vos fruits, de vos fleurs exprimez l'ambroisie.
> Qu'aujourd'hui du pommier la richesse choisie,
> Sous vos yeux *vigilants*, se transforme en boisson.

Oh ! pour le coup ce n'est plus l'*Amour* qui parle, ce n'est sûrement pas lui qui *exige* que les femmes fassent du cidre. On voit trop que c'est l'auteur qui cherche une transition, et chez lui la transition est presque toujours de la même adresse. Mais quoiqu'il lui en ait tant coûté pour arriver des femmes au cidre, il n'en dit pas un mot de plus; il le laisse à Thompson, parce qu'*il entend sa patrie qui réclame une place pour l'olive dans ses vers*. La récolte de l'olive, qui est bien traitée, ramène la dispute de Mars et de Minerve, qui pouvait l'être mieux; ensuite la *Veillée villageoise*, qui, malgré quelques fautes et quelques disparates, est en général agréable; puis enfin une furieuse sortie contre les histoires de revenants et de sorciers :

Qu'il soit maudit cent fois l'apôtre sacrilège
Qui, *des morts le premier blessant le privilège*,
Au nom d'un Dieu vengeur les tira des tombeaux,
Et les montra souillés de sang et de lambeaux !

Je n'entends que trop ce que veut dire ici *le privilège des morts*; mais je ne connais point du tout *l'apôtre sacrilège* qui a *le premier* tiré *les morts des tombeaux*, à moins que ce ne soit l'imagination frappée de terreurs superstitieuses, ou remplie d'illusions poétiques; et c'est ce qu'il fallait énoncer. Si l'auteur cherchait un épisode sur les nuits d'hyver, il eût pu en trouver un très poétique et très neuf dans l'opinion vulgaire des montagnards du nord, qui, dans tous leurs chants, entendent les ombres de leurs aïeux gémir dans les vents, et les voient se promener sur les rochers ou apparaître sur les flots. Ossian pouvait lui être là d'un grand secours, et l'imitation pouvait lui fournir des vers, et même des scènes ; mais pour se servir bien de l'esprit d'autrui, il faut en avoir beaucoup soi-même : personne ne l'a prouvé mieux que Voltaire.

Ce qu'il y a de plaisant, c'est que l'auteur, qui trouve *sacrilège* de *tirer les morts des tombeaux*, les évoque dans le *Mois* suivant, celui de *décembre*, et les évoque même hors de propos.

> Ombres des morts, sortez du séjour des ténèbres!
> J'élève le cyprès sur vos urnes funèbres.

Il semble au contraire que c'est le moment de leur dire d'y reposer, et c'est ce que leur disaient les Anciens toutes les fois qu'ils couvraient les tombes d'ombrages ou de fleurs ; mais les contre-sens en tous genres sont si familiers à l'auteur !

La plantation est un des matériaux de son *Mois* de décembre, particulièrement celle du chêne ; ce qui lui a suggéré un très froid épisode, *la fête du gui* chez nos anciens druides. Autre épisode non moins froid, celui de *la fête des brandons*, qui se célébrait à Dreux, vieille superstition abolie de nos jours, vu le danger de mettre le feu à la ville. L'auteur y voit un *mystique emblême des rayons du soleil;* ce qui pourrait être vrai sans en être plus intéressant, et ce qui n'est qu'une conjecture fort douteuse : car qui peut savoir au juste l'origine de toutes ces coutumes locales? Il *passe* de là au *déluge*, comme l'Intimé, non pas à celui de Noé, mais à un déluge quelconque, dont il a cru augmenter l'effet en bouleversant à la fois le globe par le feu et par l'eau ; ce qui produit un effet tout contraire. Si le Poussin s'était avisé de montrer le feu des volcans dans son déluge, il n'aurait pas fait un tableau qu'il est impossible de regarder sans effroi

Mais on ne voit que l'eau et la destruction, et le tableau est sublime. Roucher n'est pas poète comme le Poussin est peintre : son déluge est de la dernière médiocrité, non-seulement fort au dessous d'Ovide, mais, proportion gardée de la différence des temps, au dessous de celui de Du Bartas, chez qui l'on trouve trois ou quatre vers fort beaux. Vient ensuite, pour expliquer l'harmonie du monde, l'apparition d'*un colosse* qui est *la Nature*, et dont la description est à peu près copiée d'un fragment du cardinal de Bernis, imprimé dans ses *OEuvres* il y a quarante ans ; et ce *colosse de la Nature*, qui apparaît à Roucher, ne fait autre chose que lui redire en vers faibles ce que vous avez vu ci-dessus en beaux vers dans le poème de *La Religion*, de Racine le fils. Si l'auteur n'est pas fort pour inventer, il n'embellit pas ce qu'il prend aux autres.

Janvier nous offre l'apothéose de Voltaire et de Rousseau, et même une longue apologie de ce dernier, sans que l'on sache d'où cela vient et où cela peut aller ; mais qu'importe, pourvu qu'il puisse dire à ceux qui ne font pas autant de cas des erreurs de ces deux grands écrivains que de leurs talents : *Taisez-vous*, et qu'il puisse crier aux *sages* :

.... Jurez ici, qu'armés contre *l'erreur*,
Vous mourrez, s'il le faut, martyrs de *sa fureur*.

Hélas ! plusieurs sont morts en effet sous nos yeux, non pas *martyrs* de la vérité, comme Roucher veut dire, et comme il convient à de vrais sages, mais *martyrs* de leurs étranges sottises et de *la fureur* de leurs étranges disciples. Cela était juste, mais n'en est pas moins déplorable. Roucher, qui rêvait comme eux, s'écrie :

Rousseau du despotisme a sauvé les humains.

Cela n'est pas encore bien clair : mais ce qui est trop clair, c'est qu'il ne les a pas sauvés de la tyrannie; ce qui pourtant ne décide et ne décidera jamais contre *la philosophie*, si elle a encore quelque temps à aller; car tant qu'elle ira, n'aura-t-elle pas toujours *les siècles* devant elle? C'est là qu'elle est retranchée; et allez l'attaquer dans *les siècles!*

Quoi qu'il en soit, nous voici à la moitié de janvier, et il n'y a encore de janvier que les compliments de bonne année en bien mauvais vers. Suit une nouvelle apologie de la Nature et de la vicissitude des saisons, puis l'hiver de 1709, morceau généralement bon. Ensuite l'auteur *ouvre le palais de la Gelée*, pour nous expliquer la formation de la glace. Nouvel épisode d'un vaisseau anglais, dont tout l'équipage mourut de froid dans la mer Glaciale; et enfin un excellent épisode sur les aurores boréales, excellent d'invention comme de style; aussi est-il tout entier traduit mot à mot d'un poème latin du jésuite italien Nocetti; ce que j'approuve fort, bien loin de le blâmer.

Un accès d'égoïsme ressaisit l'auteur au commencement de son dernier *Mois*, lorsqu'il voit approcher le terme de sa course. Virgile, à la fin de ses *Géorgiques*, se contente de voir le port, et en est satisfait; ce n'est pas assez pour Roucher :

Là je crois voir la Gloire assise sur la rive.
Oui, c'est elle : ô triomphe! *elle attend que j'arrive.*
Taisez-vous, aquilons : heureux zéphyrs, soufflez,
Et conduisez au port mes pavillons *enflés*.

Enflés soit ; mais l'enflure n'est pas ici sans la platitude, témoin cet hémistiche : *Elle attend que j'arrive*. Quand on est supposé dans un enthousiasme poétique qui vous montre la Gloire, il faudrait au moins s'expliquer plus noblement. Mais ce n'est jamais que dans la description que Roucher a l'expression du poète, témoin ces vers qui se trouvent tout de suite après, quand le vent du Sud amène le dégel :

Il détend par degrés les chaînes de la glace.
La neige sur les rocs élevée en monceaux,
Distille goutte à goutte, et fuit à longs ruisseaux.
Ils courent à travers les terres éboulées,
Et creusant des ravins, inondant des vallées,
Retracent à nos yeux un globe submergé,
Qui des profondes mers sort enfin dégagé,
Et dont les monts naissants, élancés dans les nues,
Sèchent l'humidité de leurs têtes chenues ;
Cependant qu'à leurs pieds les flots encor errants
S'étendent en marais ou roulent en torrents.

Partout le trait est juste, et partout la couleur est riche. Le vent du Midi qui *détend les chaînes de la glace ;* la neige qui d'abord *distille goutte à goutte*, et bientôt *fuit à longs ruisseaux*, cette expression si heureuse, et qui paraît si simple tant elle est vraie, *les monts naissants*, parce qu'en effet ils paraissent naître à nos yeux quand ils reprennent leur couleur naturelle; cette autre image qui anime les monts quand ils *sèchent l'humidité de leurs têtes* : voilà de la poésie, voilà de la véritable élégance : toutes les expressions sont à l'auteur, qui les a combinées, et pas une n'est recherchée ni fausse. Mais peut-être fallait-il ne pas placer en *février* ce qui généralement conviendrait beaucoup mieux au mois de mars, même pour la seule espèce d'ordre que peut présenter son poème, puisqu'il y aurait eu quelque avantage à le commencer du moins par tous les phénomènes qui annoncent les premiers efforts de la nature renaissante. Il pouvait alors transporter, avec plus d'effet, dans des climats plus septentrionaux que les nôtres la scène la plus frappante du dégel, la débâcle. L'auteur qui était dans un bon moment, a fait là un morceau de verve, malgré quelque fautes, un peu lourdes même; mais les beautés les couvrent, et si dans un long ouvrage, quelques tirades descriptives suffisaient pour appeler *la Gloire*, on lui pardonnerait de l'avoir fait *asseoir sur la rive* pendant qu'il peignait la débâcle.

Mais déjà ce tribut qu'ont payé les montagnes,
Après avoir franchi les immenses campagnes,
Se répand sur la rive où les fleuves plaintifs
Mugissent sourdement sous la glace captifs;
Et crevassant leurs bords pour s'ouvrir une route,
Par cent détours secrets se glisse sous leur voûte.
Le fleuve accru soudain par ce nouveau secours,
Frémit, impatient de reprendre son cours.
Dans son lit en grondant il s'agite, il *se dresse,*

Il bat de tous ses flots la voûte qui l'oppresse.
Elle résiste encor : sur son dos *triomphant*
Le fleuve la soulève, elle éclate et se fend.
Un effroyable bruit court le long du rivage.
L'air en gémit; et l'homme, averti du ravage,
Sort des hameaux voisins, et, muet de terreur,
Vient repaître ses yeux d'une scène d'horreur.
Il voit en mille éclats les barques fracassées,
Leurs richesses au loin *sans ordre* dispersées.
Les bords en sont couverts : le vainqueur cependant
Poursuit enflé d'orgueil son cours indépendant;
Et, pareil au héros qui, promenant sa gloire,
Traînait les rois vaincus à son char de victoire,
Lent et majestueux, il s'avance escorté
Des glaçons qui naguère enchaînaient sa fierté;
Quand un pont tout à coup le traverse et l'arrête.
Par l'obstacle irrité, l'humide roi s'apprête
A livrer un assaut qui venge son affront;
Il rassemble ses flots, les entasse; et plus prompt
Que le feu de l'éclair allumé par l'orage,
Pousse leur vaste amas vers le pont qui l'outrage,
S'arme d'épais glaçons, tranchants, amoncelés,
Et frappant sans relâche à grands coups redoublés,
Dans ses larges appuis ébranle l'édifice
Qu'a voûté sur ses flots un' magique artifice.

Le pont qui l'outrage est sublime, et appartient, je l'avoue, à Racine le fils, qui a si bien rendu le *pontem indignatus* de Virgile, par ce vers admirable :

L'Araxe mugissant sous un pont qui l'outrage.

Mais les autres beautés sont à Roucher; et il y en a beaucoup. Le fleuve pittoresquement personnifié donne du mouvement à toute la description, et agrandit les objets sans les exagérer, lorque

>Lent et majestueux, il s'avance escorté
>Des glaçons qui naguère enchaînaient sa fierté.

A cette marche imposante succède fort bien la violence de l'assaut livré au pont :

>Il rassemble ses flots, les entasse, etc. ;

et l'on n'aime pas moins ce vers expressif qui a précédé :

>Il bat de tous ses flots la voûte qui l'oppresse.

Tout cela demande grace pour les fautes. Il est trop sûr que, dans une débâcle, il n'y a d'*ordre* d'aucune espèce; et au lieu de richesses *dispersées sans ordre*, ce qui est de plus un pléonasme, il fallait dire *tristement dispersées*. Le fleuve qui se *dresse* fait encore bien plus de peine : on ne peut attribuer qu'à la rime une image si fausse. Un peintre représentera tant qu'on voudra un dieu fleuve qui lutte, qui combat; mais si on lui proposait de faire dresser le fleuve, il croirait qu'on se moque de lui. *Le dos triomphant* ne vaut pas mieux : cette expression froidement abstraite, quand le fleuve se débat encore et qu'il faut des images sensibles, refroidit tout de suite la peinture. Voilà le défaut de goût qui se fait sentir même dans les endroits les mieux saisis, parce que l'auteur en était presque entièrement dépourvu; mais enfin c'est dans ces morceaux qu'est la place et le genre de son talent, qui consiste uniquement à décrire.

Le mauvais goût, le faux esprit, se représentent

de tous côtés; et comme j'ai anticipé sur ce qui concerne le mérite du style, pour tempérer la continuité du blâme, je marque aussi, en passant, quelques vers qu'on ne peut rencontrer sans en être choqué :

> Au douzième des mois ainsi *se lamentait*
> Le peuple qu'en son sein *Rome antique portait.*

C'est réunir la platitude et le verbiage.

> Ce long froid qui du moins tous les ans vient suspendre
> Les douleurs des mortels menacés du tombeau,
> Ce froid qui de leurs jours ranimait le flambeau,
> Ne prêtant plus de force à leur santé mourante,
> Ils tombent engloutis dans la nuit dévorante,
> *Dans la nuit qui confond les pâtres et les rois.*

C'est là, de toute façon, une composition d'écolier. Quand il s'agit de physique et de médecine, comme il est impossible à la poésie de nuancer alors les idées complexes qui n'appartiennent qu'à la science, il faut bien se garder de sortir des idées générales, sans quoi vous n'offrez à l'esprit que des nuages et des contradictions : c'est une règle prescrite par le jugement. Dans un sujet tel que celui-ci, par exemple, la chaleur devait être ce qu'elle est généralement pour l'homme, un principe de vie, comme le froid un principe de mort; et quand on entend le poète nous dire ici du froid ce qu'il a dit du soleil en cent manières :

> Ce froid qui de leurs jours ranimait le flambeau, etc.

on ne sait plus où l'on est ni à quoi s'en tenir. Il

est bien vrai qu'un des effets du grand froid est de rendre du ton à la fibre, et qu'en ce sens il peut être bon aux corps qui ne sont qu'affaiblis, lorsque d'ailleurs on est suffisamment prémuni contre l'excès du resserrement des pores, et assez vêtu pour entretenir une transpiration assez égale ; mais il est très faux que le froid *suspende les douleurs* internes, vagues ou locales, généralement causées par les glaires, dans l'âge avancé, où l'auteur suppose ici les hommes *menacés du tombeau.* Leur soulagement habituel vient au contraire de la transpiration habituelle plus facilitée, et leur mal s'accroît quand la gelée resserre les pores, ou que l'humidité les pénètre Mais toute cette théorie médicale n'est pas faite pour la poésie, et, faute d'avoir connu ce principe, l'auteur a fait d'une vérité partielle, qu'il entendait mal, un énoncé très faux, et qui contredit de plus tout l'esprit de son ouvrage. On retrouve le sien tout entier dans ce lieu commun si gauchement encadré ici : *la nuit qui confond les pâtres et les rois.* Il n'a pas pu résister au plaisir de mettre encore ensemble *les pâtres et les rois,* peut-être pour la cent millième fois depuis qu'on les a réunis en vers et en prose ; et ils ne peuvent guère être réunis ailleurs.

Ce respect pour les morts, *fruit d'une erreur grossière,*
Touchait peu, je le sais, une froide poussière
Qui tôt ou tard s'envole, éparse au gré des vents,
Et qui n'a plus enfin de nom chez les vivants.

Qui n'a plus même de nom est de Bossuet : on doit le remarquer, parce que ces mots sont sublimes là

où ils sont, et font partie d'un morceau sublime *
que tout le monde connaît, qui a été cité partout,
et où il s'agit de faire sentir à l'homme son néant.
L'auteur a donc tort de prendre ces paroles; au lieu
qu'il était fort excusable tout à l'heure, d'avoir au
moins placé fort à propos *le pont qui l'outrage*, de
Louis Racine. L'à-propos est une sorte de mérite ;
mais rien n'est plus hors de propos dans un poète
qui doit intéresser l'imagination aux fêtes funéraires
qu'il va peindre, que de commencer par en détruire
autant qu'il est en lui tout l'intérêt, en nous montrant
les honneurs rendus aux morts comme une illusion
méprisable et *une erreur grossière*. Rien ne fait
mieux voir que, si la bonne philosophie sert à tout
et même à la poésie quand il y a lieu, la *mauvaise
philosophie* gâte tout, et même le talent poétique.
Ce n'est pas la peine assurément de prouver ici ce
qui est prouvé de reste, que les devoirs envers les
morts ne sont rien moins qu'*une erreur,* et sont
fondés en raison et en morale comme en religion.
Mais il est toujours utile de remarquer combien
l'opinion contraire, qui confond l'homme avec la
brute, est non-seulement *une erreur grossière*,
mais une imposture funeste et sacrilège, que l'on
s'efforçait d'accréditer partout, même dans les ouvrages
dont elle contrarait la nature et l'objet ; et
que les scandales *philosophiques* ont préparé et
amené les scandales révolutionnaires.

Il s'en présente sur-le-champ un nouvel exemple

---

* Dans l'Oraison funèbre de Henriette-Anne d'Angleterre, duchesse d'Orléans.

encore plus condamnable, mais très conséquent à ce qu'on vient de voir, car une erreur en entraîne une autre. Il est tout simple qu'un écrivain qui ne voit dans les morts que *de la poussière*, ne veuille pas des peines d'une autre vie; mais avec quelle autorité; avec quel ton magistral il nous défend d'y croire!

Mais ce qu'on cèle à l'homme, et *ce qu'il doit connaître*,
C'est qu'il faut se résoudre à voir *finir son être*,
Sans chercher dans la nuit d'un *douteux avenir*
Un glaive impitoyable, *affamé de punir*;
Sans refuser son cœur à la douce allégresse,
Sans craindre des plaisirs la consolante *ivresse*, etc.

C'est donc là ce que l'homme *doit connaître!* En effet, c'est une découverte si utile et si salutaire! Je me serais contenté, si l'auteur m'avait lu ce chant, de le renvoyer à son héros, à celui qui est à ses yeux le docteur des docteurs, à Rousseau; et c'est Rousseau qui ne pardonne pas à nos *philosophes* d'avoir sapé l'un des grands appuis de l'ordre moral et social en niant les peines d'un autre monde. Roucher, qui se vante des encouragements qu'il avait reçus de Rousseau, à coup sûr ne lui montra pas ce passage. Mais, comme on ne peut jamais attaquer la vérité qu'en la défigurant, l'auteur ne manque pas de nous montrer dans la justice divine *un glaive impitoyable, affamé de punir;* ce qui n'est qu'un mensonge calomnieux; car jamais personne, parmi ceux qui reconnaissent un Dieu rémunérateur et vengeur, jamais personne, je l'affirme, n'a été assez insensé pour le peindre si contraire à sa nature. Tous ont dit qu'il ne se déterminait à punir que là où il ne pouvait plus y avoir lieu à la miséricorde sans violer la justice; et l'on peut, je crois, s'en rapporter à Dieu pour accorder l'une et l'autre. Il serait assez singulier que l'homme connût la clémence, et que Dieu ne la connût pas. Voilà ce qui rend nos sophistes à jamais inexcusables : ils sont encore beaucoup moins trompés que trompeurs; ils mentent sans pudeur, non-seulement aux autres, mais à eux-mêmes; ils mentent, et si visiblement, que chacune de leurs imputations est un aveu implicite de leur mauvaise foi, qui équivaut à celui-ci : « Je suis imposteur, et je veux « l'être; car ne pouvant pas attaquer avec avantage « ce qu'on a dit, il faut bien que j'attaque ce qu'on « n'a pas dit. »

Mais la fierté a tant de force, et la fausseté est si maladroite, que souvent ils se trahissent involontairement, même dans leurs expressions; et vous en voyez ici une preuve dans ces mots bien étonnants : *Un douteux avenir.* Eh! s'il est *douteux*, pourquoi donc affirmes-tu avec tant d'audace ce que nous cache, de ton aveu, la *nuit de cet avenir?* S'il est *douteux*, tu dois rester au moins dans le doute, et toute affirmation dans ta bouche est une absurdité. Supposons toutes choses égales entre nous, comme la logique t'oblige de les supposer : alors tu ne dois pas plus affirmer sur l'avenir ce qui ne sera pas, que nous ne pouvons affirmer ce qui sera : alors le doute au moins peut encore être

utile; c'est une espèce de frein, et ton assertion gratuite le fait tomber. La nôtre au contraire (dont ce n'est pas ici le lieu de rappeler les preuves qui sont partout), la nôtre en laisse un, reconnu partout nécessaire à l'homme; et je te laisse entre les mains de ton maître Rousseau, qui te dit en propres termes : « *Philosophe*, point de phrases, et dis-
« moi nettement ce que tu mets à la place de ce
« que tu nies. »

Autre mensonge dans ces vers, et le même que j'ai déjà relevé ailleurs, car nos *philosophes*, ne pouvant pas prouver le mensonge, ne peuvent que le répéter :

Sans refuser ton cœur à la douce allégresse.

Et qui a jamais prescrit de s'y refuser?

Sans craindre des plaisirs la consolante *ivresse*.

Toutes les écoles de l'antiquité, sans en excepter même celle d'*Épicure*, répondront ici à notre *philosophe* moderne : « Tu ne sais ce que tu dis : c'est
« précisément l'*ivresse du plaisir* qu'il faut *craindre*,
« et craindre beaucoup, car elle renverse la raison
« qui doit toujours guider l'être raisonnable. Nous
« sommes tous d'accord là-dessus, et même *Épi-*
« *cure*, l'apôtre du *plaisir*, qui défend sur-tout que
« ce *plaisir* aille jamais jusqu'à l'*ivresse*, sans quoi
« il devient excès, folie et crime. »

Comparez la morale des païens à celle d'un sage de nos jours.

Il est en train de délirer de toute manière, car

voici *Vénus* qui se promène sur les eaux au mois de février; et pour cette fois sans doute *Vénus* et les *Graces* auront un autre habillement que des guirlandes et des fleurs : la saison ne permet pas une parure si légère. *La conque azurée* ne sera pas non plus poussée par les zéphyrs, car les zéphyrs sont encore loin, et ce sont les *autans* qui régnent, au dire même de l'auteur. Mais tout cela l'inquiète fort peu; il veut à toute force que *Vénus* vienne par eau en février pour nous donner le bal. De tous les moyens d'amener les bals d'hiver (et il y en avait cent), il est malheureux de choisir le plus mauvais possible. Dans la description du bal, quelques jolis vers et beaucoup d'inepties; car il ne s'agissait pas ici de détails physiques, il fallait de l'esprit. Il n'y en a guère à faire *soupirer l'Amour* au bal de l'Opéra : autant qu'il m'en souvient, ce n'est pas là qu'il *soupire*. Il n'y en a pas davantage à y faire paraître *une Sylvie*, qui vient en troisième rang, après *Myrthé* et *Zilla*, pour désoler l'auteur :

Là j'ai vu *ma Sylvie*, à moi seul étrangère,
Autour d'elle assembler la foule passagère.

C'est bien, comme on voit, *une Sylvie* à lui, et les quatre vers suivants, très amèrement plaintifs, ne permettent pas d'en douter. Si le poème avait été plus long, Roucher allait comme Dorat, jusqu'aux *cinq maîtresses*.

Il revient du bal à une noce de village, et s'en tire beaucoup mieux; ce dont je lui sais beaucoup de gré : c'est une nouvelle preuve qu'il avait dans l'âme le sentiment de la nature et de la morale. L'affectation d'une prétendue *philosophie* qu'il n'entendait même pas a fait tout ses torts et tout son malheur.

Il finit par faire encore une fois le tour du monde ; et parce que Virgile offre en contraste et en époque César foudroyant les rives de l'Euphrate, et le chantre des *Géorgiques* solitaire dans Naples, Roucher se croit obligé d'énumérer tous les évènements qui occupaient la scène du monde pendant qu'il chantait les *Mois*, depuis les triomphes de Catherine jusqu'à M. Olavidès, emprisonné par l'Inquisition, et, de plus, les vers ne sont guère mieux faits que l'énumération n'est imaginée.

Dans cette marche de l'auteur, que j'ai suivie pas à pas, on a déjà pu voir les vices les plus essentiels de son sujet et de sa composition. Il en résulte que la partie de l'invention est chez lui ou nulle ou très malheureuse, non-seulement dans l'ensemble, mais dans chaque partie. Il n'a su ni concevoir un tout, ni distribuer les matériaux, ni choisir les ornements, ni lier les objets, ni les assortir. Il a donc manqué absolument, et de l'imagination qui invente, et de l'esprit et du jugement qui la dirigent. Il n'avait pas la première idée de l'essence d'un poème, et le choix de son sujet, comme je l'ai dit en commençant, en est déjà une preuve. Mais encore fallait-il au moins s'attacher à l'unité d'un dessein quelconque, celui-ci, par exemple, d'enseigner les travaux rustiques propres à chaque mois dans les différents climats, dont la variété eût été la source commune des épisodes. Il fallait de même qu'il y eût unité dans l'esprit moral et religieux du poème, qu'il fût chrétien ou païen; car le lecteur veut toujours savoir ce qu'est le poète, comme le spectateur veut savoir ce qu'est le personnage, afin de le suivre en connaissance de cause. Le poème des *Mois*, au contraire, est un mélange confus de polythéisme, de mythologie, de *philosophie* irréligieuse, d'érudition allégorique, d'hypothèses fabuleuses, de traditions incertaines. Quel moyen de s'attacher un moment à un fonds si vague et si mobile? rien n'est plus mal imaginé que de construire la machine d'un poème sur les recherches plus ou moins conjecturales de Court de Gébelin, combattues par d'autres hypothèses, et de mettre à contribution Pluche, Bailly, Boulanger, et autres, pour nous apprendre que l'Hercule thébain n'est autre que le soleil, et que les douze travaux de l'un ne sont que le passage de l'autre dans les douze signes. Et que nous importe? Qu'importe de rechercher avec l'auteur de l'*Antiquité dévoilée* l'origine d'anciennes coutumes, ou d'anciennes fêtes de certains peuples, ou maintenues ou abolies, pour prouver qu'elles se rapportent à la marche du soleil, à la crainte de le voir mourir, ou à la joie de le voir renaître? Tout cela est mortellement froid en poésie, et n'est bon que pour les savants et les érudits qui s'amusent de leurs hypothèses. Rien n'est plus froid que de se passionner, comme Roucher, pour un Soleil-Hercule, pour un Soleil conquérant, qui *prend son armure*, qui *va combattre*, et *combattre* quoi? Toutes ces allégories ne sont que ridicules. Montrez-moi le soleil comme un astre bienfaisant, ouvrage d'un Dieu bienfaiteur; montrez-moi la sagesse et la bonté de Dieu dans l'harmonie réelle et dans le désordre apparent du monde physique, et tout le monde vous entendra, et aimera à vous entendre, parce qu'il y a là de l'utilité; au lieu que dans vos fictions creuses il n'y a qu'une commémoration de vieilles sottises, qui, bien loin de valoir la vérité, ne valent pas même, à beaucoup près, les fictions des Grecs; et si ces dernières sont usées, ce n'est pas une raison pour leur substituer les rêveries orientales et septentrionales récemment déterrées par nos savants, et qui ne méritaient guère de l'être.

Et quoi de plus inepte encore que de nous les tracer dans un poème *philosophique* avec un ton sérieux et solennel, de nous décrire la fête du gui de chêne et les *lamentations sur la mort du soleil*, du même ton dont on prêche ici aux rois et aux peuples une morale bonne ou mauvaise? Quel chaos! Puis-je jamais savoir où j'en suis avec un auteur qui revêt tour à tour toutes sortes de personnages sans jamais changer de physionomie? Ici je le vois prosterné devant un chêne avec les druides; là se couvrant de deuil avec les peuples qui pleurent le soleil; ailleurs vénérant les mages et Zoroastre, et tout à coup chrétien dans une église de village, comme si tout cela n'était qu'une seule et même chose. Quand il me répondrait que c'est en effet la même chose pour la *philosophie*, ce ne serait pas une excuse, il aurait toujours tort en poésie. Soyez, dans un poème, musulman, juif, chrétien, ou idolâtre, ce que vous voudrez; mais soyez quelque chose, si vous voulez me dire quelque chose. Voyez si l'auteur des *Saisons*, qui a commencé par invoquer l'Être-Suprême, cesse un moment d'être théiste dans tout le cours de son ouvrage. Mais voyons l'exorde et l'invocation du poème des *Mois*, pour en venir à ce qui regarde le style :

> Ambitieux rival des maîtres de la lyre,
> Qu'un autre des guerriers échauffe le délire * ;
> Qu'un autre *mariant* de coupables couleurs,
> Soit le peintre du vice et le pare de fleurs :
> Moi, voué jeune encore à de *plus nobles* veilles,
> Moi qui de la nature observai les merveilles,
> J'aime mieux du soleil chanter les douze enfants,
> Qui d'un pas inégal le suivent *triomphants*,
> Et de signes divers la tête couronnée,
> *Monarques* tour à tour, se partagent l'année.

Il n'y a là qu'un bon vers,

Et de signes divers la tête couronnée :

tout le reste est mal pensé et mal écrit. *Mariant* est très désagréable à l'oreille, et en général il est très rare que ce mot *marier*, devenu parasite en vers, y soit bien placé. Il n'est pas difficile de *se vouer à des veilles plus nobles que la peinture du vice*. Les douze mois *triomphants* et *monarques tour*

---

* Imitation du poème latin de Malchus :

> Bella canant alii, victriciaque arma ; gravesque
> Bellantûm curas, etc.

à tour ont de l'emphase et point de sens; c'est trop de *triomphes* et trop de *monarques*. S'ils *suivent* tous le soleil, c'est au moins lui seul qui doit être *monarque et triomphateur*, et c'est lui que le poète va invoquer : il faut être d'accord avec soi-même.

> Sur la roche sauvage où le chêne a vieilli
> J'irai m'asseoir, et là, dans l'ombre recueilli,
> A l'aspect de ces monts suspendus en arcades,
> Et du fleuve tombant par bruyantes cascades,
> Et de la sombre horreur qui noircit les forêts,
> Et de l'or des épis flottant sur les guérets;
> A la douce clarté de ces globes sans nombre,
> Qui, flambeaux de la nuit, rayonnent dans son ombre;
> A la voix du tonnerre, au fracas des autans,
> Au bruit lointain des flots, *se croisants, se heurtans*,
> *De l'inspiration le délire extatique*
> Versera dans mon sein la flamme poétique;
> Et parcourant les mers, et la terre et les cieux,
> Mes chants reproduiront tout l'ouvrage des *dieux*.

Il n'y a là encore qu'un bon vers,

> Qui, flambeaux de la nuit, rayonnent dans son ombre;

dans le reste, ce qui n'est pas à tout le monde est mauvais. Ces deux participes à la fin d'un vers, *se croisants, se heurtans*, sont d'un mécanisme grossier qui est fort loin du mécanisme poétique, sans parler même du solécisme de ce pluriel quand le participe est indéclinable. Ce sera une licence, si l'on veut, mais ce n'est pas la peine de prendre une licence pour gâter un vers. Quant à la marche et au ton d'une pareille période dans le début d'un poème, l'auteur ne pouvait pas mieux annoncer ce qu'il serait le plus souvent dans la suite, le Claudien français : c'est absolument l'enflure et la monotonie du Claudien latin. Il faut être plein du même esprit pour annoncer d'abord des chants qui *parcourront la mer, la terre et les cieux, et reproduiront tout l'ouvrage des dieux* : c'est un trop grand voyage pour nous encourager à le faire avec lui. Les *Métamorphoses* d'Ovide en étaient un à peu près de cette nature, mais il se garde bien de nous le dire ; et ses quatre premiers vers, où il prie les dieux de le favoriser et de le conduire, puisqu'ils ont fait ce qu'il va chanter, sont de la plus grande simplicité, quoiqu'ils rendent un compte parfait de tout son dessein. *Le délire extatique de l'inspiration*, indépendamment de la bouffissure des termes, est d'un homme qui ne connaît pas même les premières différences de chaque genre. Le mot de *délire, furor, furere*, se trouve quelquefois dans les odes anciennes, et fort à propos; parce que l'ode est une espèce de saillie, un accès d'imagination ; mais jamais dans un poème de longue haleine, ni ancien, ni moderne, on n'a été assez fou pour appeler *le délire*. Voltaire appelle la Vérité; le Tasse, une Muse céleste, tout autre que les Muses de la fable. Les Anciens, bien loin de vouloir *délirer*, s'adressaient de temps en temps aux Muses de l'épopée dans les grandes occasions, ces déesses étant plus instruites que les hommes, et faites pour consacrer la mémoire des grands évènements :

« Et meministis enim, divæ, et memorare potestis ;
« At nos vix tenuis famæ perlabitur aura. »
Virg.

Il y a là du sens; il n'y en a point à se percher sur *la roche sauvage* pour attendre *l'inspiration des autans*. L'auteur a cru faire une strophe, et n'a pas seulement pensé qu'il commençait un poème. Rien n'a moins de *flamme poétique* qu'un *délire extatique: l'extase* est l'état des contemplatifs, et non pas celui d'un poète. Il n'y a de vrai dans tout cela que *le délire*, qui règne en effet d'un bout de l'ouvrage à l'autre ; et cela seul peut faire concevoir comment le poète s'est avisé de vouloir être en *délire* pour chanter les *Mois*.

Enfin, il est très maladroit de *chanter l'ouvrage des dieux* au XVIIIe siècle, quand on chante la nature. Ce paganisme ne pouvait guère servir, et nuisait beaucoup ; et ce n'est pas la peine d'être païen pour n'en être que plus froid.

Que de fautes, que de méprises grossières en si peu de vers ! J'ai voulu employer une fois l'analyse exacte de la pensée et du style pour démontrer ce que devient cette manière d'écrire aux yeux du bon sens, et pour justifier le mépris qu'elle lui inspire. Mais je serai désormais beaucoup plus court, et je choisirai dans la multitude des fautes ce qui caractérise le plus l'écrivain, et ce qui est le plus utile à l'instruction.

Si l'on veut encore entendre du Claudien, le voici tout pur, et encore dans le début d'un chant, celui du mois de *juin* :

Oh! qui m'aplanira ces formidables roches
Qui de l'Etna fumant hérissent les approches,
Ces gouffres, soupiraux des gouffres de Pluton,
Où *mourut* Empédocle, et que *franchit* Platon?
Debout sur ses hauteurs où l'homme en paix méprise —
— La foudre qui sous lui roule, gronde et se brise;
D'où la Sicile au loin, sous trois fronts *s'étendant*,
Oppose un triple écueil à l'abyme *grondant*;
D'où l'œil embrasse *enfin* les sables de Carthage,
La Grèce et ses deux mers, Rome et *son héritage*,
Je veux voir le soleil de sa couche sortir,
De sa brillante armure en héros se vêtir.

. . . .

Te voilà donc, guerrier, dont la *valeur* terrasse —
— Les monstres qu'en son tour le zodiaque embrasse, etc.

Encore une fois ces mouvements pourraient convenir à Pindare, à un poëte lyrique; mais cette versification mugissante, tous ces vers ronflants sur le même ton, seraient partout détestables. L'harmonie de Roucher (car il appelait cela de l'harmonie) ressemble souvent au son d'un cornet à bouquin, ou à celui d'une cloche qui tinte toujours le même carillon. Ces participes à la fin d'un vers, *s'étendant*, *grondant*, sont du goût le plus faux; il remplissent la bouche, mais ils font peur à l'oreille. Vous ne trouverez jamais dans nos bons versificateurs, des participes ainsi accouplés. *Où mourut Empédocle* est plat quand il s'agit d'un homme qui s'est jeté dans les gouffres de l'Etna; et vous voyez que l'enflure s'allie très bien avec la platitude: cette alliance n'est pas rare dans Roucher. Il est faux que Platon, qui visita l'Etna, ait jamais *franchi les gouffres* qu'on ne *franchit* point. Et qu'est-ce que c'est que *l'héritage de Rome ?*

J'ai trouvé ici l'un près de l'autre deux exemples de ce défaut si commun dans l'auteur, et si contraire au génie de notre versification, l'enjambement vicieux.

......où l'homme en paix méprise —
—La foudre....
.....dont la valeur terrasse —
—Les monstres....

Cette manière de construire en vers est à faire fuir quiconque en connaît les procédés et à un peu d'oreille; mais comme elle est habituelle dans Roucher, et que sa construction poétique a été prônée par l'ignorance, je reviendrai tout à l'heure, et sur l'enjambement de toutes les sortes, et sur le ridicule système des constructions de Roucher. *Te voilà donc, guerrier!* lui a paru sans doute *extatique,* mais comme il est niais! la plaisante apostrophe au soleil, que ces mots : *Te voilà donc! Le zodiaque* n'est pas désagréable à l'oreille, mais il est trop didactique, et c'était la place des termes figurés.

Nous avons entendu le cornet à bouquin; voici la cloche, et jamais celle de Claudien n'a été plus monotone :

Dieu déploya des cieux la tenture azurée,
Du soleil sur son trône en fit le pavillon,
Voulut *qu'il y régnât,* et *qu'à* son tourbillon

Il *enchaînât* en roi le monde planétaire ;
Que du globe terrestre, esclave tributaire,
Le nocturne croissant dont Phébé *resplendît*,
Sous les feux du soleil tous les mois *s'arrondît*;
Que d'un cours sinueux traversant les vallées,
Le fleuve *s'engloutît* dans les plaines salées ;
Qu'on vît toujours aux fleurs succéder les moissons,
Et les fruits précéder *le règne* des glaçons ;
Que l'ambre *hérissât* la bruyante Baltique ;
Que l'ébène *ombrageât* la rive asiatique ;
Que le sol des Incas d'un or pur *s'enrichît*;
Que dans les flots d'Ormus la perle *se blanchît*;
*Qu'*aux veines des rochers une chaleur féconde
Changeât en diamant le sable de Golconde ;
Que le fleuve du Caire en ses profondes eaux
Prêtât au crocodile un abri de roseaux ;
Que le phoque *rampât* aux bords de la *Finlande*;
Que l'ours *dormît* trois mois sur les rochers d'*Islande*;
Que sous le pôle même, où vingt fleuves glacés
Apportent le tribut des hivers entassés,
Éparses en troupeaux, les énormes baleines
Du sauvage Océan *fissent* mugir les plaines ;
Et *qu'*au bord de ces lacs où cent forts démolis
Au triste Canada font regretter nos lis,
Le castor avec nous disputant d'industrie,
De hardis monuments *embellît* sa patrie.

Quand on aurait pris à tache de rassembler en vers tout ce qui peut former la plus assoupissante monotonie, je ne crois pas qu'il fût possible d'y mieux réussir. Que dites-vous de cette mortelle période reprise quatorze fois par le même *que* ; de cette foule d'imparfaits subjonctifs ; de tous ces vers

6.

la plupart symétrisés un à un ou deux à deux, et jetés dans le même moule; de ces rimes uniformes de *Baltique*, d'*asiatique*, de *Finlande*, d'*Islande*, etc.? Au reste, il n'y avait pas de raison pour que l'auteur s'arrêtât, et il faut le remercier de n'avoir pas épuisé tous les phénomènes possibles, qu'il ne tenait qu'à lui de niveler ici comme on case des dés dans une boîte.

C'est dans le mois de *Juin* que se trouve une espèce d'hymne au soleil, que les prôneurs citaient comme le sublime du sublime, et dont tout le fonds consiste à prouver en détail que le soleil survit aux empires du monde et aux ouvrages des hommes. Cela n'est-il pas bien merveilleux?

> Pour toi, rien ne ternit ton antique splendeur.
> Tu ne vieillis jamais, non, Soleil, ton ardeur
> Du temps qui détruit tout n'a point senti l'atteinte.
> Cent trônes renversés *pleurent* leur gloire éteinte.
> Là tu vis dans la flamme Ilion s'engloutir;
> Ici *gît au tombeau* le cadavre de Tyr.
> La Rome des Césars a passé *comme une ombre*.
> Les peuples et les jours s'écouleront sans nombre.
> *Toi seul* au haut des airs, victorieux du temps,
> Tu contemples en paix ces débris *éclatants*.
> Les temples sont tombés, et le dieu *vit encore*.

J'aime mieux, je l'avoue, la chanson du peuple:

> Brillant Soleil, brillant Soleil,
> Tu n'eus jamais ton pareil.
> Tu fais mûrir les raisins,
> Tu fais pousser la fougère;

C'est toi qui chauffes les bains
Où folâtre la bergère, etc.

Du moins cela dit quelque chose. *Le dieu vit encore* ressemble aussi beaucoup à un dicton populaire, au point que tout le monde se le rappelle lorsqu'on entend le vers. Mais ce qui n'est qu'à l'auteur, c'est de s'extasier si sérieusement sur ce que le soleil *vit* plus long-temps que les empires et les temples, comme s'il était bien étonnant que l'ouvrage du Créateur durât plus que l'ouvrage des hommes? Ce qui le serait, c'est qu'il y eût un *temple* qui durât autant que le soleil. Cette extase est encore tout aussi gratuite dans un autre sens, et quand le poète dit *toi seul*, il ne sait ce qu'il dit ; car assurément il n'y a pas une étoile, pas une planète, qui ne pût prendre la parole, et dire à l'auteur : « Et moi aussi, j'ai vu tomber Tyr et « Ilion, et j'ai vu passer la Rome des Césars, non « pas tout-à-fait *comme une ombre* ; et j'ai vu tomber « une foule de temples, et je verrai *passer et tomber* « encore bien d'autres choses. Où as-tu donc vu là un « privilège du soleil ? »

Vous voyez que le déclamateur serait fort embarrassé devant la planète. *Les trônes renversés qui pleurent* sont encore une image fausse de tout point. On pourrait bien se figurer une ancienne puissance, Babylone, par exemple, ou Rome païenne, *pleurant sa gloire*, parce qu'alors elle serait convenablement personnifiée ; elle serait le génie, la divinité de ces empires ; mais on ne peut se figurer en aucune manière des *trônes qui pleurent*. Pourquoi les écrivains de cette trempe tombent-ils à tout moment dans ces bévues choquantes? C'est qu'ils ne se sont jamais souvenus que la poésie était un art qu'il fallait étudier comme un autre; ils en ont vu les procédés dans les maîtres anciens ou modernes, et les ont imités à tort et à travers, sans jamais songer à s'en rendre compte. Ils sont bien loin de se douter que cet art est très étendu, très difficile, et qu'il y a de quoi étudier toute la vie. Quant à eux, ils écrivent toujours sans étudier jamais; et c'est ainsi que tant de gens écrivent mal, même parmi ceux qui ne sont pas nés sans talent.

Certainement Roucher en avait pour l'expression poétique; et vous verrez même, dans les morceaux où il l'a soutenue, qu'il y joint le nombre et la tournure de la phrase. Pourquoi donc, dans cette partie même de la composition, la seule où il ait quelquefois réussi, dans la versification considérée en ellemême, a-t-il tant de défauts qui rendent la lecture de son poème si rebutante? C'est que, faute de jugement, il s'était imbu de la plus étrange erreur: il avait lu et entendu dire partout que notre versification n'avait pas et ne pouvait pas avoir l'extrême variété de la versification des Grecs et des Latins. Racine et Boileau, en fixant le génie de la nôtre, d'après l'exemple de Malherbe, et malgré les folies de Ronsard et les sottises de Chapelain, avaient fait voir ce que l'art pouvait fournir de ressources et de variété à la construction de nos vers, sans dénaturer les caractères essentiels de notre langue et de notre rhythme. Voltaire, quoique marchant dans la même route, était pourtant resté au dessous d'eux en cette partie, parce qu'il travaillait moins ses vers. Que fait Roucher ? Il a observé que notre prose n'était point accusée d'uniformité comme nos vers ; ce qui n'est pas merveilleux, puisqu'elle n'est point astreinte comme eux à une cadence régulière, qui suppose toujours des formes plus ou moins symétriques. Il s'avise, pour diversifier sa phrase poétique, de la construire tout uniment comme de la prose, sans se soucier s'il y restera forme de vers ; et pour varier le rhythme, il n'imagine rien de mieux que de faire disparaître celui sans lequel les vers ne diffèrent plus de la prose que par la rime. Jamais il n'est revenu de cette singulière inconséquence qui lui a été commune avec bien d'autres rimeurs, d'autant plus qu'elle offrait le double appât de la nouveauté paradoxale et de l'extrême facilité. Ainsi c'est un faux principe qui l'a conduit à la violation de tous les principes. Vous en allez voir la preuve en revoyant le même procédé dans une foule de vers dont je ferai ensuite sentir tout le vice, quoique par lui-même il soit sensible pour ceux qui ont l'oreille un peu exercée.

Ces jardins, ces forêts, cette chaîne sauvage
De rocs.....
Sans cesse elle voltige, ardente à dépouiller
Les lieux.....
Comme il reste surpris, lorsqu'au riant feuillage
D'un arbre.....
Contempler la falaise et la sainte splendeur
Des fêtes.....

Auprès d'elle le chef de l'agreste sénat,
Et le sage vieillard qui lui donna la vie
Marchent: d'un chœur pieux, etc.
L'homme errant n'y craint point ces races *écumantes*
Des dragons.....
Tendre mère, elle craint le courage ou l'adresse
Du chasseur.....
Un jour en un désert tous deux à l'aventure
Erraient, mais le midi.....
A mes regards encor ce mois offre en spectacle
Le Nil.....
Le repos, le sommeil sur cet asyle heureux,
Régnait, et tout à coup, etc.
Cachent dans les tombeaux, cachent sous les autels
Leurs fils, qui s'attachaient, etc.
Sont autant de témoins qui parlent à nos yeux
Du sage devant qui, etc.
Que l'on entende encore les clameurs fanatiques
De meurtriers, courants, etc.
Telle on vit s'élever aux champs de Numidie
La ville où les Troyens, etc.
Couvert d'un simple lin, il accourt, il arrive
Au bassin qui de Rose, etc.
Il sort: Rose *après lui* retrouve sur la plage
Ses voiles, et tous deux, etc.
Le ciel même est changé, l'aurore au front vermeil
Se cache, elle s'endort, etc.
Vous n'égarerez point dans la nuit de l'intrigue
La vérité, qui marche, etc.
Non loin de la retraite où l'ennemi repose,
Arrive : l'assaillant en ordre se dispose, etc.

Remarquez que celui qui *arrive* là est un *coursier impétueux*. En voilà, je crois, assez : il y en a quantité d'autres. Mais que prétendait l'auteur ? Il voulait dérober l'uniformité de la rime. L'intention était bonne ; mais s'il en avait su davantage en poésie, il aurait vu qu'il y a d'autres moyens avoués par l'art, comme de couper de temps en temps les phrases de manière que celle-ci commence par une rime, et que celle-là finisse par une autre ; de couper le vers lui-même au quatrième ou cinquième pied, de manière que la fin du vers se rejoigne au commencement de l'autre, mais toujours sous cette condition indispensable, que cet enjambement aura une intention et un effet sensibles, et que la phrase poétique n'en sera que plus ferme et plus soutenue, comme dans ces vers du *Lutrin* :

. . . . L'enfant tire, et Brontin
Est le premier des noms qu'apporte le destin :

comme dans ces vers d'*Esther* :

Je l'ai vu tout couvert d'une affreuse poussière,
Revêtu de lambeaux, tout pâle : mais son œil
Conservait sous la cendre encor le même orgueil.

Dans ces vers, les derniers mots de l'un se rattachent au commencement de l'autre, il est vrai, mais de façon que le sens et la construction vous y portent malgré vous, et alors la rime a disparu sans que le rhythme en souffrît ; il est conservé, et même frappant dans ces césures si expressives, *l'enfant tire*, où l'action est marquée par ce mouvement qui suspend le vers ; et dans ces mots *revêtu de lambeaux, tout pâle*, la prononciation même vous arrête sur la pâleur, et en même temps le vers remonte par ces mots, *mais son œil*, et vous porte naturellement à l'autre vers. Comparez à cet art, qui est familier à tous les bons versificateurs, les procédés de Roucher dans les vers que j'ai cités, *Cette chaine sauvage—de rocs* : voilà l'enjambement aussi vicieux qu'il peut l'être. Où en est l'intention ? où en est l'effet ? Les *rocs* ainsi rejetés d'un vers à l'autre en sont-ils mieux placés ? Ils ne forment pas même une césure, car la césure (hors de l'hémistiche) est d'ordinaire dans un demi-pied. Il n'y a donc rien là qu'une phrase qui tombe tout platement d'un vers à l'autre ; et dès-lors ce ne sont plus deux vers, ce sont deux lignes, et deux mauvais vers sont deux mauvaises lignes.

Au riant feuillage — d'un arbre ..... ardente à dépouiller — les lieux..... et la sainte splendeur — des fêtes.... tout cela est du même genre : ignorance et impuissance. Voyez quand Racine se permet de faire enjamber ainsi un génitif, s'il oublie d'y joindre un effet :

Je répondrai, Madame, avec la liberté
D'un soldat qui sait mal farder la vérité.

L'énergie du sens de ce mot de *soldat*, qui est Burrhus parlant à une impératrice, relève l'enjambement. Aussi s'est-on moqué de Campistron, qui prenant ces vers pour les gâter, disait :

Je répondrai, seigneur, avec la liberté
D'un Grec.....

et comme il n'y avait ni force dans le sens, ni césure

dans le vers, c'était une copie d'écolier, un vers à la Roucher.

On voit bien que l'auteur a cherché un effet dans cet autre endroit où il s'agit de la Rosière :

Auprès d'elle le chef de l'agreste sénat,
Et le sage vieillard qui lui donna la vie,
Marchent : d'un chœur pieux, etc.

mais on voit aussi qu'il n'y entend rien, et qu'il n'enjambe qu'à contre-sens. Il est très maladroit d'arrêter lourdement le vers à ce mot *marchent*, qui reste ainsi comme isolé, tandis que la Rosière et son père doivent se rejoindre au reste du tableau.

Ils marchent, et d'un chœur, etc.

voilà comme le vers devait *marcher*.

Les races écumantes ont toute l'enflure ordinaire à l'auteur ; mais il fallait une manie particulière pour enjamber encore si mal à propos quand, au lieu de ces *races écumantes — des dragons*, il était si facile de soutenir la phrase suivant les principes, en mettant avec une épithète convenable *ces races homicides, redoutées, menaçantes*, et à l'autre vers,

Ces dragons, etc.

Même défaut de construction et de césure dans ces vers : *Tous deux à l'aventure — erraient*. Il y a seulement une faute de plus dans ce qui suit, *mais le midi* : ce *mais* est ridicule, et suffirait pour glacer une narration. Il n'y a de différence dans les autres endroits cités que le plus ou moins de mauvais goût.

Rien n'est plus lourd que ce Lozon qui doit voler au secours de cette jeune Rose, et qui *arrive*, d'un vers à l'autre, *au bassin*: c'est entasser les contresens de toute espèce, et n'avoir pas plus de sentiment que d'oreille. *Le coursier impétueux* qui vole à la chasse du cerf *n'arrive* pas moins gauchement que Lozon; et, pour qu'il n'y manque rien, l'auteur a soin de finir là sa phrase, et en commence gravement une autre, comme si rien n'était plus simple que de finir une phrase au premier mot d'un vers français, sans qu'il y ait même une apparence d'intention à violer si grossièrement une règle si essentielle. Mais ce qui peut-être prouve plus que tout le reste que Roucher regardait l'enjambement comme une chose absolument gratuite en vers, c'est l'endroit où Rose vient reprendre ses habits.

. . . . . Rose *après lui* retrouve sur la plage—
— Ses voiles ; et tous deux sont rentrés au village.

Assurément le fait est bien simple, et il n'y a pas là de dessein bon ou mauvais ; et il est pourtant vrai qu'à moins d'avoir adopté le système de Roucher, destructeur de toute versification, le dernier des rimeurs n'oserait pas risquer un si plat enjambement. Versifier dans ce goût, c'est nous ramener au XVe siècle; et Roucher, dans ses notes, nous crie de toute sa force que *notre poésie se meurt de timidité*. Il est clair qu'il se croit très hardi, et qu'il compte bien la faire revivre de hardiesse. Voilà certes une plaisante hardiesse! Ce n'est pas de celle-là qu'Horace a dit *feliciter audet ;* mais c'est bien de celle-là qu'on a eu raison de se moquer dans le temps même où elle était en vogue :

> Veut-on que notre vers, en sa marche arrêté,
> De la mesure antique ait la variété ;
> Substituez alors (la ressource est aisée)
> Au rhythme poétique une prose brisée *.

Ce n'est pas en effet autre chose ; et comme rien au monde n'est plus facile, c'est avoir du *génie* à bon marché.

C'est avec la même naïveté qu'il croit bonnement *ressusciter* notre poésie par d'autres moyens du même genre, et qui ne coûtent pas davantage, par exemple, avec des hémistiches adverbes ou des adverbes hémistiches, comme on voudra, c'est-à-dire en faisant d'un adverbe de six syllabes la moitié d'un vers alexandrin :

> *Mélancoliquement* le long de ce rivage,
> Nous foulons *à regret* ces feuillages séchés...
> . . . .
> Les biches attendaient *silencieusement*
> De ce combat d'amour le fatal dénoûment.

Avec ces belles inventions renouvelées de Chapelain, on peut faire quantité de poésie *imitative*, *stans pede in uno*, comme dit Horace.

> Ce grand roi s'avançait majestueusement.
> Le tonnerre grondait épouvantablement.
> Le fleuve se déborde impétueusement.
> L'insecte se glissait imperceptiblement, etc.

* *Épître sur la Poésie descriptive*, faite en 1780, lorsque *les Mois* venaient de paraître, et lue à l'Académie-Française en séance publique.

Que de richesse nous avons perdues par *timidité!* Cela me rappelle une *hardiesse* du vieux poète Ennius, qui, voulant peindre à l'oreille le son de la trompette, commença d'abord son vers fort bien:

« At tuba terribili sonitu....

là, ne sachant plus comment faire il mit sans hésiter,

taratantara dixit. »

Virgile qui ne trouva pas cette espèce d'onomatopée fort ingénieuse, prit ce qu'il y avait de bon dans le vers, et l'acheva ainsi:

« At tuba terribilem sonitum procul œre canoro
« Increpuit :...... »

et il rendit le son de la trompette avec des mots latins, *œre canoro.* C'est ce qu'il appelait *tirer de l'or du fumier d'Ennius;* mais on ne nous dit pas qu'après que l'on eut connu à Rome l'or de Virgile et d'Horace, on soit revenu au fumier.

Les vieilles épithètes de nos vieux poètes sont aussi une des richesses que Roucher se glorifie de déterrer. Vous avez déjà vu les *rocs neigeux;* vous verrez chez lui des *tapis mousseux*, des *trésors vineux*, des *grottes mousseuses*, des *tonneaux vineux*, des *taureaux meuglants*, etc. La mousse ne déplaît nullement dans une peinture champêtre, et *mousseux* au contraire n'est rien moins qu'agréable: il ne faut qu'un tact très commun pour en sentir la raison. Boileau a dit *les campagnes vineuses des Bourguignons*, mais dans un genre qui admet le familier; et je suis sûr qu'en aucun genre il n'aurait dit *des tonneaux vineux*, qui est une espèce de battologie du dernier ridicule.

C'est une des faiblesses du style, de rimer trop souvent par des épithètes, sur-tout si elles sont, ou communes, ou recherchées. C'est un des défauts habituels de Roucher : il va jusqu'à coudre ensemble quatre rimes géographiques de suite :

> Il s'est enflé des eaux dont l'humide *tropique*
> Couvre depuis trois mois le sol *éthiopique*.
> Dans le calme annuel des vents *étésiens*,
> En triomphe il arrive aux champs *égyptiens*.

L'inversion est un des procédés qui distinguent nos vers de la prose, et c'est le goût qui enseigne à la placer. Il l'écarte quelquefois, et très sagement, dans la tragédie, lorsque les convenances dramatiques exigent cette sorte d'abandon, cet air de simplicité, qui doivent cacher le poète pour ne laisser voir que le personnage; et c'est ce que Racine et Voltaire ont parfaitement exécuté. Mais partout ailleurs, et sur-tout quand le poète parle en son nom, l'inversion bien employée est d'autant plus nécessaire, que souvent elle est le seul trait qui différencie les vers de la prose, et qu'en général elle soutient la phrase poétique, et lui donne une marche plus ferme et plus noble.

> Du temple orné partout de festons magnifiques
> Le peuple saint en foule inondait les portiques.
> (*Athalie.*)

Changez l'ordre de ces deux vers, et mettez :

Le peuple saint en foule inondait les portiques
Du temple, etc.

la phrase se traîne sur des béquilles, et vous avez deux vers à la Roucher. Il serait trop long de rapporter ici tout ce qu'il y en a dans son poème, qui ne sont pas mieux construits: il y a peu de pages où l'on n'en trouvât : un exemple ou deux suffiront :

Ainsi Rome autrefois,
Sur un char tout couvert des dépouilles des rois,
Accueillait le héros *de qui* l'heureuse audace
Revenait triomphante et du Parthe et du Dace.

Quelle longueur dans toute cette phrase, dont le ton devait être imposant! *Accueillait le héros de qui — l'audace revenait* triomphante! Quel prosaïsme! et enfin *le Parthe et le Dace* qui arrivent à la fin du vers! Qui est-ce qui ne sent pas que l'inversion devait ici relever tout? Que la phrase eût été faite de manière à finir ainsi :

Du Parthe et du Germain revenait triomphante,

avec cet arrangement le vers aussi serait triomphant : et c'est en cela que consiste le vrai sentiment de l'harmonie, dans l'accord de la pensée et du nombre.

Roucher contredit trop souvent cet accord si essentiel; trop souvent le choix des termes et celui des rimes est l'opposé de l'effet que l'on attend. Je prends mes exemples à l'ouverture du livre, et je me borne, dans chaque espèce de faute, à l'indication, qui suffit pour mettre sur la voie le lecteur qui voudra examiner. Au mois d'avril, l'auteur représente Vénus qui vient tout ranimer : il ébauche un tableau riant, d'après Lucrèce :

> Elle est au haut des cieux, l'immortelle Uranie,
> Qui des astres errants entretient l'harmonie.
> Les bois à son aspect *verdissent* leurs rameaux;
> Son souffle y reproduit mille *essaims d'animaux.*
> Dans l'humide fraîcheur des gazons qu'elle *foule ,*
> Avec leurs doux parfums les fleurs naissent en *foule.*

Je m'imagine que l'auteur s'est su bon gré de ces deux rimes homogènes, *foule* et *foule :* elles font ici le plus affreux contre-sens pour l'oreille. Comment la sienne ne l'a-t-elle pas averti que ces deux rimes rudes et lourdes forment le contraste le plus choquant avec la naissance des fleurs ? Lui-même les avait placées bien différemment, ces deux mêmes rimes, et fort à propos, dans le chant précédent. Le morceau entier ne vaut rien, il est vrai ; mais je ne parle que du dernier vers et du genre de rimes. Il s'agit d'un combat :

> Les deux partis *rompus*, que la fureur possède,
> L'un vers l'autre *élancés ,* de plus près combattants,
> Se croisent ; et de meurtre *à l'envi* dégouttants,
> Aveugles, effrénés, *s'exterminent en foule ;*
> Le vaincu mort la poudre et le vainqueur le foule.

Les quatre premiers vers sont pitoyables, et deux *partis rompus qui s'élancent* sont bien d'un écrivain qui ne s'entend pas ; mais le dernier vers est excellent, il est frappé avec énergie, et ce mot *foule*, à la fin du vers, a pour l'oreille l'accent de la rage.

Il n'y a guère de pages où il ne s'offre de même quelques bons vers au milieu du fatras : il est clair alors que ces vers sont d'instinct, et il avait en effet de cet instinct poétique; mais il s'en faut de tout que cela suffise pour écrire et pour faire un ouvrage.

Ces *essaims d'animaux*, cités plus haut, me rappellent encore un défaut dominant dans ses vers ; c'est le retour fréquent des mots parasites ; *essaims* et *triomphants* sont chez lui de ce nombre. Quand il s'agit de termes communs trop souvent répétés, c'est négligence : quand il s'agit de termes figurés, et qui par conséquent doivent avoir un effet, c'est à la fois recherche, mauvais goût et stérilité. Voltaire, dans ses tragédies, prodigue trop le mot *horreur*, le mot *fatal*: c'est défaut de soin. Roucher met à tout propos des *essaims* et des *triomphes*: c'est défaut de jugement et d'invention dans l'expression. Mais ce qui, dans ce genre, est hors de toute mesure, c'est le mot *roi* au figuré : l'abus n'en est pas concevable. Tout est *roi* dans son poème, et souvent cette *royauté* n'est que l'envie puérile d'agrandir de petits objets. Qu'il appelle le soleil *le roi du jour*, et la lune *la reine des nuits*, après mille autres, il n'y a rien à dire, et ces figures, quoique très connues, peuvent avoir leur beauté par la manière de les placer : lui-même en offre des exemples; mais nous rebattre sans cesse la même métaphore, faire de l'épi *le roi des sillons*, d'un laboureur *le roi des champs*, faire *régner les glaçons*, donner à la *gelée un palais de cristal*, au lieu de donner à l'hiver un palais de glace, c'est trop de *royauté*, et de *règnes* et de *palais*. Il s'en sert même à contre-sens quand il appelle les fleuves en général, *les rois de l'humide élément*. C'est tout le contraire : il est reçu en poésie que c'est Neptune qui est ce *roi*, et il est reçu même en physique que les fleuves sont les tributaires de l'*humide élément*, qui ne peut être que la mer, bien loin d'être ses *rois*. L'amour aveugle des figures conduit, par cent routes différentes, jusqu'à la déraison, et ne garantit pas du prosaïsme. Il est d'usage que ceux qui outrent la grandeur, ne sachent pas relever la simplicité. Roucher nous parle-t-il d'un repas frugal de berger,

Repas *que l'appétit a bientôt dévoré*,

dit-il, et il peint platement la voracité, au lieu de peindre agréablement la frugalité et la gaieté. Veut-il revenir sur le système de Newton, quoique Voltaire l'ait traité deux fois * supérieurement ; il dit à Newton :

Ta haute intelligence y combine, y rassemble
Tout ce que l'empirée étale de grandeur,
Lui, qui n'était jadis qu'un *chaos de splendeur*,
Est maintenant semblable à ces sages *royaumes*
Où suffit une loi pour régir tous les *hommes* ;
L'attraction, *voilà la* loi de l'univers.

C'est être bien dupe de sa vanité que de nous jeter à la tête ces trivialités mal rimées, sur des objets qu'une poésie sublime a consacrés à l'admiration. Quelle pitié de faire rimer *royaumes* et *hommes* en style soutenu ; de comparer les invariables lois du

* Dans *la Henriade* et dans l'*Épître à madame du Châtelet.*

monde physique, merveilleuses sur-tout par leur invariabilité, à *la loi des royaumes* toujours si imparfaite! Les vers de Voltaire sur la décomposition des couleurs dans le prisme sont encore un de ces morceaux les plus heureux, mais pas assez pour arrêter la confiance de Roucher, qui nous peint l'arc-en-ciel :

Du pourpre au double jaune, et du vert aux deux bleus,
Jusques au violet qui par degrés s'efface *,
Promenant nos regards dans les airs qu'il embrasse, etc.

S'il fait parler une épousée de village qui se sépare de sa mère pour suivre son mari, il lui fait dire :

Ma mère, *donne-moi ta bénédiction ;*

et ce plat vers gâte un morceau d'ailleurs bien fait, parce que l'auteur, confondant la limite qui sépare en vers le naturel du familier, n'a pas su donner à sa villageoise les seules paroles qui lui convinssent ici : *Ma mère, bénissez votre fille ;* ce qui n'était ni au-dessus d'elle, ni au-dessous de la poésie.

Je ne finirais pas si je voulais insister sur tous les défauts plus ou moins habituels, l'impropriété des termes, les figures forcées, les disparates bizarres, les mauvaises constructions, les imitations

---

* Un très médiocre peintre, qui, étant fort ignorant, se croyait littérateur, s'écriait à propos de ces vers : *Cet homme-là est peintre comme moi!* Il ne croyait pas dire si vrai, et ne se doutait pas que la peinture et la poésie devaient imiter par des moyens différents, quoiqu'il citât, comme tant d'autres, *ut pictura poesis*, sans savoir le latin, et sans savoir ce qu'Horace a voulu dire.

maladroites, la fausseté des rapports et des idées, les transitions ridicules, etc. Ici,

.....le chant des oiseaux
Se marie en concert au murmure des eaux.

là,

. . . Les Troyens du *naufrage assaillis*,
Furent par une reine en triomphe accueillis :

quoiqu'ils eussent été *assaillis* d'un orage sur mer, et que la reine les eût *accueillis* échappés *du naufrage*, et que *le triomphe* soit là, comme en cent endroits, une cheville et un remplissage. Ailleurs, la balsamine est *la reine du bosquet*, et c'est encore *une royauté* en passant. Pour les transitions, vous avez déjà vu ce qu'elles sont d'ordinaire chez lui : en voici une qui me tombe sous la main, et qui est digne des autres. Il vient de parler de cette espèce d'oiseaux que le froid *aux cités pousse en foule* (le terrible hémistiche que *pousse en foule !*) et la huppe et le rouge-gorge le mènent de plein saut.... devinez où ? Au retour des vacances du parlement.

Imitez leur retour, ô vous de qui les rois
Ont fait l'appui de l'homme opprimé dans ses droits :
Allez, il en est temps, reprenez la balance.

Et pour que les magistrats viennent *reprendre la balance*, il faut qu'ils *imitent le retour* de la huppe et du rouge-gorge chassés par le froid ! En vérité, les termes manquent pour caractériser ce genre d'ineptie.

Et *les canes de l'Uplande*,

Qui, *sillonnant* les airs *en triangle volant*,
Trente fois chaque jour changent de *capitaine!*

Finissons. Ceux qui ont lu l'Arioste (et qui est-ce qui ne l'a pas lu?) n'ont pas oublié sans doute la monture d'Astolphe et de Roger, ce cheval ailé qui les emporte par les airs, de la France à la Chine, mais à une telle hauteur, qu'ils ne voient plus rien au dessous d'eux que du vide et des brouillards. Roger, que cette manière de voyager a fatigué beaucoup et amusé fort peu, consulte pour le retour le sage Logistille, qui lui apprend à mener l'hippogriffe avec une cheville sur le cou, qui le fait monter et descendre, et tourner et arrêter à volonté. Grace à ce beau secret, Roger voyage de manière à jouir à son aise de tout ce qu'il veut voir et observer, et se place à la hauteur qui lui convient. Cet hippogriffe est précisément la monture de Roucher, si ce n'est qu'il n'a pas la cheville conductrice, ou qu'il ne sait guère s'en servir. Il est ordinairement fort haut guindé, mais dans les nuages : aussi a-t-il la tête étourdie, et la vûe trouble. Mais quand la cheville agit, son hippogriffe devient par moments Pégase, et c'est ce qui me reste à vous montrer.

Mais auparavant il faut répondre à une question qui sans doute s'est présentée plus d'une fois à l'esprit dans le cours de cette analyse, et que j'ai entendu faire souvent en pareille occasion. Comment, a-t-on dit, est-il possible qu'on se soit mépris à ce point, durant plusieurs années, sur un si mauvais ouvrage? Comment a-t-on été si long-temps et si généralement engoué, quand l'auteur récitait ce que depuis personne n'a pu lire sans ennui et sans dégoût? Rien n'est plus facile à expliquer, et c'est ici une occasion de rendre compte de ce qui est arrivé tant de fois, et de ce qui arrivera encore.

D'abord il faut être bien convaincu qu'il y a très peu de personnes, je dis même parmi celles qui ont eu de l'éducation, en état de juger la poésie, non pas seulement au récit, mais encore dans le cabinet : on en voit à tout moment la preuve dans le monde. J'entends ici par juger, pouvoir rendre un jugement motivé. On sait ce que Boileau disait à un homme de la cour, dans un temps où elle était en général plus instruite qu'elle ne l'a jamais été : cet homme le provoquait avec confiance et le défiait de répondre. « Monsieur, lui dit Boileau, avant « de vous répondre, il faudrait que je commençasse « par vous instruire pendant trois jours. » Il y avait encore là un peu de complaisance, il aurait dû dire pendant six mois. Ceux qui ne s'ingéreraient pas de juger un tableau ou une statue s'imaginent qu'il est beaucoup plus aisé de juger un poème : c'est une très grande erreur. L'art de la poésie n'est pas, plus qu'un autre, susceptible d'être jugé seulement par instinct et sans une étude réfléchie. J'ose même croire que cette vérité trop peu connue est une de celles dont ce *Cours* fournira la démonstration.

Or, s'il est rare et difficile de pouvoir juger un poème en connaissance de cause, en le lisant de suite dans son cabinet, combien l'est-il plus d'en porter un jugement sûr lorsque l'auteur le récite dans la société et le récite par fragments ! Ici les causes d'erreurs sont de plus d'une espèce. D'abord, pour peu que l'auteur lise avec quelque chaleur et quelque intérêt, la séduction est naturelle, et jusqu'à un certain point inévitable, quelquefois même pour les connaisseurs et les gens du métier, et il est aisé de le concevoir. L'enthousiasme de l'auteur se communique à l'auditoire d'autant plus facilement, que rien ne trouble l'illusion. Le public rassemblé, qui sent une faute, manifeste sur-le-champ son mécontentement, comme sa satisfaction lorsqu'il sent une beauté ; et dès-lors il y a jugement. Mais en société, la politesse, et même la déférence très juste pour un auteur qui vous donne une marque de complaisance et de confiance, ne vous permet guère de l'arrêter dans sa lecture, si ce n'est dans les endroits où il vous fait plaisir. Il n'y a donc ici qu'une seule impression qui soit sensible, et il est tout simple qu'elle devienne dominante en se propageant dans tout un cercle, et d'autant plus qu'il sera plus nombreux. Les fautes, si même elles ont été senties intérieurement, s'effacent bientôt devant l'expression bruyante et vive de l'applaudissement, surtout s'il y a réellement de bons endroits, et il y en a dans *les Mois*. Alors chacun n'est plus frappé que de ce qui a plu à tout le monde ; et ce qui a déplu à chacun en particulier est à peu près oublié, ou n'est confirmé en aucune manière.

Ajoutez à cet effet naturel qui, comme vous voyez, ne rend sensible qu'un côté des objets, ajoutez l'esprit de société, qui consistait éminemment parmi nous à enchérir en exagération quand le mouvement était donné, et il l'était toujours, autrefois par les gens du grand monde, de nos jours par les gens de lettres. Les gens de lettres, qui depuis le milieu de ce siècle ont été véritablement les maîtres de l'opinion, avaient en ce genre un ascendant si reconnu, que la plupart des gens du monde n'avaient guère d'avis qui ne fût dicté. Ils avaient d'ordinaire la précaution de ne prononcer sur un ouvrage qu'après que les gens de lettres avaient parlé, et je vous ai rappelé que presque toute la classe alors la plus prépondérante dans la littérature élevait Roucher jusqu'aux nues *. Quand les choses en étaient là, il ne s'agissait plus de juger, mais seulement de paraître plus connaisseur et plus sensible qu'un autre, en donnant à l'éloge des formes plus hyperboliques. C'est ce que j'ai vu vingt fois, mais particulièrement pour l'*Éponine* de Chabanon, pour *Le Connétable de Bourbon* de Guibert, pour *Le Mustapha* de Chamfort, et pour *Les Mois* de Roucher ; et ce sont quatre ouvrages ensevelis **.

* L'abbé Arnaud, qui d'ailleurs avait du goût naturel, et qui avait fait de bonnes études, mais qui, devenu absolument homme du monde et prôneur de profession, ne se souciait plus de la vérité, mais de l'autorité de son jugement ; l'abbé Arnaud, qui avait une phrase faite pour chaque évènement, et qui avait fini par se faire un style et une conversation de charlatan, n'appelait Roucher que le *démon du midi (dæmonium meridianum)* ; sur quoi l'on pouvait répondre : *Délivrez-nous du démon du midi (ab incursu dæmonii meridiani.)*

** *Le Connétable de Bourbon* était une des plus absurdes rapsodies qu'on eût jamais barbouillées : il n'y avait pas la plus légère connaissance, ni du théâtre, ni de la versification. De belles dames se mirent en tête de faire de l'auteur un homme de génie, parce que c'était un jeune colonel, et entraî-

Enfin, il ne faut pas croire que les connaisseurs mêmes échappent totalement à la séduction du débit de l'auteur, à moins que l'ouvrage ne soit

nèrent dans leur parti quelques gens de lettres qui les laissèrent faire, bien sûrs que cela n'irait pas loin. L'une d'elles disait que *c'était Corneille, Racine et Voltaire, fondus et perfectionnés.* La phrase courut tout Paris, et le méritait. Dans une autre société, on agita long-temps *lequel était le plus à désirer, d'être la maîtresse, la femme, ou la mère de l'auteur du Connétable;* mais je n'ai pas su quel fut le résultat. La folie de la mode fit tellement oublier les convenances publiques les plus communes, qu'on imagina de jouer dans la grande salle de Versailles, pour le mariage d'une fille de France, cette pièce qui rappelait une époque désastreuse et flétrissante, la défection d'un prince du sang, la défaite de Pavie, et la captivité d'un roi de France. Mais il n'y a pas moyen, avec toutes les protections du monde, d'obtenir de quatre mille personnes qu'elles consentent à s'ennuyer; et il arriva ce qui n'était jamais arrivé dans un spectacle de ce genre. *Le Connétable,* supporté pendant trois actes, fut sifflé outrageusement au quatrième, comme il l'aurait été au parterre de Paris. Le cinquième ne fut pas même entendu, et cela en présence de toute la cour, qui avait affiché le haut intérêt qu'elle prenait à la pièce. Cette chute sans exemple déconcerta l'auteur au point qu'il n'imprima pas même sa pièce, au moins pour le public : il en fit tirer cinquante exemplaires pour ses admiratrices. Si l'on veut avoir une idée, et du goût de l'écrivain, et de celui de ses sociétés, qu'on fasse attention qu'apparemment il ne s'y trouva pas une seule personne qui en eût assez pour lui conseiller du moins la suppression de vers tels que ceux-ci :

> Le Germain flegmatique aime la défensive ;
> Mais le Français bouillant est né pour l'offensive.

Je ne sais si feu Pradon est jamais descendu plus bas.

Éponine ne valait pas mieux : sur celle-ci, la phrase faite (car il y en avait toujours une) était : *Ce n'est ni Corneille, ni Racine, ni Voltaire, c'est M. de Chabanon*; et cela était vrai. *La phrase* était d'une femme célèbre, et justement célèbre, qui aurait dû s'y connaître, et qui pourtant ne s'y connaissait pas. La pièce fut à peine achevée, et l'auteur, d'ailleurs le plus honnête homme du monde, ne l'imprima pas.

Chamfort travailla quinze ans à son *Mustapha.* La pièce eut à la cour un succès d'ivresse, et l'auteur fut comblé d'honneurs et de récompenses. Celle-là du moins n'était pas ridicule, si ce n'est au dénouement. Elle était mauvais de tout point. Ils ne seront pas dupes à beaucoup près comme les autres, et ils apercevront au premier coup d'œil les vices essentiels et généraux ; mais une déclamation rapide et animée leur dérobera beaucoup de fautes dans le grand nombre, et les beautés les frapperont d'autant plus, qu'elles seront plus clair-semées. Eux-mêmes seront donc moins sévères et moins clairvoyants qu'ils ne le seraient le livre à la main ; et cela tient encore à une vérité générale : c'est qu'il faut de la réflexion pour la critique comme pour la composition.

Mais qu'arrive-t-il quand on lit ? Ce qu'a dit si judicieusement l'auteur de l'*Art poétique* :

Tel écrit récité se soutient à l'oreille,
Qui, dans l'impression au grand jour se montrant,
Ne soutient pas des yeux le regard pénétrant.

Alors plus d'illusion : ce qui est mauvais, ce qui

---

ecrite avec assez de correction et de pureté, mais sans aucune espèce de force, et sur-tout mortellement glaciale, et par le plan, et par le style. Jouée à Paris, elle y reçut le plus froid accueil, et fut bientôt abandonnée pour ne jamais reparaître. Les amis de l'auteur disaient qu'*il écrivait comme Racine*. Depuis cette chute, Chamfort ne voulut plus rien faire, parce qu'*il n'y avait plus de goût en France*. La phrase sur *Mustapha* était qu'*on ne savait ce qu'il fallait admirer le plus dans l'auteur, ou son génie ou son âme*.

A l'égard des *Mois*, deux jours après la publication, ils n'avaient pas deux apologistes : personne n'avait pu en soutenir la lecture. Plusieurs de ceux qui avaient souscrit pour la magnifique édition in-4°, qui était de deux louis, dont un payé d'avance, aimèrent mieux, d'après le cri général, gagner le second louis que d'avoir l'ouvrage. Un seul homme, ami de l'auteur, M. Garat, employa, non pas les discussions critiques, mais tous les moyens oratoires à prouver au public, dans un long article de journal, qu'il avait tort de s'ennuyer. Mais comme avec tout l'esprit du monde, on ne peut pas plaider contre l'ennui général sans perdre sa cause, M. Garat n'a converti personne, et peut-être aujourd'hui l'est-il lui-même est faux, ce qui est mal conçu, ce qui est mal écrit, a de plus, et très heureusement pour l'art et pour les bons artistes, un autre vice plus terrible et qui naît de tous les autres, c'est de faire sentir l'ennui à toutes les classes de lecteurs, plus tôt ou plus tard, en proportion de leur tact et de leur jugement naturel. Ils ne diront pas, ou diront très imparfaitement pourquoi l'ouvrage leur déplaît; mais ils sentiront la déplaisance; et qu'on se figure jusqu'où elle dut aller quand chacun, à l'apparition des *Mois*, courant après son plaisir, non-seulement ne put rien trouver qui l'attachât (et vous avez vu pourquoi), mais se sentit l'esprit accablé d'un fatras extravagant, et l'oreille étourdie du plus emphatique et du plus monotone jargon. Le petit nombre de bons vers n'était plus même ici une ressource momentanée. Quand le mérite de la versification est seul, il n'a d'effet à la lecture du cabinet que sur les amateurs, et il y en a peu. S'il en produit davantage dans un cercle, c'est que l'enthousiasme et la voix du lecteur vous entraînent par les sens, et que les auditeurs agissent en même temps les uns sur les autres par l'esprit d'imitation. Voilà ce qui fit tomber si brusquement le poème des *Mois*. Il est extrêmement difficile d'en lire deux chants de suite, même quand on aime assez les bons vers pour avoir le courage de les chercher dans la foule; et le commun des lecteurs cherche avant tout son plaisir : jugez combien peu ont eu la force d'aller jusqu'à la fin des douze chants !

L'auteur manque d'esprit, de jugement, d'invention quelconque, de goût, de flexibilité, de variété, presque entièrement de sensibilité; et il faut avoir de tout cela plus ou moins pour bien faire un ouvrage en vers. Mais pour faire quelques morceaux descriptifs, il ne faut que de l'expression poétique, et il en avait. Je citerai d'autant plus volontiers ces morceaux, que peu de personnes iront les chercher dans l'ouvrage, et j'aime assez les bons vers pour désirer qu'il n'y en ait guère de perdus.

En plus d'un endroit la circulation de la sève est fort bien rendue:

> L'arbre sent aujourd'hui sa sève fermenter :
> Dans ses mille canaux libre de serpenter,
> De la racine au tronc, et du tronc au branchage,
> Elle monte, et s'apprête à jaillir en feuillage.
> . . . .
> Bienfaisante Vénus, épargne à nos guérets
> La rouille si funeste aux présents de Cérès ;
> Abreuve-les *plutôt* de la douce rosée :
> Que les sucs, les esprits de la sève épuisée
> Dans ses canaux enflés coulent plus abondants ;
> Qu'ils bravent du soleil les rayons trop ardents,
> Et que le jeune épi, sur un tuyau plus ferme,
> S'élève, et brise enfin le roseau qui l'enferme.
> Nos vœux sont exaucés : le sceptre de la nuit
> A peine autour de nous a fait taire le bruit,
> Une moite vapeur, dans les airs répandue,
> S'abaisse, et sur les champs, comme un voile étendue,
> Distille la fraîcheur dans leurs flancs altérés :
> Cet humide tribut a rajeuni les prés.

Observez ici le contraire des enjambements vicieux qui ont dû nous blesser :

Une moite vapeur, dans les airs répandue,
S'abaisse, et sur les champs, etc.

Le mot de trois syllabes, *abaisse*, forme une césure et non pas une chute; et le vers suspendu à propos avec la phrase, se relève avec elle par ces mots : *et sur les champs*, etc. Même observation des règles dans les vers précédents, *s'élève*, *et brise enfin*, etc. C'est ainsi que l'on doit procéder en vers.

Il ne réussit pas moins dans la peinture des fleurs d'avril :

J'avance, et j'aperçois près de la fritillaire
L'anénome, à Vénus toujours sûre de plaire;
Et l'élégante iris, qui retrace à mes yeux,
Dans sa variété, l'arc humide des cieux;
Et l'humble marguerite, à des lits de verdure
Prêtant le feu pourpré d'une riche bordure.
Me serais-je trompé? Non, la jonquille encor
Offre à mon œil ravi la pâleur de son or.
Je te salue, ô fleur si chère à ma maitresse !
Toi qui remplis ses sens d'une amoureuse ivresse.
Ah! ne t'afflige point de tes faibles couleurs;
Le choix de ma Myrthé te fait reine des fleurs.
Pour couronner enfin les richesses qu'étale
Des jardins renaissants la pompe végétale,
La tulipe s'élève : un port majestueux,
Un éclat qui du jour reproduit tous les feux,
Dans les murs byzantins mérite qu'on l'adore,
Et lui font pardonner son calice inodore.

Voyons les pluies du printemps :

L'homme au milieu des champs lève un front radieux.
L'âme ouverte à l'espoir, il jouit en idée

Des plaisirs et des biens que versera l'ondée.
Elle a percé la nue, elle coule; un doux bruit
A peine dans les bois *de sa chute m'instruit*.
A peine, goutte à goutte humectant le feuillage,
Laisse-t-elle à mes yeux soupçonner son passage.
L'urne des airs s'épuise; un frais délicieux
Ranime la verdure; et cependant aux cieux
Le soleil, que voilait la vapeur printanière,
Commence à dégager sa flamme prisonnière;
Elle brille : le dieu transforme en vagues d'or
Les nuages flottants dans l'air humide encor,
Jette un réseau de pourpre au sommet des montagnes,
Enflamme les forêts, les fleuves, les campagnes,
Et sur l'émail des prés étincelle en rubis.
Jusqu'au *règne* du soir les tranquilles brebis
De leurs doux bêlements remplissent la colline, etc.

Tous ces effets sont bien observés et bien rendus. On ne peut guère reprendre que cet hémistiche sec: *de sa chute m'instruit*, et *le règne du soir*; il faudrait au moins dire: *le règne de Vesper*; alors il y aurait convenance. Mais le morceau sur l'amour des animaux au mois de mai est fait de verve. Cette verve, il est vrai, est empuntée à Virgile, qu'il ne fait guère ici que traduire; mais on voit qu'il l'a senti :

L'amour vole; il a pris son essor vers la terre.
Depuis l'oiseau qui plane au foyer du tonnerre,
Jusqu'aux monstres errants sous les flots orageux,
Tout reconnaît l'Amour, tout brûle de ses feux.
Dans un gras pâturage il dessèche, il consume
Le coursier inondé d'une bouillante écume,
Le livre tout entier aux fureurs des désirs.

> De ses larges naseaux qu'il présente aux zéphyrs,
> L'animal arrêté sur les monts de la Thrace,
> De son épouse errante interroge la trace.
> Ses esprits vagabonds l'ont à peine frappé,
> Il part, il franchit tout : fleuve, mont escarpé,
> Précipice, torrent, désert, rien ne l'arrête.
> Il arrive, il triomphe, et, fier de sa conquête,
> Les yeux étincelants, repose à ses côtés.

Le dernier vers est de lui, et il est très beau. C'est là, comme disait Boileau, jouter contre son modèle. Il n'y a pas moins de feu dans le tableau de l'aigle présentant ses petits au soleil.

> Le soleil de ses feux a rougi le cancer.
> Que ces feux sont puissants ! l'onde, la terre et l'air,
> Par eux tout se ranime, et par eux tout s'enflamme :
> L'oiseau de Jupiter, aux prunelles de flamme,
> Sur l'aride sommet d'un rocher sourcilleux
> S'arrête, et tout à coup d'un vol plus orgueilleux,
> Chargé de ses aiglons, et perdu dans les nues,
> Traverse de l'éther les routes inconnues.
> Il s'approche du trône où la flamme à la main,
> Des saisons et des mois s'assied le souverain ;
> Et tandis que sous lui roule et gronde l'orage,
> De sa jeune famille éprouvant le courage,
> Il veut que, l'œil fixé sur le front du soleil,
> Ils bravent du midi le brûlant appareil, etc.

Mais où l'auteur me paraît s'être surpassé, c'est dans les glaciers des Alpes. Il ne manquait pas de secours en vers et en prose, j'en conviens ; mais toutes les fois que vous voyez le jet poétique au degré où il est ici, tout appartient au poète ; et de plus, Roucher ne s'est nulle part soutenu si long-temps, car d'ordinaire il a l'haleine courte, et ses moments de véritable verve sont aussi fugitifs que rares :

Monts chantés par Haller, recevez un poète.
Errant parmi ces monts, imposante retraite,
Au front du Grindelwald je m'élève et je voi...
Dieu! quel pompeux spectacle étalé devant moi!
Sous mes yeux enchantés la nature rassemble
Tout ce qu'elle a d'horreurs et de beautés ensemble.
Dans un lointain qui fuit un monde entier s'étend.
Et comment embrasser ce mélange éclatant
De verdure, de fleurs, de moissons ondoyantes,
De paisibles ruisseaux, de cascades bruyantes,
De fontaines, de lacs, de fleuves, de torrents,
D'hommes et de troupeaux sur les plaines errants,
De forêts de sapins au lugubre feuillage,
De terrains éboulés, de rocs minés par l'âge,
Pendants sur des vallons où le printemps fleurit,
De coteaux escarpés où l'automne sourit,
D'abymes ténébreux, de cimes éclairées,
De neiges couronnant de brillantes contrées,
Et de glaciers enfin, vaste et solide mer,
Où règne sur son trône un éternel hiver?
Là, pressant sous ses pieds les nuages humides,
Il hérisse les monts de hautes pyramides,
Dont le bleuâtre éclat, au soleil s'enflammant,
Change ces pics glacés en rocs de diamant.
Là viennent expirer tous les feux du solstice.
En vain l'astre du jour embrassant l'écrevisse,
D'un déluge de flamme assiège ces déserts :
La masse inébranlable insulte au roi des airs.
Mais trop souvent la neige, arrachée à leur cime,
Roule en bloc bondissant, court d'abyme en abyme,
Gronde comme un tonnerre, et, grossissant toujours,

A travers les rochers fracassés dans son cours,
Tombe dans les vallons, s'y brise, et des campagnes
Remonte en brume épaisse au sommet des montagnes.

C'est ici que l'accumulation est bien placée, parce qu'elle est rapide, contrastée, pittoresque, et conforme aux objets qu'elle rassemble; c'est ici que la répétition des mêmes particules de conjonction, loin d'être un défaut, est une beauté, parce que les mots semblent se grouper et s'entasser comme les objets; que les oppositions sont sans disparate et sans affectation, parce qu'elles représentent la nature même; c'est ici que les vers sont bien coupés, et les césures bien entendues :

. . . . s'y brise, et des campagnes
Remonte en brume épaisse, etc.

Voilà vraiment comme on peut varier le rhythme, selon tous les bons principes de l'art; et pourquoi celui qui l'a quelquefois si bien pratiqué l'a-t-il si souvent et si follement méconnu? Qu'on dise encore que les mauvaises doctrines ne sont pas dangereuses: sans doute Roucher n'aurait jamais eu un goût pur ni un esprit juste, parce qu'on ne surmonte pas la nature; mais on la modifie jusqu'à un certain point par de bonnes théories, et les mauvaises doctrines la pervertissent sans remède.

Tout le commencement du mois d'*Août* est encore un morceau distingué par la convenance, la noblesse et la richesse des couleurs.

Il renaît triomphant, le mois ou nos guérets
Perdent les blonds épis dont les orna Cérès.

Il fait reluire aux yeux de la terre étonnée
Les plus belles des nuits que dispense l'année.
Que leur empire est frais! qu'il est doux! qu'il est pur!
Qui jamais vit au ciel un plus riant azur?
Pour inviter ma muse à prolonger la veille,
Il étale à mes yeux merveille sur merveille.
A peine est rallumé le flambeau de Vénus,
En foule à ce signal les astres revenus,
Apportent à la nuit leur tribut de lumière.
La paisible Phébé s'avance la première,
Et, le front rayonnant d'une douce clarté,
Dévoile avec lenteur son croissant argenté.
Ah! sans les *pâles feux* que son disque nous lance,
L'homme errant dant la nuit en fuirait le silence :
Et, tel qu'un jeune enfant que poursuit la terreur,
Faible, il croirait marcher environné d'horreur.
Viens donc d'un jour à l'autre embrasser l'intervalle,
O lune ! ô du soleil la sœur et la rivale !
Et que tes rais d'argent dans l'onde réfléchis
Se prolongent en paix sur les coteaux blanchis.

Il y a autant de calme dans ce tableau que de mouvement dans celui des Alpes. Seulement les *pâles feux* sont déplacés, d'abord à cause de l'oreille, qui ne doit entendre ici que des sons doux, ensuite parce que c'est l'éclat qui doit marquer, et non point la pâleur. A cette faute près, le morceau est bien conçu. L'auteur continue, et l'aspect de la nature le remplit d'un enthousiasme qui l'égare d'abord un moment, mais qui le porte ensuite très haut.

Je veux, à ta clarté, je veux franchir l'espace
Où se durcit la grêle, où la neige s'entasse,

8.

Où le rapide éclair serpente en longs sillons,
Où les noirs ouragans, poussés en tourbillons,
Font siffler et mugir leurs voix tempétueuses ;
D'où s'échappe la foudre en flèches tortueuses.

Ces six vers sont cruellement disparates ; ils font mal. Était-ce donc à ces horreurs, à ces menaces de la nature que devait conduire ce beau tableau des belles nuits ? Tant cet homme a de peine à marcher droit quand il n'y a personne devant lui pour le conduire ! Mais grace pour cette fois ; car ce qui précède était fort bon, et ce qui suit, et qui aurait dû suivre immédiatement, vaut encore mieux.

J'oserai plus : je veux par-delà tous les cieux,
Je veux encor pousser mon vol ambitieux,
Traverser les déserts où, pâle et taciturne,
Se roule pesamment l'astre du vieux Saturne ;
Voir même au loin sous moi dans le vague nager
De la comète en feu le globe passager ;
Ne m'arrêter qu'aux bords de cet abyme immense
Où finit la nature, où le néant commence,
Et, de cette hauteur dominant l'univers,
Poursuivre dans leur cours tous ces orbes divers,
Ces mondes, ces soleils, flambeaux de l'empyrée,
Dont la reine des nuits se promène entourée,
J'arrive. De clartés quel amas fastueux !
Quels *fleuves* ! quels torrents ! quels océans de feux !
Mon âme à leur aspect, muette et confondue,
Se plongeant dans l'extase, y demeure perdue,
Et voilà le succès qu'attendait mon orgueil !
Insensé, je croyais embrasser d'un coup d'œil
Ces déserts où Newton, sur l'aile du génie,
Planait, tenant en main le compas d'Uranie ;

Je voulais révéler quels sublimes accords
Promènent dans les airs tous les célestes corps :
Et devant eux s'abyme et s'éteint ma pensée.

Le fond de toutes ces idées est partout; mais du moins il y a connexion entre la lumineuse sérénité des nuits d'Août et l'élévation des conceptions astronomiques; et l'espèce d'extase qui les suit, et la réflexion qui les termine, sont naturelles et justes. C'est là que s'offrait de soi-même un bel épisode sur la naissance de l'astronomie dans les plaines de Sennaar, sous le ciel pur de la Chaldée. Il y a pourtant ici quelques taches : *j'arrive* est froid, et de plus vous avez vu qu'il est parasite dans les vers de l'auteur : *je les vois* eût été beaucoup meilleur. *Quels fleuves* n'est pas non plus le mot propre : *océans et torrents*, oui; mais l'aspect des plus hauts cieux n'offre aucun rapport avec les *fleuves*. *Quels accords promènent* est encore plus impropre : *gouvernent* me semble l'expression qui rend l'idée; car les *accords* sont ici pour les lois de l'harmonie céleste. Roucher est bien rarement pur une page de suite; mais ici les fautes sont peu de choses devant les beautés, et en total, le morceau lui fait beaucoup d'honneur.

Nous n'en trouverons plus guère de ce genre; car depuis le mois d'*Août*, la seconde moitié de l'ouvrage ne va plus que de mal en pis. Je m'arrêterai pourtant en *Décembre*, à la complainte de l'auteur sur la destruction de ces bois épais qui couvraient autrefois la fontaine de Budé, à Hières, près de la petite rivière de ce nom. J'ai habité dans ma jeunesse ce charmant pays; et tous ceux qui le connaissent ont regretté, comme Roucher, et la délicieuse solitude de la fontaine de Budé, et les beaux ombrages qui l'environnaient.

> J'ai vu sous le tranchant de la hache acérée,
> J'ai vu périr l'honneur de ta rive sacrée.
> Tes chênes sont tombés, tes ormeaux ne sont plus.
> Sur leur front jeune encor trois siècles révolus
> N'ont pu du fer impie arrêter l'avarice.
> D'épines aujourd'hui ta grotte se hérisse;
> Ton eau, jadis si pure, et qui de mille fleurs
> Dans son cours sinueux nourrissait les couleurs,
> Ton eau se perd sans gloire au sein du marécage.
> Fuyez, tendres oiseaux, enfants de ce bocage,
> Fuyez : l'aspect hideux des ronces, des buissons,
> Flétrirait la gaîté de vos *douces* chansons.
> Vous, bergers innocents, vous qui dans ces retraites
> Cachiez les *doux* transports de vos ardeurs secrètes,
> Oh! comme votre amour déplore ces beaux lieux!
> De vos rivaux jaloux comment tromper les yeux!
> Et moi, qui, mollement étendu sur la mousse,
> M'enivrais quelquefois d'une extase si *douce*,
> Hélas! je n'irai plus y cadencer des vers.
> Il faudra que j'oublie, et ces ombrages verts,
> Et la grotte où *du jour* je bravais *les outrages*, etc.

Ce morceau pouvait, je crois, être meilleur; mais le ton et les mouvements en sont naturels, et la versification n'est pas mauvaise, malgré quelques fautes. Il fallait sur-tout, pour amener *les outrages du jour*, donner une épithète au jour.

> . . . . l'hiver règne, et la neige
> Suspendue en *rochers* dans les airs qu'elle assiège,

Oppose aux feux du jour sa grisâtre épaisseur.
De sa chute prochaine un calme précurseur
S'est emparé des airs : ils dorment en silence.
La nuit vient : l'aquilon d'un vol bruyant s'élance,
Et déchirant la nue où pesait enfermé
Cet océan nouveau goutte à goutte formé,
La neige au gré des vents, comme une épaisse laine,
Voltige à gros flocons, tombe, couvre la plaine,
Déguise la hauteur des chênes, des ormeaux,
Et confond les vallons, les chemins, les hameaux.
Les monts ont disparu : leur vaste amphithéâtre
S'abaisse ; tout a pris un vêtement d'albâtre, etc.

Aux *rochers* près, qui ne peuvent absolument figurer que les brouillards épais qui précèdent la neige, cette description est généralement bonne. L'auteur y a emprunté fort à propos une image très juste, *dat nivem sicut lanam*, qui est dans les Psaumes, mais je n'approuverai pas *déguise la hauteur*, qui ne peint rien.

Pour clore ces citations, encore un morceau sur les beautés et les ressources de l'hiver dans les climats du nord. Il est plus original que les derniers que j'ai rapportés, et il a de l'éclat.

Ces climats, il est vrai, par le nord dévastés,
Ainsi que leurs horreurs ont aussi leurs beautés,
Dans les champs ou l'Irtis a creusé son rivage,
Où le Russe vieillit et meurt dans l'esclavage,
D'éternelles forêts s'alongent dans les airs.
Le jai, simple roseau de ces vastes déserts,
S'incline en se jouant sur les eaux qu'il domine.
Fière de sa blancheur, là s'égare l'hermine ;

La martre s'y revêt d'un noir éblouissant;
Le daim sur les rochers y paît en bondissant;
Et l'élan fatigué, que le sommeil assiège,
Baisse son boix rameux, et s'étend sur la neige.
Ailleurs, par des travaux et de sages plaisirs,
L'homme, bravant l'hiver, en charme les loisirs.
Le fouet dans une main et dans l'autre les *rênes*,
Voyez-le, en des traîneaux emportés par deux *rennes*,
Sur les fleuves durcis rapidement voler.
Voyez sur leurs canaux les peuples s'assembler,
Appeler le commerce, et proposer l'échange.
Des trésors du Catay, des Sophis et du Gange.
Là brillent à la fois le luxe des métaux,
Et la soie en tissus, et le sable en cristaux,
Toute la pompe enfin des plus riches contrées;
Là même quelquefois les plaines éthérées,
Des palais du midi versent sur les frimas
Un éclat que le ciel refuse à nos climats :
D'un groupe de soleils l'olympe s'y décore, etc.

Rênes et *rennes*, dont l'un est très long et l'autre très bref, riment d'autant plus mal, que les deux mots sont plus ressemblants. C'est, je crois, la seule imperfection de ce morceau, qui se termine aux aurores boréales et à l'épisode dont j'ai parlé plus haut. Je ne le transcrirai pas, parce qu'il n'est qu'une traduction; mais cette traduction est élégante.

L'examen des notes me menerait trop loin, et n'est pas même du sujet qui nous occupe. Il y règne une érudition très peu éclairée et une philosophie très erronée. Roucher a voulu s'y mesurer encore avec Racine le fils, dans la traduction en vers des prophéties d'Isaïe, mais il a toujours été malheureux dans cette concurrence qu'il affecte souvent. Quoiqu'il ait généralement l'expression plus poétique que Louis Racine, il ne peut guère soutenir le parallèle direct, parce que ce sont toujours des morceaux d'élite où Louis Racine a été poète; et comme il a infiniment plus de goût que Roucher, et qu'il est d'ordinaire bien meilleur versificateur, il l'écrase dans ces luttes personnelles. Ainsi, par exemple, nulle comparaison entre les deux passages correspondants des deux auteurs sur l'apologie de l'ordre physique du monde; nulle, dans la traduction des plaintes de Milton sur la perte de sa vue, quoique Roucher avoue franchement qu'il a voulu *faire mieux que lui*; nulle, sur-tout, dans la prophétie d'Isaïe, qui était de toute manière au dessus des forces de Roucher. Il ne suffit pas ici d'être ce qu'il est quelquefois, poète par le coloris; il faut l'être dans toutes les parties de l'art, et les plus relevées; il faut être naturellement monté au sublime des pensées, aux grands mouvements de l'âme et de l'imagination à l'élan le plus rapide à la fois et le plus flexible; et de plus la distance des idiomes originaux aux nôtres, et la disparité de génie entre la poésie hébraïque et la poésie française, exigent le goût le plus sûr pour adapter l'une à l'autre; et ce n'était pas trop du grand Racine pour cette entreprise. Son fils, sans aller jusque là, se soutient du moins dans sa version d'Isaïe à un degré dont il ne tombe jamais : il y a partout élégance et nombre, s'il n'y a pas toujours élévation et force. Dans Roucher, il n'y a rien que la dureté baroque d'un style décousu, et à la fois plat et barbare *.

La Harpe, *Cours de Littérature*.

ROUSSEAU (Jean-Baptiste), né à Paris, le 6 avril 1670; mort à Bruxelles, le 17 mars 1741.

La vie de J.-B. Rousseau nous offre un spectacle pénible : nous y voyons le talent séparé de la vertu; beaucoup de gloire et peu de bonheur. On s'étonne d'un tel partage autant qu'on s'en afflige. Il est si naturel et si doux d'estimer l'écrivain que l'on admire! On se persuade si volontiers qu'il fut heureux et qu'il méritait de l'être !

Rousseau, qui s'éleva au rang de nos premiers poètes, était né dans une condition obscure, dont il eut la faiblesse de rougir. Si même il fallait en croire des traditions assez généralement répandues, mais qui présentent trop d'incertitude, et qui ont été trop souvent accueillies et propagées par la haine, pour qu'on puisse leur accorder une entière

---

* En examinant *Les Mois* de Roucher, La Harpe est rigoureux sans être injuste; mais les formes de son langage violent toutes les convenances. Comment ce poème, qu'il déchire, l'arrête-t-il plus long-temps que vingt autres poèmes ensemble? Quel plaisir trouve-t-il à prolonger durant plus de cent pages, non-seulement des chicanes minutieuses, mais les plus ignobles injures? Comment les mots *déraison*, *délire*, *absurdité*, *niaiserie*, *bêtise*, tombent-ils à chaque instant de sa plume? Ce ton convient-il à la vraie critique! Est-ce là le style de Quintilien?

M.-J. Chénier, *Analyse du Lycée de La Harpe*.

Nous aurions voulu pouvoir abréger cet article interminable sur un poète d'un ordre inférieur; mais la forme en est telle qu'il fallait ou le mettre dans son entier, ou le supprimer. Ayant promis de donner *Le Lycée de La Harpe*, nous avons dû, quoique à regret, prendre le premier parti.

F.

confiance, Rousseau, dans l'ivresse de ses premiers succès, n'aurait pas craint de renier l'honnête artisan auquel il devait, avec la vie, le bienfait de l'éducation.

De fortes études qui lui inspirèrent de bonne heure le goût de l'antiquité, les exemples et les leçons des plus illustres maîtres de l'art, un génie heureusement né pour les vers, lui permirent d'aspirer, jeune encore, à occuper sur notre Parnasse une place que laissaient vacante la mort de Racine et la vieillesse de Boileau. Heureux, si plus fidèle à l'imitation de ces grands hommes, dont il se proclamait le disciple, il n'eût recherché, comme eux, qu'une gloire irréprochable! Mais il eut le malheur de se produire à une époque peu favorable à la vertu, et dont son caractère et son talent ne ressentirent que trop l'influence. Dans ces dernières années du siècle de Louis XIV, où sous le voile d'une piété commandée par l'exemple du monarque se cachaient tant de désordres et de déréglements, Rousseau voulut contenter à la fois les dévots et les libertins. Tandis que dans un langage plein d'élégance et de pompe il reproduisait pour les premiers les cantiques du roi prophète, il renouvelait pour les autres avec un talent dont il faut déplorer l'abus, les obscénités de Marot : c'était tour à tour, comme le lui reprochait une satire du temps, Pétrone à la ville, et David à la cour; lui-même tirait vanité de son double personnage; il se vantait hautement de composer sans dévotion des poésies pieuses, comme il en composait d'obscènes sans libertinage : ses épigrammes étaient, disait-il, les *gloria patri* de ses psaumes. Rousseau ne voyait-il pas qu'en faisant de la poésie une forme indifférente propre à revêtir à son choix les plus nobles inspirations de la religion et de la morale, et les plus honteuses dépravations du cœur, il se réduisait à n'être qu'un habile ouvrier de sons et de paroles, un grand versificateur? Il n'est point de véritable enthousiasme sans une conviction profonde; et l'on ne peut douter que, par cette sorte de scepticisme littéraire, Rousseau n'ait borné lui-même l'essor de son génie.

Quoi qu'il en soit, l'éclat de ses succès poétiques le mit de bonne heure en réputation. Il avait à peine vingt ans, qu'il était déja recherché par les personnes du plus haut rang et du goût le plus délicat. Plusieurs même s'empressèrent de se l'attacher. On doit citer parmi les principaux protecteurs de sa jeunesse l'ambassadeur de France en Danemarck Bonrepeaux, le baron de Breteuil, le maréchal de Tallard. Lorsque, dans l'année 1697, ce dernier fut nommé à l'ambassade d'Angleterre, Rousseau l'accompagna dans cette mission en qualité de secrétaire. Son séjour à Londres lui valut l'amitié de Saint-Evremont, qui sut dès-lors apercevoir tout le mérite du jeune poète. A son retour dans sa patrie, Rouillé, directeur des finances, le prit auprès de lui. Il le suivait partout, dit un de ses biographes, « vivant tranquille au milieu de la grandeur, culti-
« vant les muses à la cour, et négligeant la fortune
« dans le sein des finances. » Ce fut sans doute vers

cette époque que le ministre Chamillard lui offrit une direction des fermes générales en province. Rousseau refusa cette place, qu'il jugeait peu compatible avec la dignité et l'indépendance de l'homme de lettres. C'est du moins ainsi qu'il s'en explique dans des vers adressés à l'abbé de Chaulieu, et que cette circonstance peut avoir inspirés. Il paraît que, dans la suite, il trouva moyen d'accorder ce qui lui avait d'abord semblé inconciliable, en acceptant un emploi de finance, dont il fit exercer les fonctions par un autre.

On ne doit pas du reste adopter légèrement ce fait, qui ne se trouve, je crois, consigné que dans les libelles publiés contre Rousseau, et qui n'a pour garant que la véracité un peu suspecte de ses ennemis. Cependant, sa fortune croissait avec sa renommée: regardé avec justice comme le premier poète de son temps, les faveurs de la cour et les distinctions littéraires semblaient venir le chercher: il avait été reçu membre de l'Académie des inscriptions et belles-lettres, et les suffrages du public le désignaient d'avance comme le successeur de Boileau à l'Académie-Française : on ne doutait guère que, par le crédit dont il jouissait, il n'obtînt en même temps la pension de ce grand poète, qui du reste ne pouvait trouver, dans la république des lettres, de plus direct et de plus légitime héritier. Une querelle déplorable, dans laquelle l'engagèrent, comme à l'envi, la malignité de ses ennemis, et les malheureux penchants d'un esprit porté à la jalousie et à la médisance, vint troubler, pour toujours, le cours d'une vie jusqu'alors si prospère.

Le goût des lettres, et des relations qu'elles forment entre ceux qui les cultivent, réunissait, à cette époque, dans un des cafés de Paris, un petit cercle d'écrivains et d'amateurs, sorte de Parnasse, sur lequel régnaient Rousseau et son rival La Motte. Ils n'y régnaient pas fort paisiblement ; et de petites factions, dont ils étaient les chefs, agitaient sant cesse cet empire, ou plutôt cette démocratie littéraire. Rousseau en voulait beaucoup à La Motte, auquel il se sentait avec raison supérieur dans l'art des vers, et qui cependant l'emportait sur lui, dans le monde, par la douceur de ses mœurs, l'agrément de ses manières, l'originalité de son esprit. La chute de quelques-unes de ses comédies et de ses opéra, les critiques peu mesurées dont ces divers ouvrages furent l'objet dans les entretiens du café, ajoutèrent encore à l'aversion que Rousseau avait conçue pour La Motte et ceux qui le soutenaient. Une occasion se présenta de donner cours à sa haine, qui lui avait déjà inspiré, contre ses adversaires, plus d'une épigramme. L'opéra d'*Hésione* venait d'être représenté avec un grand succès. Rousseau fit, sur un air du prologue de cet opéra, air qui était apparemment devenu populaire, cinq couplets affreux contre les auteurs des paroles, de la musique et du ballet. Convaincu bientôt d'avoir composé ces couplets, il fut obligé, par la clameur générale, de se bannir lui-même du café, soulevé contre lui. De nouveaux couplets suivirent, non moins offensants que les premiers, et qu'on lui attribua assez naturellement, quoique rien ne prouvât qu'il en fût réellement l'auteur. Ce scandale se renouvela plus d'une fois pendant l'espace de dix années, et le nombre des couplets satyriques allait toujours grossissant, lorsqu'en 1710 plusieurs habitués du café de la veuve Laurent reçurent un envoi de nouveaux couplets, qui surpassaient en infamie tout ceux qui les avaient précédés. Un cri d'horreur et de rage s'éleva contre Rousseau. Un militaire, nommé Lafaie, cruellement insulté dans ces horribles satires, maltraita, en public, de la manière la plus offensante, celui qu'il regardait, à tort ou à raison, comme l'auteur de son injure. Tous deux rendirent plainte devant les tribunaux; Rousseau contre les voies de fait de Lafaie, Lafaie contre les diffamations qu'il croyait devoir reprocher à Rousseau. Cette première affaire se termina par un désistement réciproque, qui pouvait bien garantir Rousseau des suites d'une action judiciaire, mais qui ne rétablissait nullement son honneur flétri par un outrage public et par les plus odieux soupçons. Il crut, ou du moins prétendit avoir découvert que Saurin, de l'Académie des sciences, était coupable du crime dont on l'avait lui-même chargé. Il produisit même contre celui qu'il voulait perdre, un témoin qu'on l'accusa par la suite d'avoir séduit. Le procès, porté au Châtelet, passa au parlement, où Saurin n'eut pas de peine à se laver d'une imputation si peu vraisemblable. Du rôle d'accusé il passa bientôt au rôle d'accusateur, et poursuivit Rousseau comme libelliste et suborneur de témoins.

Rousseau prévint par la fuite les suites de cette affaire. Il fut condamné par contumace; et un arrêt, rendu le 7 avril 1712, le bannit à perpétuité du royaume.

Voilà en substance les faits principaux de ce procès célèbre, qui a donné lieu à un si grand nombre d'opinions diverses, et dont tant de discussions n'ont nullement éclairci l'obscurité. Il reste encore à décider lequel, de Saurin ou de Rousseau, était coupable, si même quelqu'un d'eux l'était. Rien, dans Saurin, ne montre qu'il ait pu se porter à un pareil acte de noirceur, et sa justification présente d'ailleurs tous les caractères de l'évidence. Rousseau pouvait être soupçonné à plus juste titre : sa méchanceté connue, ses nombreuses épigrammes contre ses ennemis, et même contre ses amis, l'obscénité d'un assez grand nombre de ses poésies, le tort fort grave d'avoir autrefois donné l'exemple et le modèle de ces infâmes satires, dont le scandale s'était perpétué pendant dix années; tout cela élevait contre lui un préjugé fort défavorable et sous lequel il succomba. Il faut pourtant remarquer que l'action qui lui fut reprochée aurait été aussi déraisonnable que criminelle, puisqu'il ne pouvait guère manquer d'en être soupçonné, et que la suite infaillible d'un pareil soupçon était de lui fermer l'entrée de l'Académie-Française, à laquelle il était près d'arriver, et de le frustrer en même temps de la pension de Boileau, qu'il était à peu près sûr d'obtenir une fois qu'il serait reçu académicien. Peut-on supposer raisonnablement qu'il ait été aveuglé par la haine, au point de compromettre, pour la satisfaire, toutes ses espérances. On doit en outre regarder comme un argument assez fort, en faveur de son innocence, le désaveu constant qu'il fit toute sa vie et qu'il répéta à son lit de mort, de ces infâmes couplets. Les preuves que l'on a prétendu trouver dans les couplets eux-mêmes, soit contre Rousseau, soit contre Saurin, sont d'ailleurs tout-à-fait insuffisantes. Nous ne pouvons mieux faire que de citer à cette occasion les paroles d'un de nos plus judicieux et de nos plus spirituels écrivains *, qui a répandu récemment sur ce sujet les lumières d'une critique éclairée, et que nous avons dû suivre plus d'une fois dans cette courte notice. « La méchanceté sans génie, dit fort « bien M. Auger, peut s'élever jusqu'à cette éner- « gie satirique; le génie méchant peut s'abaisser « jusqu'à cette rage brutale et grossière; quant aux « fautes, si l'ignorance peut les commettre, le ta- « lent peut aussi les feindre. » L'opinion la plus vraisemblable qu'on puisse se former sur cette déplorable affaire, est celle qu'a cru devoir proposer l'habile critique que nous venons de citer. Il pense, avec une grande apparence de raison, que ni Saurin, ni Rousseau, ne furent coupables du crime dont ils s'accusèrent mutuellement, et qu'il le faut attribuer « à quelque méchant obscur, ami du « scandale et du trouble, qui se sera fait un affreux

---

* M. Auger, de l'Académie-Française, dans un *Essai biographique et critique sur J.-B. Rousseau*, mis en tête de la jolie édit. in-32 des *OEuvres poétiques* de cet auteur, publiée en 1823 par le libraire Lefèvre.

« plaisir de lancer furtivement ce brandon de dis-
« corde au milieu d'hommes déjà désunis et ai-
« gris les uns contre les autres. ».

Rousseau passa dans l'exil le reste de sa longue vie, obligé sans cesse de chercher d'états en états, en Suisse, en Allemagne, en Flandre, en Angleterre, en Hollande, de nouvelles retraites, de nouveaux protecteurs. Il fut d'abord recueilli par le comte Du Luc, ambassadeur de France en Suisse, auquel sa reconnaissance a consacré l'un de ses plus admirables ouvrages. Il trouva ensuite à Vienne, auprès du prince Eugène, qu'il a de même chanté en beaux vers, un secourable appui. Obligé bientôt de renoncer à cet asyle, il se retira à Bruxelles, où ses dernières années s'écoulèrent au milieu de quelques amis généreux. C'est là qu'en 1722, il eut avec Voltaire cette funeste entrevue, qui les anima l'un contre l'autre d'une haine si longue et si vive. On sait qu'après s'être fait mutuellement confidence de plusieurs pièces de poésie, ils passèrent des témoignages d'estime qu'ils s'étaient d'abord adressés, à des observations piquantes, à des sarcasmes amers, dont aucun d'eux ne perdit jamais le souvenir. De quel côté furent les premiers torts ? C'est ce qu'on ne peut trop décider. Rousseau, dans cette occasion, fit parade d'un zèle dont on peut soupçonner la sincérité, à défendre la religion attaquée par Voltaire. Il est permis de penser que, dans le déclin de l'âge et du talent, il ne put voir, sans une secrète jalousie, un jeune poète dont l'éclat naissant allait bientôt effacer son ancienne renommée.

On n'aime point son héritier, et Rousseau ne sut pas assez déguiser ce sentiment, que Voltaire se fit un jeu d'augmenter par la malignité de ses épigrammes. Il était du reste dans sa destinée d'avoir pour ennemis la plupart des hommes de lettres ses contemporains, et cela seul devrait sans doute donner une assez mauvaise idée de son caractère, si l'on ne pouvait objecter pour sa défense, qu'il sut obtenir et conserver l'amitié de Brumoy, de Rollin, de L. Racine, de d'Olivet, et de plusieurs autres écrivains, dont l'estime protège sa mémoire auprès de la postérité. Les dernières années de Rousseau ne nous offrent d'autres évènements que les efforts inutiles qu'il tenta pour obtenir ou la révision de son procès, ou son rappel. Après un séjour de quelques mois qu'il fit secrètement à Paris, pour solliciter de plus près une faveur qu'il ne put obtenir, il lui fallut regagner son exil, où ses infirmités et ses chagrins le conduisirent promptement au tombeau. Piron fit pour lui cette épitaphe, qui mérite d'être conservée :

Ci gît l'illustre et malheureux Rouseau :
Le Brabant fut sa tombe et Paris son berceau.
  Voici l'abrégé de sa vie,
  Qui fut trop longue de moitié :
  Il fut trente ans digne d'envie,
  Et trente ans digne de pitié.

Les ouvrages qu'il produisit pendant cette dernière et douloureuse moitié de sa vie, sont pour la plupart fort au dessous de son talent, et n'honorent point son caractère. La conscience de ses torts, ou du moins de son opprobre, avait flétri son imagination, et il n'était plus inspiré que par le sentiment de l'envie et de la haine, par le désir de la vengeance. Voilà les muses qu'il invoquait, lorsqu'il écrivait ses *Allégories*, insipides et froides compositions, que n'ont pu réchauffer les fureurs dont l'auteur était animé. Ce n'est pas qu'il ne s'y rencontre encore quelques morceaux qui rappellent son talent pour la versification; mais ces morceaux sont très rares, et peu de lecteurs osent prendre la peine de les chercher. On peut en dire autant de ses *Épîtres*, qui n'offrent guère autre chose que des lieux communs rebattus, des images incohérentes, une diction pénible, incorrecte, triviale, et que rabaisse encore l'usage affecté du vieux langage. Rousseau, qui avait autrefois recherché, avec trop de soin peut-être, l'élégance, l'éclat, l'harmonie de l'expression, semblait se plaire à remplacer toutes ces qualités par les défauts opposés. C'est un caprice bizarre, que l'on a peine à comprendre; et l'on serait tenté d'appliquer à son style ce que dit, de la toilette de son maître, le valet du Métromane :

Il se néglige trop, ou se pare à l'excès.

Il est à peu près inutile de faire mention de ses comédies et de ses opéra, productions oubliées dès leur naissance, et qui grossissent inutilement le recueil de ses *OEuvres complètes*. Ce serait même servir les intérêts de sa gloire que de réduire le volume de cette collection, et de n'y comprendre que les productions qui forment ses véritables titres, ceux qui ont fixé son rang parmi les grands écrivains dont s'honore notre littérature : ses *Épigrammes*, que la pudeur réprouve trop souvent, mais qui sont presque toujours avouées par le goût; petites compositions où il se montre véritablement inimitable par la franchise et la vivacité du trait, la concision des tours, l'énergie des mouvements, la gaieté de l'expression; ses *Psaumes*, où l'on retrouve l'onction des livres saints; ses *Odes* et ses *Cantates* sur-tout, auxquelles on reproche avec quelque justice de manquer d'invention, qui sont moins remarquables, peut-être par l'inspiration et l'enthousiasme, que par la perfection du goût, mais qui sont incomparables sous ce rapport, et qui, par l'art infini de la versification, par le choix judicieux, la distribution harmonieuse des idées, des images, des expressions, des mouvements, méritent d'être placées au nombre des monuments les plus parfaits de notre langue [*].

H. PATIN.

JUGEMENTS [**].

I.

On ne peut disputer à Rousseau d'avoir connu

---

[*] L'édition la plus estimée des *OEuvres de Rousseau* est celle qu'a publiée M. Amar avec un *Commentaire historique et littéraire*, précédé d'un nouvel *Essai sur la vie et les écrits de l'auteur*, Paris, Lefèvre 1820, 5 vol. in-8°. Le même critique a donné les *OEuvres poétiques* de J.-B. Rousseau, avec un *Commentaire*, Paris, Lefèvre, 1824, 2 vol. in-8° vol. qui font partie de la belle *Collection des Classiques français*.

[**] *Voyez* les jugements de Marmontel sur J.-B. Rousseau, art. ODE et ÉPÎTRE. Nous ne saurions trop engager nos lecteurs à consulter l'excellent commentaire de M. Amar sur ce poète.

parfaitement le mécanisme des vers. Égal peut-être à Despréaux par cet endroit, on pourrait le mettre à côté de ce grand homme, si celui-ci, né à l'aurore du bon goût, n'avait été le maître de Rousseau et de tous les poètes de son siècle.

Ces deux excellents écrivains se sont distingués l'un et l'autre par l'art difficile de faire régner dans les vers une extrême simplicité, par le talent d'y conserver le tour et le génie de notre langue, et enfin par cette harmonie continue sans laquelle il n'y a point de véritable poésie.

On leur a reproché, à la vérité, d'avoir manqué de délicatesse et d'expression pour le sentiment. Ce dernier défaut me paraît peu considérable dans Despréaux, parce que s'étant attaché uniquement à peindre la raison, il lui suffisait de la peindre avec vivacité et avec feu, comme il a fait : mais l'expression des passions ne lui était pas nécessaire.

Il n'est pas tout-à-fait si facile de justifier Rousseau à cet égard. L'ode étant, comme il dit lui-même, *le véritable champ du pathétique et du sublime*, on voudrait toujours trouver dans les siennes ce haut caractère. Mais quoiqu'elles soient dessinées avec une grande noblesse, je ne sais si elles sont toutes assez passionnées. J'excepte quelques-unes de ses odes sacrées, dont le fonds appartient à de plus grands maîtres. Quant à celles qu'il a tirées de son propre fonds, il me semble qu'en général les fortes images qui les embellissent, ne produisent pas de grands mouvements, et n'exitent ni la pitié ni l'étonnement, ni la crainte, ni ce sombre saisissement

que le vrai sublime fait naître............
Il est tombé quelquefois dans le défaut de ces poètes qui semblent s'être proposé dans leurs écrits, non d'exprimer plus fortement par des images des passions violentes, mais seulement d'assembler des images magnifiques, plus occupés de chercher de grandes figures que de faire naître dans leurs âme de grandes pensées. Les défenseurs de Rousseau répondent qu'il a surpassé Horace et Pindare, auteurs illustres dans le même genre, et de plus rendus respectables par l'estime dont ils sont en possession depuis tant de siècles. Si cela est ainsi, je ne m'étonne donc point que Rousseau ait emporté tous les suffrages. On ne juge que par comparaison de toutes choses, et ceux qui font mieux que les autres dans leur genre, passent toujours pour excellents, personne n'osant leur contester d'être dans le bon chemin. Il m'appartient moins qu'à tout autre de dire que Rousseau n'a pu atteindre le but de son art; mais je crains bien que si on n'aspire pas à faire de l'ode une imitation plus fidèle de la nature, ce genre ne demeure enseveli dans une espèce de médiocrité.

S'il m'est permis d'être sincere jusqu'à la fin, j'avouerai que je trouve encore des pensées bien fausses dans les meilleures odes de Rousseau. Cette fameuse *Ode à la Fortune*, qu'on regarde comme le triomphe de la raison, présente, ce me semble, peu de réflexions qui ne soient plus éblouissantes que solides........................
....

Je ne dirai rien des *Allégories* et de quelques autres ouvrages de Rousseau. Je n'oserais sur-tout juger d'aucun ouvrage allégorique, parce que c'est un genre que je n'aime pas : mais je louerai volontiers ses *Épigrammes*, où l'on trouve toute la naïveté de Marot avec une énergie que Marot n'avait pas. Je louerai des morceaux admirables dans ses *Épîtres*, où le génie de ses *Épigrammes* se fait singulièrement apercevoir. Mais en admirant ces morceaux, si dignes de l'être, je ne puis m'empêcher d'être choqué de la grossièreté insupportable qu'on remarque en d'autres endroits. . . . . ; . . . .
. . . .

Je hasarderai encore ici une réflexion : c'est que le vieux langage employé par Rousseau dans ses meilleures *Épîtres*, ne me paraît ni nécessaire pour écrire naïvement, ni assez noble pour la poésie. C'est à ceux qui font profession eux-mêmes de cet art à prononcer là-dessus.

Vauvenargues , *Réflexions critiques
sur quelques poètes.*

II.

On commence à lui donner le nom de grand, et cette distinction qu'il mérite, n'est pas inutile pour empêcher de le confondre avec d'autres auteurs qui ont porté le même nom que lui. Il a été l'Horace de la France.

Ses *Odes*, à l'exception d'un petit nombre, sont un des plus précieux monuments de poésie que nous ayons dans notre langue, et demeureront à jamais le modèle de ce beau genre, le plus difficile de tous après le poème épique, parce qu'il exige à peu près les mêmes conditions, l'enthousiasme et le génie.

Nous n'avons rien, dans un genre qui est à peu près le même, de plus achevé que ses *Cantates*, et elles attendent encore le musicien de génie, qui saura s'immortaliser en associant les richesses de son art à ces trésors de poésie. Quelques-unes de ses cantates ne sont que sublimes; le plus grand nombre respire la volupté, et tiendra lieu d'un reproche éternel à ceux qui ont accusé Rousseau de n'avoir pas connu la délicatesse, le sentiment et les graces. Ses *Allégories*, pleines de raison et de saine philosophie, déposeront de même contre ceux qui ont osé dire que ce poète avait peu pensé. Nous n'avons pas d'*Épigrammes* comparables à celles de Rousseau par le sel attique, par la finesse ou la naïveté piquante, par la justesse et l'énergie de l'expression; enfin par cet art si peu commun de ne jamais employer un seul mot inutile : du moins aucun auteur n'en a-t-il fait un aussi grand nombre qui remplisse toutes ces conditions.

On aurait les mêmes éloges à faire de ses *Épitres*, s'il n'y régnait quelquefois trop de recherche et d'affectation. La satire y est plus amère, et par conséquent, moins enjouée et moins fine qu'elle ne l'est dans Boileau. Mais depuis la mort de ce dernier, la sottise reparaissait avec tant de succès, les corrupteurs du goût se reproduisaient avec tant d'audace, et la littérature était livrée à tant d'innovateurs sans mérite, que l'on doit peut-être pardonner à Rousseau d'avoir substitué le ton de Juvénal à celui d'Horace.

PALISSOT, *Mémoires sur la Littérature.*

III.

La carrière de J.-B. Rousseau, prolongée assez avant dans ce siècle, son nom si souvent mêlé avec celui de Voltaire, et le malheureux éclat de leurs querelles, nous ont accoutumés à le compter parmi les poètes qui appartiennent à l'âge présent. Il n'en est pas moins vrai que le siècle de Louis XIV peut le réclamer avec plus de justice. Rousseau, né en 1671, disciple de Despréaux, et qui eut l'avantage précieux de travailler vingt ans sous les yeux de ce grand maître, *dont il apprit*, nous dit-il lui-même, *tout ce qu'il savait en poésie*, Rousseau avait fait, avant la mort de Louis XIV, la plupart des ouvrages qui le mettent au nombre de nos écrivains classiques. Ses *Psaumes*, ses belles *Odes*, ses *Cantates*, avaient paru avant la fatale époque de 1710, qui l'éloigna de la France, et qui, en commençant ses malheurs, parut marquer en même-temps le déclin de son génie. Il est donc juste de ranger la poésie lyrique, dans laquelle il n'a point de rival, parmi les titres de gloire qui sont propres au siècle dont je retrace le tableau.

Rousseau en eut tous les caractères dans le genre où il a excellé, l'heureuse imitation des Anciens, la fidélité aux bons principes, la pureté du langage et du goût. *Dieu vous bénira*, lui disait le marquis de La Fare, *car vous faites bien des vers*. Malgré cette prédiction, il éprouva bientôt que si le talent d'écrire en vers est un beau présent de la nature, ce n'est pas toujours une bénédiction du ciel.

Bien des gens regardent ses *Psaumes* comme ce qu'il a produit de plus parfait : c'est au moins ce qu'il paraît avoir le plus travaillé ; mais son talent est plus élevé dans ses *Odes* et plus varié dans ses *Cantates*.

La diction de ses *Psaumes* est en général élégante et pure, et souvent très poétique. Il s'y occupe d'autant plus du choix des mots, qu'il a moins à faire pour celui des idées. Ses strophes, de quelque mesure qu'elles soient, sont toujours nombreuses, et il connaît parfaitement l'espèce de cadence qui leur convient. C'est peut-être de tous nos poètes celui qui a le plus travaillé pour l'oreille, et c'est la preuve qu'il avait une aptitude naturelle pour le genre de poésie que l'oreille juge avec d'autant plus de sévérité, qu'elle en attend plus de plaisir, et que la diversité du mètre fournit plus de ressources et plus d'effets. Quoique les pensées soient partout un mérite essentiel, elles le sont dans une ode moins que partout ailleurs, parce que l'harmonie peut plus aisément en tenir lieu. Des penseurs trop sévères, et entre autres Montesquieu, ont cru que c'était une raison de mépriser la poésie lyrique. Mais il ne faut mépriser rien de ce qui fait plaisir en allant à son but, et le poète lyrique qui chante n'est pas obligé de penser autant que le philosophe qui raisonne. Rousseau possède au plus haut degré cet heureux don de l'harmonie, l'un de ceux qui caractérisent particulièrement le poète. On en peut juger par les rhythmes différents qu'il a employés dans ses *Psaumes*, et toujours avec le même bonheur.

> Seigneur, dans ta gloire adorable
> Quel mortel est digne d'entrer ?
> Qui pourra, grand Dieu, pénétrer
> Ce sanctuaire impénétrable,
> Où tes saints inclinés, d'un œil respectueux,
> Contemplent de ton front l'éclat majestueux ?

Ces deux alexandrins, où l'oreille se repose après quatre petits vers, ont une sorte de dignité conforme au sujet.

La strophe de dix vers à trois pieds et demi, l'une des plus heureuses mesures qui soient du domaine de l'ode, a deux repos où elle s'arrête successivement, et peut, dans son circuit, embrasser toutes sortes de tableaux, comme elle peut s'allier à tous les tons.

> Dans une éclatante voûte
> Il a placé de ses mains
> Ce soleil qui dans sa route
> Éclaire tous les humains.
> Environné de lumière,
> Cet astre ouvre sa carrière
> Comme un époux glorieux
> Qui, dès l'aube matinale,
> De sa couche nuptiale
> Sort brillant et radieux.

A cette comparaison le Psalmiste en ajoute une autre qui n'est pas moins bien rendue par le poète français, et n'offre pas une peinture moins complète :

> L'univers, à sa présence,
> Semble sortir du néant.
> Il prend sa course, il s'avance
> Comme un superbe géant.
> Bientôt sa marche féconde
> Embrasse le tour du monde
> Dans le cercle qu'il décrit ;
> Et par sa chaleur puissante,
> La nature languisante
> Se ranime et se nourrit.

La strophe de cinq vers, composée de quatre alexandrins à rimes croisées, tombant doucement sur un petit vers de huit syllabes, convient davantage aux sentiments réfléchis. C'est celle que Rousseau a choisie dans l'ode qui commence par ces vers :

Que la simplicité d'une vertu paisible
Est sûre d'être heureuse en suivant le Seigneur, etc.

ode dont le sujet rappelle un morceau fameux de Claudien *sur la Providence*.

Pardonne, Dieu puissant, pardonne à ma faiblesse,
A l'aspect des méchants, confus, épouvanté,
Le trouble m'a saisi, mes pas ont hésité.
Mon zèle m'a trahi, Seigneur, je le confesse,
 En voyant leur prospérité.

Cette mer d'abondance où leur âme se noie,
Ne *craint* ni les écueils ni les vents rigoureux.
Ils ne partagent point nos fléaux douloureux ;
Ils marchent sur les fleurs, ils nagent dans la joie,
 Le sort n'ose changer pour eux.

Et un peu après :

J'ai vu que leurs honneurs, leur gloire, leur richesse,
Ne sont que des filets tendus à leur orgueil,
Que le port n'est pour eux qu'un véritable écueil,
Et que ces lits pompeux où s'endort leur mollesse
  Ne couvrent qu'un affreux cercueil.

Comment tant de grandeur s'est-elle évanouie ?
Qu'est devenu l'éclat de ce vaste appareil ?
Quoi ! leur clarté s'éteint aux clartés du soleil ?
Dans un sommeil profond ils ont passé leur vie,
  Et la mort a fait leur réveil.

Cette autre espèce de strophe, formée de quatre hexamètres suivis de deux petits vers de trois pieds, est très favorable aux peintures fortes, rapides, effrayantes, à tous les effets qui deviennent plus sensibles quand le rhythme, prolongé dans les grands vers, doit se briser avec éclat sur deux vers d'une mesure courte et vive. Tel est celui de l'*Ode sur la Vengeance divine*, appliquée à la défaite des Turcs.

Du haut de la montagne où sa grandeur réside,
Il a brisé la lance et l'épée homicide
Sur qui l'impiété fondait son ferme appui.
Le sang des étrangers a fait fumer la terre ;
  Et le feu de la guerre
  S'est éteint devant lui.

Une affreuse clarté dans les airs répandue
A jeté la frayeur dans leur troupe éperdue.
Par l'effroi de la mort ils se sont dissipés,
Et l'éclat foudroyant des lumières célestes
  A dispersé leurs restes
  Aux glaives échappés.

. . . .
L'ambition guidait vos escadrons rapides ;
Vous dévoriez déjà, dans vos courses avides,
Toutes les régions qu'éclaire le soleil.
Mais le Seigneur se lève, il parle, et sa menace
  Convertit votre audace
  En un morne sommeil.

L'expression de ces derniers vers est sublime.

Six hexamètres partagés en deux tercets, où deux rimes féminines sont suivies d'une masculine, ont une sorte de gravité uniforme, analogue aux idées morales : aussi ce rhythme forme plutôt des stances qu'une ode véritable. Racine s'en est servi dans une de ses meilleures pièces, celle *sur la Retraite*, et Rousseau dans la paraphrase d'un psaume *sur l'Aveuglement des hommes du siècle*, qui vivent comme s'ils oubliaient qu'il faut mourir :

L'homme en sa propre force a mis sa confiance.
Ivre de ses grandeurs et de son opulence,
L'éclat de sa fortune enfle sa vanité.
Mais, ô moment terrible! ô jour épouvantable!
Où la mort saisira ce fortuné coupable
Tout chargé des liens de son iniquité!

Que deviendront alors, répondez, grands du monde,
Que deviendront ces biens où votre espoir se fonde,
Et dont vous étalez l'orgueilleuse moisson?
Sujets, amis, parents, tout deviendra stérile ;
Et, dans ce jour fatal, l'homme, à l'homme inutile,
Ne paîra point à Dieu le prix de sa rançon.

Ces idées, il est vrai, ont été souvent répétées dans

toutes les langues ; mais elles sont relevées ici par l'expression. C'est un art nécessaire que n'a pas toujours Rousseau, qui sait mieux colorier de grands tableaux qu'il ne sait embellir la pensée. Il serait trop long de parcourir toutes les diverses espèces de rhythme lyrique qu'il a formées du mélange des rimes et de celui des vers de différentes mesures. Toutes n'ont pas un dessein également marqué ; mais toutes sont susceptibles de beautés particulières. Une des plus harmonieuses, et qu'il a le plus fréquemment employée, c'est la strophe de dix vers de huit syllabes. Si la mesure du vers ne peut avoir la pompe et la majesté de l'alexandrin, la strophe entière y supplée par une marche nombreuse et périodique, qui suspend deux fois la phrase avant de la terminer, et par le rapprochement des rimes dont le son frappe plus souvent l'oreille : ces avantages la rendent propre aux grands effets de la poésie. Je n'en prendrai pour exemple en ce moment que le psaume *Image du bonheur temporel des méchants*, composé dans ce rhythme, qui est aussi celui de l'*Ode à la Fortune*. Quelques strophes nous offriront tour à tour des peintures fortes ou riantes, des mouvements pleins de vivacité et de douceur.

> Mais quoi! les périls qui m'obsèdent
> Ne sont point encore passés !
> De nouveaux ennemis succèdent
> A mes ennemis terrassés !
> Grand Dieu! c'est toi que je réclame.
> Lève ton bras, lance ta flamme,

Abaisse la hauteur des cieux *
Et viens sur la voûte enflammée,
D'une main de foudres armée
Frapper ces monts audacieux.

. . . .

Ces hommes qui n'ont point encore
Éprouvé la main du Seigneur,
Se flattent que Dieu les ignore,
Et s'enivrent de leur bonheur.
Leur postérité florissante,
Ainsi qu'une tige naissante,
Croît et s'élève sous leurs yeux.
Leurs filles couronnent leurs têtes
De tout ce qu'en nos jours de fêtes
Nous portons de plus précieux.

De leurs grains les granges sont pleines.
Leurs celliers regorgent de fruits.
Leurs troupeaux tout chargés de laines
Sont incessamment reproduits.
Pour eux la fertile rosée,
Tombant sur la terre embrasée,
Rafraîchit son sein altéré;
Et pour eux le flambeau du monde
Nourrit d'une chaleur féconde
Le germe en ses flancs resserré.

---

* *Abaisse la hauteur des cieux* est d'une beauté frappante. Voltaire l'a transporté dans sa *Henriade* :

Viens, des cieux enflammés abaisse la hauteur.

Mais *enflammés* n'ajoute rien à l'idée, et le petit vers de Rousseau est d'un plus grand effet que l'hexamètre de Voltaire, parce qu'il n'y a rien d'inutile, et qu'il a eu soin de commencer le vers par le mot essentiel, *abaisse*.

Le calme règne dans leurs villes;
Nul bruit n'interrompt leur sommeil.
On ne voit point leurs toits fragiles
Ouverts aux rayons du soleil.
C'est ainsi qu'ils passent leur âge.
Heureux, disent-ils, le rivage
Où l'on jouit d'un tel bonheur!
Qu'ils restent dans leur rêverie!
Heureuse la seule patrie
Où l'on adore le Seigneur!

La richesse des rimes, essentielle à tous les vers lyriques, l'est sur-tout à ceux où, comme ici, le voisinage des rimes en fait ressortir l'intention et la beauté. L'oreille est flattée de ce retour exact des mêmes sons, qui retombent si juste et si près l'un de l'autre, et ce plaisir tient en partie à je ne sais quel sentiment d'une difficulté heureusement vaincue, qui sera toujours pour les connaisseurs un des charmes de la poésie, quand il ne sera pas seul: et de plus chaque strophe formant un petit cadre séparé, ne laisse apercevoir que l'agrément de la rime et en dérobe la monotonie. C'est un des grands avantages que le vers de l'ode a sur l'hexamètre : mais aussi l'ode ne peut traiter que des sujets d'une étendue très bornée. Nous ne pourrions pas supporter un long poème coupé continuellement par strophes : ces interruptions régulières nous fatigueraient au point de devenir à la longue plus monotones cent fois que l'alexandrin. D'ailleurs cette coupe uniforme et périodique montre l'art trop à découvert, et ne pourrait se concilier ni avec la vivacité et la variété du récit, ni avec la vérité et l'abandon du style passionné ; et c'est par cette raison que l'épopée et le drame se sont reservé le grand vers, chez les Anciens comme chez les Modernes. Ce vers, toujours le même pour l'espèce, quoiqu'on puisse et qu'on doive en varier les formes pour l'effet, n'est pour ainsi dire qu'une sorte de donnée, un langage de convention, qui, une fois établi, n'étonne guère plus que le langage ordinaire, au lieu que la strophe ne peut jamais faire oublier le poète, parce que le mécanisme en est trop prononcé ; et c'est encore une autre raison pour la bannir du genre dramatique, où l'auteur ne peut pas se montrer, et de l'épique, où il fait si souvent place aux personnages. Peut-être objectera-t-on que les octaves italiennes, dans l'épopée, semblent déroger à ce principe ; mais on peut répondre que le vers des octaves est le grand vers italien, que les rimes n'y sont jamais qu'alternées, et que ces octaves n'étant poins obligées de finir, comme nos strophes françaises, par une chute plus ou moins frappante, et pouvant enjamber les unes sur les autres, ne forment guère que des intervalles de phrases, un peu plus réguliers que ceux de la versification continue.

A l'élégance, à la noblesse, à l'harmonie, à la richesse qu'on admire dans les *Psaumes* de Rousseau, il faut joindre cette onction qu'il avait puisée dans l'original. Ce n'est pas qu'on ne puisse en désirer davantage, sur-tout quand on a lu les chœurs de Racine : il y a dans ceux-ci plus de sentiment, comme il y a plus de flexibilité dans les tons, et plus d'habileté à passer continuellement de l'élévation et de la force à la douceur et à la grace, et à faire contraster la crainte et l'espérance, la plainte et les consolations. Mais il est juste aussi de remarquer que les chœurs de Racine, mélangés de toutes les sortes de rhythmes se prêtaient plus facilement à cette intéressante variété : c'était des odes que Rousseau voulait faire. Il est vrai encore que dans la seule où il ait employé le mélange de rhythmes qu'il aurait peut-être pu mettre en usage plus souvent, il n'en a pas tiré, à beaucoup près, le même parti que Racine dans ses chœurs. Mais enfin l'on peut avoir moins de sensibilité que Racine, et n'en être pas dépourvu, et c'est encore dans ses *Psaumes* que Rousseau en a le plus. Je n'en veux pour preuve que le cantique d'Ézéchias, le morceau le plus touchant qu'il ait fait :

>J'ai vu mes tristes journées
>Décliner vers leur penchant.
>Au midi de mes années
>Je touchais à mon couchant.
>La mort, déployant ses ailes,
>Couvrait d'ombres éternelles
>La clarté dont je jouis :
>Et, dans cette nuit funeste,
>Je cherchais en vain le reste
>De mes jours évanouis.
>
>Grand Dieu ! votre main réclame
>Les dons que j'en ai reçus ;
>Elle vient couper la trame
>Des jours qu'elle m'a tissus.

Mon dernier soleil se lève,
Et votre souffle m'enlève
De la terre des vivants,
Comme la feuille séchée,
Qui, de sa tige arrachée,
Devient le jouet des vents.

. . . .

Ainsi de cris et d'alarmes
Mon mal semblait se nourrir ;
Et mes yeux, noyés de larmes,
Étaient lassés de s'ouvrir.
Je disais à la nuit sombre :
O nuit ! tu vas dans ton ombre
M'ensevelir pour toujours.
Je redisais à l'aurore :
Le jour que tu fais éclore,
Est le dernier de mes jours, etc.

Je ne reprocherai pas aux poésies sacrées de Rousseau le retour fréquent des mêmes idées et des mêmes images : je crois que cela était inévitable dans une imitation des *Psaumes*, dont les sujets se ressemblent beaucoup. Mais on pourrait désirer qu'il ne se fût pas dispensé quelquefois de rajeunir, par une expression plus neuve, des idées devenues trop communes. Dans ces stances morales, par exemple, dont j'ai cité les deux plus belles, il y en a plusieurs de trop faibles.

Vous avez vu tomber les plus illustres têtes,
Et vous pourriez encore, insensés que vous êtes,
Ignorer le tribut que l'on doit à la mort !
Non, non, tout doit franchir ce terrible passage :

Le riche et l'indigent, l'imprudent et le sage,
Sujets à même loi, subissent même sort.

Ces derniers vers sur-tout sont trop prosaïques et trop secs. Comparez-les à cet endroit d'un discours en vers de Voltaire, qui dit précisément la même chose.

C'est du même limon que tous ont pris naissance.
Dans la même faiblesse ils traînent leur enfance;
Et le riche et le pauvre, et le faible et le fort,
Vont tous également des douleurs à la mort.

Quelle différence! et puisque les idées sont les mêmes, elle tient uniquement à ce qu'on appelle l'intérêt de style, qualité rare, et qui rachète souvent chez Voltaire ce qu'il a de moins parfait dans d'autres parties.

Le dix-septième des Psaumes de Rousseau, presque tout entier,

Mon âme, louez le Seigneur, etc.

pèche par ce même vice de sécheresse prosaïque.

Renonçons au stérile appui
Des grands qu'on implore aujourd'hui;
Ne fondons point sur eux une espérance folle :
Leur pompe, indigne de nos vœux,
N'est qu'un simulacre frivole,
Et les solides biens ne dépendent pas d'eux.

. . . .

Heureux qui, du Ciel occupé,
Et d'un faux éclat détrompé,

Met de bonne heure en lui toute son espérance!
  Il * protége la vérité,
  Et saura prendre la défense
Du juste que l'impie aura persécuté.

  C'est le Seigneur qui nous nourrit,
  C'est le Seigneur qui nous guérit;
Il prévient nos besoins, il adoucit nos gênes.
  Il assure nos pas craintifs;
  Il délie, il brise nos chaînes,
Et nos tyrans par lui deviennent nos captifs.

Il n'y a pas, à proprement parler, de fautes dans ces vers; mais c'en est une grande, dans une pièce de huit strophes, d'en faire trois où il n'y a pas la moindre beauté poétique. C'est une de ses plus médiocres, il est vrai; mais plusieurs autres ne sont pas exemptes du même défaut, et je ne veux pas épuiser des citations que tout lecteur judicieux peut suppléer.

Quelquefois aussi il paraphrase longuement et faiblement ce qui est beaucoup plus beau dans la simplicité de l'original.

  Les cieux instruisent la terre
  A révérer leur auteur;
  Tout ce que leur *globe enserre*
  Célèbre un Dieu créateur.
  Quel plus sublime cantique
  Que ce concert magnifique
  De tous les célestes corps!
  Quelle grandeur infinie,

* A qui se rapporte *il* ?

>Quelle divine harmonie
>*Résulte* de leurs accords!

Comme le reste du psaume est fort supérieur, on le cite souvent aux jeunes gens, et j'ai vu ce même commencement rapporté avec les plus grands éloges dans vingt ouvrages faits pour l'éducation de la jeunesse. Il serait utile au contraire de leur faire apercevoir la différence de cette première strophe aux autres. Les deux premiers vers sont beaux, quoiqu'ils ne vaillent pas, à mon gré, la simplicité si noble de l'original [*]: *les cieux racontent la gloire de l'Éternel, et le firmament annonce l'ouvrage de ses mains.* Mais tous les vers suivants sont remplis de fautes. *Enserre* est un mot dur et désagréable, déjà vieilli du temps de Rousseau. *Le globe des cieux* est une expression très fausse. *Résulte de leurs accords* termine la strophe par un vers aussi lourd que prosaïque. Jamais le mot *résulte* n'a dû entrer que dans le raisonnement. Mais ce qu'il y a de plus vicieux, c'est la redondance de tous ces mots presque synonymes, *sublime cantique*, *concert magnifique*, *divine harmonie*, *grandeur infinie*: c'est un amas de chevilles indignes d'un bon poète.

On pardonne de légères négligences, de petites imperfections, même dans un morceau de peu d'étendue, où d'ailleurs les beautés prédominent; mais un terme absolument impropre, un vers absolument mauvais, ne saurait s'excuser dans une ode qui n'en a que trente ou quarante.

---

[*] Cœli enarrant gloriam Dei, et opera manuum ejus annuntiat firmamentum. *Ps.* XVIII.

> Les remparts de la cité sainte
> Nous sont un refuge assuré.
> Dieu lui-même dans son enceinte
> A marqué son séjour sacré.
> Une onde pure et délectable
> Arrose *avec légèreté*
> Le tabernacle redoutable
> Où repose sa majesté.

Arrose avec légèreté serait mauvais même en prose, où il faudrait dire *arrose légèrement*.

> Sans une âme *légitimée*
> Par la pratique confirmée
> De mes préceptes immortels, etc.

On ne sait ce que c'est qu'*une âme légitimée* : c'est une expression inintelligible. Ces sortes de fautes sont rares, il est vrai, dans les poésies sacrées de Rousseau, mais elles ne devraient pas s'y trouver. Ailleurs il dit, en parlant à Dieu : *Ta crainte*, pour dire *la crainte que tu dois inspirer ;* ce qui n'est nullement français. Toutes ces taches plus ou moins fortes n'empêchent pas que l'ouvrage en général ne soit bien travaillé, et que l'auteur n'ait lutté avec succès contre la difficulté. Mais il fallait les faire observer parce que les fautes des bons écrivains sont dangereuses, si on ne les rend pas instructives.

Livré à son génie, et ne dépendant plus que de lui-même dans ses *Odes*, il me semble y avoir mis plus d'inspiration, une verve plus soutenue. On a beaucoup parlé de l'enthousiasme lyrique ; et ces deux vers de Despréaux sur l'ode :

Son style impétueux souvent marche au hasard ;
Chez elle un beau désordre est un effet de l'art,

ont donné lieu à bien des commentaires. Les uns ont confondu ce qu'on appelle fureur poétique avec la déraison; les autres se sont perdus dans une métaphysique subtile, pour expliquer méthodiquement ce *beau désordre* de l'ode. Avec un peu de réflexion, il est facile de s'entendre; et quand on ne veut rien outrer, tout s'éclaircit. Le poète lyrique est censé céder au besoin de répandre au dehors les idées dont il est assailli, de se livrer aux mouvements qui l'agitent, de nous présenter les tableaux qui frappent son imagination : il est donc dispensé de préparation, de méthode, de liaisons marquées. Comme rien n'est si rapide que l'inspiration, il peut parcourir le monde dans l'espace de cent vers, entrer dans son sujet par où il veut, y rapporter des épisodes qui semblent s'en éloigner, mais à travers ce *désordre*, qui *est un effet de l'art*, l'art doit toujours le ramener à son objet principal. Quoique sa course ne soit pas mesurée, je ne dois pas le perdre entièrement de vue; car alors je ne me soucierai plus de le suivre. S'il n'est pas obligé d'exprimer les rapports qui lient ses idées, il doit faire en sorte que je les aperçoive, puisque enfin c'est un principe général, que ceux à qui l'on parle, de quelque manière que ce soit, doivent savoir ce qu'on veut leur dire. Tout consiste donc à procéder par des mouvements et à étaler des tableaux : c'est là le véritable enthousiasme de l'ode. Les écarts continuels de Pindare ne sont pas un modèle qu'il nous faille suivre rigoureusement. On n'a pas fait attention que les sujets qu'il traitait lui en faisaient une loi. Ils étaient toujours les mêmes, c'étaient toujours des victoires dans les jeux olympiques. Il n'y avait donc que des digressions qui pussent le sauver de la monotonie, et l'on sait l'histoire du poète Simonide et de son épisode de *Castor et Pollux*: cette histoire est celle de Pindare. Il se tira en homme de génie d'une situation embarrassante; et de plus, ses digressions roulaient sur des objets toujours agréables et intéressants pour les Grecs. Horace, qui avait la liberté de choisir ses sujets, s'est permis beaucoup moins d'écarts ; et sa marche, quoique très rapide, est beaucoup moins vague. Il a soin de la cacher; mais on l'aperçoit, et c'est le meilleur guide que l'on puisse se proposer. Malherbe, occupé principalement de la langue et du rhythme qu'il avait à former, n'a pas assez de verve et de mouvements : son mérite consiste sur-tout dans l'harmonie et les images. Les vrais modèles de la marche de l'ode en notre langue sont dans les belles odes de Rousseau, dans celles *au comte du Luc, au prince Eugène, au duc de Vendôme, à Malherbe*. Comparons les idées principales de ces quatre odes avec tout ce que le talent du poète y a mis, et nous comprendrons comment il faut faire une ode. La meilleure théorie de l'art sera toujours l'analyse des bons modèles.

Le comte du Luc, l'un des protecteurs de Rousseau, plénipotentiaire à la paix de Bade, et ambassadeur en Suisse, avait bien servi la France dans ses négociations. Il était d'une mauvaise santé : le poète veut lui témoigner sa reconnaissance, le louer des services qu'il a rendus à l'état, et lui souhaiter une santé meilleure et une longue vie. Ce fonds est bien peu de chose : voici ce qu'il en fait. Il commence par nous peindre l'état violent où il est quand le démon de la poésie veut s'emparer de lui. Il se compare à Protée quand il veut échapper aux mortels qui le consultent, au prêtre de Delphes quand il est rempli du dieu qui va lui dicter ses oracles: il nous apprend tout ce que doit coûter de travaux et de veilles cette laborieuse inspiration. Ce début serait fort étrange, et ce ton serait d'une hauteur déplacée, si le poète allait tout de suite à son but, qui est la santé du comte du Luc. Il n'y aurait plus aucune proportion entre ce qu'il aurait annoncé et ce qu'il ferait ; il ressemblerait à ces imitateurs maladroits qui depuis ont tant abusé des ces formules rebattues d'un enthousiasme factice qu'il est si aisé d'emprunter, et qui deviennent si ridicules quand on ne les soutient pas. Mais ici Rousseau est encore bien loin du comte du Luc, et le chemin qu'il va faire justifiera la pompe et la véhémence de son exorde.

Des veilles, des travaux, un faible cœur s'étonne.
Apprenons toutefois que le fils de Latone,
    Dont nous suivons la cour,
Ne nous vend qu'à ce prix ces traits de vive flamme,
Et ces ailes de feu qui ravissent une âme
    Au céleste séjour.

C'est par là qu'autrefois d'un prophète fidèle,
L'esprit s'affranchissant de sa chaîne mortelle,

ROUSSEAU. (J.-B.)

    Par un puissant effort,
S'élançait dans les airs comme un aigle intrépide,
Et jusque chez les dieux allait d'un vol rapide
    Interroger le sort.

C'est par là qu'un mortel, forçant les rives sombres,
Au superbe tyran qui règne sur les ombres,
    Fit respecter sa voix.
Heureux si, trop épris d'une beauté rendue,
Par un excès d'amour il ne l'eût pas perdue
    Une seconde fois!

Telle était de Phébus la vertu souveraine,
Tandis qu'il fréquentait les bords de l'Hippocrène
    Et les sacrés vallons;
Mais ce n'est plus le temps, depuis que l'avarice,
Le mensonge flatteur, l'orgueil et le caprice,
    Sont nos seuls Apollons.

Ah! si ce dieu sublime, échauffant mon génie,
Ressuscitait pour moi de l'antique harmonie
    Les magiques accords;
Si je pouvais du ciel franchir les vastes routes,
Ou percer par mes chants les infernales voûtes.
    De l'empire des morts!

Je n'irais point des dieux, profanant la retraite,
Dérober aux destins, téméraire interprète,
    Leurs augustes secrets;
Je n'irais point chercher une amante ravie,
Et, la lyre à la main, redemander sa vie
    Au gendre de Cérès.

Enflammé d'une ardeur plus noble et moins stérile,
J'irais, j'irais pour vous, ô mon illustre asyle!

O mon fidèle espoir!
Implorer aux enfers ces trois fières déesses
Que jamais jusqu'ici nos vœux et nos promesses
  N'ont eu l'art d'émouvoir,

Nous savons donc enfin où il en voulait venir Nous concevons qu'il ne lui fallait rien moins que cette espèce d'obsession dont il a paru tourmenté par le dieu des vers, puisqu'il s'agit de tenter ce qui n'avait réussi qu'au seul Orphée, de fléchir les Parques et d'attendrir les enfers. Il va faire pour l'amitié ce qu'Orphée avait fait pour l'amour; et sa prière est si touchante, le chant de ses vers est si mélodieux, qu'il paraît être véritablement ce même Orphée qu'il veut imiter.

Puissantes déités qui peuplez cette rive,
Préparez, leur dirais-je, une oreille attentive
  Au bruit de mes concerts.
Puissent-ils amollir vos superbes courages
En faveur d'un héros digne des premiers âges
  Du naissant univers!

Non, jamais sous les yeux de l'auguste Cybèle,
La terre ne vit naître un plus parfait modèle
  Entre les dieux mortels;
Et jamais la vertu n'a, dans un siècle avare,
D'un plus riche parfum ni d'un encens plus rare,
  Vu fumer ses autels.

C'est lui, c'est le pouvoir de cet heureux génie,
Qui soutient la vertu contre la tyrannie
  D'un astre injurieux.
L'aimable vérité, fugitive, importune,

N'a trouvé qu'en lui seul sa gloire, sa fortune,
 Sa patrie et ses dieux.

Corrigez-donc pour lui vos rigoureux usages.
Prenez tous les fuseaux qui pour les plus longs âges
 Tournent entre vos mains.
C'est à vous que du Styx les dieux inexorables
Ont confié les jours, hélas! trop peu durables
 Des fragiles humains.

Si ces dieux, dont un jour tout doit être la proie,
Se montrent trop jaloux de la fatale soie
 Que vous leur redevez,
Ne délibérez plus, tranchez mes destinées,
Et renouez leur fil à celui des années
 Que vous lui réservez.

"Ainsi daigne le Ciel, toujours pur et tranquille,
Verser sur tous les jours que votre main nous file
 Un regard amoureux!
Et puissent les mortels, amis de l'innocence,
Mériter tous les soins que votre vigilance
 Daigne prendre pour eux!

C'est ainsi qu'au-delà de la fatale barque,
Mes chants adouciraient de l'orgueilleuse Parque
 L'impitoyable loi;
Lachésis apprendrait à devenir sensible,
Et le double ciseau de sa sœur inflexible
 Tomberait devant moi.

Il tomberait sans doute, si l'oreille des divinités infernales était sensible aux charmes des beaux vers. C'est là qu'est bien placé l'orgueil poétique, devenu aujourd'hui un lieu commun postiche parmi nos rimeurs, qui ne sentent pas combien il est ridicule quand on ne sait pas le rendre intéressant. Il l'est ici, parce que le poète, encore tout bouillant de l'inspiration, tout plein du sentiment qui lui a dicté son éloquente prière, ne croit pas qu'on puisse lui résister, et nous fait partager cette confiance si noble et si naturelle. Quelle foule de beautés dans ce morceau ! Pas une expression qui ne soit riche, pas un détail qui ne rappelle ce langage des dieux que devait parler le rival d'Orphée. Un homme vertueux est ici le plus parfait modèle que la terre ait vu naître *entre les dieux mortels*. Le protecteur de l'équité est ici celui qui la soutient *contre la tyrannie d'un astre injurieux*. La durée de notre vie est *la fatale soie que les Parques redoivent aux dieux du Styx :* partout la poésie de l'ode.

Il continue, et fait souvenir le comte du Luc que les dieux, en lui prodiguant leurs dons, ne l'ont pas excepté de la loi commune, qui mêla pour nous les maux avec les biens ; et cette idée est rendue avec la même élégance.

C'en était trop, hélas ! et leur tendresse avare,
Vous refusant un bien dont la douceur répare
 Tous les maux amassés,
Prit sur votre santé, par un décret funeste,
Le salaire des dons qu'à votre âme céleste
 Elle avait dispensés.

Il rappelle tout ce que son héros a fait de mémorable : et quand il a tout dit, il se sert de l'artifice permis en poésie : il suppose qu'il n'est pas en état de remplir un si grand sujet. Il demande quel est l'artiste qui l'osera, quel sera l'Apelle de ce portrait. Pour lui, las de sa course, il revient à lui-même, et termine son ode aussi heureusement qu'il l'a commencée :

>Que ne puis-je franchir cette noble barrière !
>Mais, peu propre aux efforts d'une longue carrière,
>>Je vais jusqu'où je puis ;
>Et, semblable à l'abeille en nos jardins éclose,
>De différentes fleurs j'assemble et je compose
>>Le miel que je produis.

>Sans cesse en divers lieux errant à l'aventure,
>Des spectacles nouveaux que m'offre la nature
>>Mes yeux sont égayés ;
>Et tantôt dans les bois, tantôt dans les prairies,
>Je promène toujours mes douces rêveries
>>Loin des chemins frayés.

>Celui qui, se livrant à des guides vulgaires,
>Ne détourne jamais des routes populaires
>>Ses pas infructueux,
>Marche plus sûrement dans une humble campagne,
>Que ceux qui, plus hardis, percent de la montagne
>>Les sentiers tortueux.

>Toutefois c'est ainsi que nos maîtres célèbres
>Ont dérobé leurs noms aux épaisses ténèbres
>>De leur antiquité ;
>Et ce n'est qu'en suivant leur périlleux exemple
>Que nous pouvons comme eux arriver jusqu'au temple
>>De l'immortalité.

Notre poésie lyrique a pu traiter de plus grand sujets, et offrir de plus grandes idées : les idées ne sont pas ce qui brille le plus dans Rousseau; mais pour l'ensemble et le style, je ne connais rien dans notre langue de supérieur à cette ode. On peut y apercevoir quelques taches, mais légères et en bien petit nombre. Le seul vers qu'il eût fallu, je crois, retrancher de ce chef-d'œuvre, est celui-ci :

« Et je verrais enfin de mes froides alarmes
Fondre tous les glaçons

Cette métaphore est de mauvais goût.

L'*Ode au prince Eugène* n'est pas, à beaucoup près, aussi finie dans les détails; plusieurs strophes sont faibles ou communes; mais elle offre aussi des beautés du premier ordre; et le plan, quoiqu'il y ait bien moins d'invention, est lyrique. Elle roule principalement sur cette idée, que le prince Eugène n'a rien fait pour la renommée, et tout pour le devoir et la vertu. Un auteur qui n'aurait eu que des pensées et point d'imagination, La Motte, par exemple, eût nivelé sur ce sujet des stances philosophiques. Mais le poète, qui veut parler de la Renommée, commence par la voir devant lui, et il nous la montre sous les traits que lui a prêtés Virgile :

Est-ce une illusion soudaine
Qui trompe mes regards surpris?
Est-ce un songe dont l'ombre vaine
Trouble mes timides esprits?
Quelle est cette déesse énorme,
Ou plutôt ce monstre difforme,
Tout couvert d'oreilles et d'yeux,
Dont la voix ressemble au tonnerre,

Et qui, des pieds touchant la terre,
Cache sa tête dans les cieux?

C'est l'inconstante Renommée,
Qui sans cesse les yeux ouverts,
Fait sa revue accoutumée
Dans tous les coins de l'univers.
Toujours vaine, toujours errante,
Et messagère indifférente
Des vérités et de l'erreur,
Sa voix en merveilles féconde
Va chez tous les peuples du monde
Semer le bruit et la terreur.

Quelle est cette troupe sans nombre
D'amants autour d'elle assidus,
Qui viennent en foule à son ombre
Rendre leurs hommages perdus?
La vanité qui les enivre
Sans relâche s'obstine à suivre
L'éclat dont *elle** les séduit ;
Mais bientôt leur âme orgueilleuse
Voit sa lumière frauduleuse
Changée en éternelle nuit.

O toi qui, sans lui rendre hommage
Et sans redouter son pouvoir,
Sus toujours de cette volage
Fixer les soins et le devoir ;
Héros, des héros le modèle,
Était-ce pour cette infidèle
Qu'on t'a vu, cherchant les hasards,
Braver mille morts toujours prêtes,

---

* *Elle* est amphibologique. Est-ce la *vanité?* est-ce la *renommée* ?

11.

Et dans les feux et les tempêtes
Défier les fureurs de Mars?

Le poète arrive à son héros; mais il nous y a conduits sans l'annoncer, et à travers une galerie de tableaux. Cette suspension, qui nous attache, est un des moyens de la poésie lyrique dans les grands sujets; mais il faut prendre garde, en voulant irriter la curiosité, de ne pas l'impatienter. Ici, comme partout ailleurs, la mesure est nécessaire; et sur-tout lorsqu'on vient au fait, il faut que nous saisissions le rapport avec ce qui a précédé. C'est ce qu'on a vu dans l'*Ode au comte du Luc*, et ce qu'on retrouve dans celle-ci.

Rousseau veut dire au prince Eugène que le temps et l'oubli dévorent tout ce que la sagesse et la vertu n'ont point consacré; mais il ne s'arrête pas à l'idée morale; elle lui fournit une peinture, et une peinture sublime.

Ce vieillard qui, d'un vol agile,
Fuit sans jamais être arrêté,
Le temps, cette image mobile
De l'immobile éternité,
A peine du sein des ténèbres,
Fait éclore les faits célèbres,
Qu'il les replonge dans la nuit;
Auteur de tout ce qui doit être,
Il détruit tout ce qu'il fait naître
A mesure qu'il le produit.

Ce deux vers,

Le temps, cette image mobile
De l'immobile éternité,

sont au nombre des plus beaux qu'on ait faits dans aucune langue. L'*immobile éternité* est une des figures les plus heureusement hardies qu'on ait jamais employées, et le contraste du *temps mobile* la rend encore plus frappante.

>Mais la déesse de mémoire,
>Favorable aux noms éclatants,
>Soulève l'équitable histoire
>Contre l'iniquité du temps ;
>Et dans le registre des âges
>Consacrant les nobles images
>Que la gloire lui vient offrir,
>Sans cesse en cet auguste livre
>Notre souvenir voit revivre
>Ce que nos yeux ont vu périr.

Soulève l'équitable histoire est un emprunt que l'élève de Despréaux fait à son maître. Celui-ci avait dit :

Et soulever pour toi l'équitable avenir.

Le mot *registre* ne semble pas fait pour les vers, mais *le registre des âges* est ennobli par la grandeur de l'idée, comme celui de *la revue accoutumée* dans la strophe de la renommée.

Dans le reste de l'ode, l'auteur faiblit et ne se relève que par intervalles. La comparaison des exploits d'Eugène avec ceux des héros de la Fable est une froide hyperbole.

>L'avenir faisant son étude
>De cette vaste multitude

> D'incroyables évènements,
> Dans leurs vérités authentiques
> Des fables les plus fantastiques
> Retrouvera les fondements.

Cette idée est fausse. Comment les triomphes réels d'Eugène seront-ils *les fondements des fables fantastiques?* Et remarquez que presque toujours, quand on pense mal on ne s'exprime pas mieux. La diction a déjà perdu de son coloris, quoiqu'elle ait encore du nombre : dans ce qui suit, il n'y a plus rien.

> Tous ces traits incompréhensibles,
> Par les fictions ennoblis,
> Dans l'ordre des choses possibles
> Par là se verront rétablis.
> Chez nos neveux moins incrédules,
> Les vrais Césars, les faux Hercules,
> Seront mis au même degré ;
> Et tout ce qu'on dit à leur gloire,
> Et qu'on admire sans le croire,
> Sera cru sans être admiré.

Les idées sont aussi fausses que les vers sont prosaïques et traînants. Comment Eugène sera-t-il cause que *les vrais Césars et les faux Hercules seront au même degré ?* Comment le poète peut-il confondre, ou croire que l'on confondra jamais les faits très attestés de César et les faits chimériques d'Hercule, et dire des uns comme des autres, qu'on les *admire sans les croire*, et que, graces à Eugène, ils *seront crus sans être admirés?* Quoi! l'on n'admirera plus César parce qu'Eugène a été un grand guerrier? Quelle foule d'exagérations dénuées de sens ! Ce n'est pas ainsi que Boileau louait Louis XIV; mais Boileau avait un très bon esprit, et c'est ce qui manquait à Rousseau. On ne le voit que trop dans ses autres ouvrages; et l'on s'en aperçoit même dans ses *Odes*, où ce défaut pouvait être moins sensible, parce qu'en ce genre il est plus aisé de le couvrir par la diction poétique, la seule qualité que Rousseau possédât éminemment.

Les lieux communs sont un moindre défaut que les hyperboles puériles; mais trois ou quatre strophes de suite, répétant la même pensée, et une pensée très commune, sans la soutenir par l'expression, jetteraient de la langueur dans le plus bel ouvrage.

> Ce n'est point d'un amas funeste
> De massacres et de débris,
> Qu'une vertu pure et céleste
> Tire son véritable prix.

Cela est trop vrai : il est trop évident qu'une *vertu céleste* ne peut pas *tirer son prix des massacres* : il y aurait contradiction dans les termes. L'auteur veut dire que les massacres et les débris ne sont pas les titres d'une vertu céleste; mais il ne le dit pas; et quand il le dirait, cette vérité est si vulgaire qu'il faudrait l'orner davantage.

Les dernières strophes sont plus soutenues; mais il y a encore des fautes, et en général toute cette seconde moitié de l'ode n'est pas digne de la première. Celle qui est adressée au duc de Vendôme, à son retour de Malte, a de moins grandes beautés, mais elle est beaucoup plus égale. L'auteur met l'éloge de ce prince dans la bouche de Neptune, qui ordonne aux Tritons et aux Néréides de porter son vaisseau et d'écarter les tempêtes. Cette fiction lui fournit un début imposant; le discours de Neptune y répond; et quand le poète reprend la parole, c'est avec un ton ferme et assuré.

> Après que cette île guerrière,
> Si fatale aux fiers Ottomans,
> Eut mis sa puissante barrière
> A couvert de leurs armements,
> Vendôme, qui, par sa prudence,
> Sut y rétablir l'abondance
> Et pourvoir à tous ses besoins,
> Voulut céder aux destinées,
> Qui réservaient à ses années
> D'autres climats et d'autres soins.

> Mais dès que la céleste voûte
> Fut ouverte au jour radieux
> Qui devait éclairer la route
> De ce héros ami des dieux,
> Du fond de ses grottes profondes
> Neptune éleva sur les ondes
> Son char de Tritons entouré;
> Et ce dieu, prenant la parole,
> Aux superbes enfants d'Éole
> Adressa cet ordre sacré :

> Allez, tyrans *impitoyables*,
> Qui désolez tout l'univers,
> De vos tempêtes *effroyables*
> Troubler ailleurs le sein des mers.

Sur les eaux qui baignent l'Afrique.
C'est au Vulturne pacifique,
Que j'ai destiné votre emploi.
Partez, et que votre furie,
Jusqu'à la dernière Hespérie,
Respecte et subisse ma loi.

Mais vous, aimables Néréides,
Songez au sang du grand Henri.
Lorsque vos campagnes humides
Porteront ce prince chéri,
Aplanissez l'onde orageuse,
Secondez l'ardeur courageuse
De ses fidèles matelots :
Allez, et d'une main agile
Soutenez son vaisseau fragile
Quand il roulera sur mes flots.

Rousseau, qui sait faire l'usage le plus heureux des épithètes, en abuse aussi quelquefois, et les prodigue sans effet, comme dans une des strophes précédentes, où les *tyrans impitoyables* et *les tempêtes effroyables* forment des rimes trop faciles; mais dans cette dernière strophe, le choix en est admirable. Ces six vers,

  Aplanissez l'onde, etc.

semblent composés de syllabes rassemblées à dessein, pour peindre à l'imagination le léger sillage d'un vaisseau qui vogue par un vent favorable.

Il s'offre encore dans cette ode quelques endroits trop peu poétiques.

  O détestable calomnie
  Fille de l'*obscure* fureur,

Compagne de la *zizanie*
Et mère de l'aveugle erreur !

Zizanie ne peut jamais entrer dans le style noble. *L'obscure fureur* est vague ; et c'est dire trop peu de la calomnie, que de la nommer *mère de l'erreur.* Elle a été *la mère* d'une foule de crimes, et le poète en cite des exemples.

Dès-lors, quels périls, quelle gloire,
N'ont point signalé son grand cœur ?
Ils font *le plus beau de l'histoire*
D'un héros en tous lieux vainqueur.

Le plus beau de l'histoire est beaucoup trop familier. Mais dans la strophe qui suit, les premiers exploits de la jeunesse de Vendôme fournissent une très belle comparaison.

Non moins grand, non moins intrépide,
On le vit, aux yeux de son roi,
Traverser un fleuve rapide,
Et glacer ses rives d'effroi :
Tel que d'une ardeur sanguinaire
Un jeune aiglon, loin de son aire,
Emporté plus prompt qu'un éclair,
Fond sur tout ce qui se présente,
Et d'un cri jette l'épouvante
Chez tous les habitants de l'air.

Rousseau, dans une de ses lettres, dit, en parlant de l'*Ode à Malherbe,* qu'il la croit assez pindarique. Il y a en effet des mouvements d'enthousiasme, et un bel épisode du serpent Python tué par le dieu des arts, et dont le poète fait l'emblême de l'envie. Cependant l'ensemble de cette ode est inférieur à celle qu'il fit pour le comte du Luc, et, quoiqu'une des mieux écrites, elle ne se soutient pas partout. *Nos insolents propos*, expressions au dessous du genre; *des temps d'infirmité*, pour dire des temps d'ignorance :

> Et de là naissent *les sectes*
> De tous ces sales *insectes*.

La rime est riche, mais ne saurait faire passer des *sectes d'insectes*. C'est à peu près tout ce qu'il y a de répréhensible, et les beautés sont nombreuses. Rousseau s'élève contre les détracteurs des talents :

> Impitoyables zoïles,
> Plus sourds que le noir Pluton,
> Souvenez-vous, âmes viles,
> Du sort de l'affreux Python ;
> Chez les filles de mémoire
> Allez apprendre l'histoire
> De ce serpent abhorré,
> Dont l'haleine détestée
> De sa vapeur empestée
> Souilla leur séjour sacré.

> Lorsque la terrestre masse
> Du déluge eut bu les eaux,
> Il effraya le Parnasse
> Par des prodiges nouveaux.
> Le ciel vit ce monstre impie,
> Né de la fange croupie
> Au pied du mont Pélion,
> Souffler son infecte rage

Contre le naissant ouvrage
Des mains de Deucalion.

Mais le bras sûr et terrible
Du dieu qui donne le jour,
Lava dans son sang horrible
L'honneur du docte séjour.
Bientôt de la Thessalie,
Par sa dépouille ennoblie,
Les champs en furent baignés ;
Et du Céphise rapide
Son corps affreux et livide
Grossit les flots indignés.

Tous ces détails sont brillants de poésie. *Le naissant ouvrage des mains de Deucalion*, pour dire l'homme nouvellement formé, est bien d'un poète lyrique, qui doit répandre sur tout ce qu'il exprime le coloris des figures. C'est un des mérites les plus fréquents dans Rousseau, celui qui prouve le plus sa vocation pour le genre où il s'est exercé, et qui fait regretter davantage que, dans ses odes les mieux faites, il ait laissé des traces de prosaïsme ou d'incorrection. Cette inégalité est remarquable dans les deux strophes suivantes de la même pièce :

Une louange équitable
Dont l'honneur seul est le *but*,
Du mérite véritable
Est l'infaillible *tribut*.

En quatre vers, deux expressions visiblement impropres. On ne sait ce que c'est que *l'honneur* qui *est le but de la louange* : *le but de la louange* est de rendre justice, d'exciter l'émulation ; et de plus, la louange n'est point *le tribut du mérite;* elle en est la récompense quand elle est le *tribut* de l'équité. Les six autres vers de la même strophe sont excellents :

>Un esprit noble et sublime,
>Nourri de gloire et d'estime,
>Sent redoubler ses chaleurs,
>Comme une tige élevée,
>D'une onde pure abreuvée,
>Voit multiplier ses fleurs.

Même disproportion dans la strophe d'après :

>Mais cette flatteuse *amorce*
>D'un hommage *qu'on croit dû*,
>Souvent prête même *force*
>Au vice qu'à la vertu.

Qu'on croit dû afflige étrangement l'oreille, et jamais une *amorce* n'a *prêté de la force.* Le poète se relève aussitôt par six vers superbes :

>De la céleste rosée
>La terre fertilisée,
>Quand les frimas ont cessé,
>Fait également éclore,
>Et les doux parfums de Flore,
>Et les poisons de Circé.

Et il ajoute tout de suite, en finissant cette ode par un élan singulièrement lyrique :

>Cieux, gardez vos eaux fécondes
>Pour le myrte aimé des dieux ;

Ne prodiguez plus vos ondes
A cet if contagieux.
Et vous, enfants des nuages,
Vents, ministres des orages,
Venez, fiers tyrans du Nord,
De vos brûlantes froidures
Sécher ces feuilles impures,
Dont l'ombre donne la mort.

On a pu voir dans l'analyse de ces quatre odes, malgré quelques imperfections que j'ai observées, les qualités essentielles du genre, et particulièrement l'espèce de fictions et d'épisodes qui lui conviennent. Il n'y en a point dans l'*Ode sur la bataille de Péterwaradin* : c'est une description d'un bout à l'autre; mais elle est pleine de feu, et de la plus entraînante rapidité : la critique la plus sévère n'y pourrait presque rien reprendre. Ici le poète entre dans son sujet dès les premiers vers, et débute par une comparaison qui sert à l'annoncer :

Ainsi le glaive fidèle
De l'ange exterminateur
Plongea dans l'ombre éternelle
Un peuple profanateur,
Quand l'Assyrien terrible,
Vit, dans une nuit horrible,
Tous ses soldats égorgés,
De la fidèle Judée,
Par ses armes obsédée,
Couvrir les champs saccagés.

Où sont ces fils de la Terre,
Dont les fières légions

>   Devaient allumer la guerre
>   Au sein de nos régions?
>   La nuit les vit rassemblées,
>   Le jour les vit écoulées
>   Comme de faibles ruisseaux
>   Qui, gonflés par quelque orage,
>   Viennent inonder la plage
>   Qui doit engloutir leurs eaux.

Cette comparaison est admirable. Il y en avait déjà une dans la première strophe; mais celle-ci est d'une tournure toute différente, et d'ailleurs l'ode, comme l'épopée, permet de multiplier cette espèce d'ornements, pourvu qu'ils soient bien placés. Rousseau excelle dans cette partie : on voit d'ailleurs qu'il procède ici bien différemment de ce qu'il a fait dans les odes précédentes : ni préparation ni détours ; il est tout de suite sur le champ de bataille, et cette vivacité brusque est parfaitement analogue au sujet.

Autant sa muse est impétueuse quand il chante une victoire, autant il sait la ralentir quand il pleure la mort du prince de Conti. C'est la différence d'un chant de triomphe à un hymne funèbre, également marquée dans le rhythme et dans le style. Au lieu de ces petits vers de trois pieds et demi qui semblent se précipiter les uns sur les autres, trois hexamètres se traînent lentement et se laissent tomber, pour ainsi dire, sur un vers qui n'est que la moitié d'un alexandrin :

>   Peuples dont la douleur aux larmes obstinée
>   De ce prince chéri déplore le trépas,

Approchez et voyez quelle est la destinée
   Des grandeurs d'ici-bas.

. . . .

Il n'est plus; et les dieux, en des temps si funestes,
N'ont fait que le montrer aux regards des mortels.
Soumettons-nous : allons porter ces tristes restes
   Au pied de leurs autels.

Je ne pousserai pas plus loin les citations. Les odes dont j'ai parlé, qui toutes ont une marche différente, sont les plus brillantes productions du génie de Rousseau dans le genre le plus relevé, et dans ce qu'on appelle les grands sujets. On peut y joindre l'*Ode aux Princes chrétiens.*

Ce n'est donc point assez que ce peuple perfide, etc.

Il y a de belles choses dans l'*Ode sur la paix de Passarowitz* :

Les cruels oppresseurs de l'Asie indignée, etc.,

dans l'*Ode au roi de Pologne*, dans l'*Ode sur la Paix* ; mais elles sont en total fort inférieures, et le déclin de l'auteur s'y fait apercevoir. Ce déclin est bien plus sensible dans presque toutes les odes du dernier livre. Quoique l'auteur ne fût pas fort avancé en âge, sa muse avait vieilli avant le temps. Je n'ai point parlé de l'*Ode sur la naissance du duc de Bretagne*, qui est la première de son recueil : il y a du nombre et de la tournure ; mais le talent de l'auteur n'était pas mûr encore, et ce n'est guère qu'une amplification de rhétorique, un amas de froides exclamations, une imitation maladroite d'une églogue de Virgile. Il demande la lyre de Pindare, et pourquoi? pour annoncer que

> Les temps prédits par la Sibylle
> A leur terme sont parvenus :
> Nous touchons au règne tranquille
> Du vieux Saturne et de Janus.
> . . . .
> Un nouveau monde vient d'éclore.
> L'univers se réforme encore
> Dans les abymes du chaos.
> . . . .
> Les éléments cessent leur guerre,
> Les cieux ont repris leur azur.
> Un feu sacré purge la terre
> De tout ce qu'elle avait d'impur.
> On ne craint plus l'herbe mortelle,
> Et le crocodile infidèle
> Du Nil ne trouble plus les eaux ;
> Les lions dépouillent leur rage,
> Et dans le même pâturage
> Bondissent avec les troupeaux.

Toute cette mythologie de l'âge d'or est très déplacée et très voisine du ridicule. La poésie peut dans tous les temps fouiller la mine, quoiqu'un peu épuisée, des fables de l'antiquité ; mais pour donner cours à cette vieille monnaie, il faut la refrapper à notre coin. Il faut sur-tout se servir de la Fable, de manière à ne pas choquer la raison, et l'on sent bien que la naissance d'un duc de Bretagne ne pouvait en aucun sens *réformer l'univers dans les abymes du chaos*, ne faisait rien aux crocodiles du Nil, et ne pouvait pas familiariser les lions avec les troupeaux : c'est de la poésie d'écolier, et Rousseau est depuis devenu maître.

L'ode est susceptible de tous les sujets. Il y en a d'héroïques, et ce sont celles dont je viens de faire mention : il y en a de morales, de badines, de galantes, de bachiques, etc. Horace sur-tout a fait prendre à l'ode tous les tons, et Rousseau en a essayé plusieurs. La plus célèbre de ses pièces morales est l'*Ode à la Fortune* : il y a de belles strophes, mais la marche en est trop didactique. Le fonds de l'ouvrage n'est qu'un lieu commun, chargé de déclamations et même d'idées fausses. On la fait apprendre aux jeunes gens dans presque toutes les maisons d'éducation, elle est très propre à leur former l'oreille à l'harmonie : il y en a beaucoup dans cette ode ; mais on ne ferait pas mal de prémunir leur jugement contre ce qu'il y a de mal pensé, et même d'avertir leur goût sur ce que la versification a de défectueux :

>Fortune, dont la main couronne
>Les forfaits les plus inouis,
>Du faux éclat qui t'environne
>Serons-nous toujours éblouis ?
>Jusques à quand, trompeuse idole,
>D'un culte honteux et frivole
>Honorerons-nous tes autels ?
>Verra-t-on toujours tes caprices
>Consacrés par les sacrifices
>Et par l'hommage des mortels ?
>Le peuple, dans ton moindre ouvrage,
>Adorant la prospérité,

> Te nomme grandeur de courage,
> Valeur, prudence, fermeté.
> Du titre de vertu suprême
> Il dépouille la vertu même
> Pour le vice que tu chéris,
> Et toujours ses fausses maximes
> Érigent en héros sublimes
> Tes plus coupables favoris.
>
> Mais de quelque superbe titre
> Dont ces héros soient revêtus,
> Prenons la raison pour arbitre,
> Et cherchons en eux leurs vertus.
> Je n'y trouve qu'extravagance,
> Faiblesse, injustice, arrogance,
> Trahisons, fureurs, cruautés.
> Étrange vertu, qui se forme
> Souvent de l'assemblage énorme
> Des vices les plus détestés!

D'abord ces trois strophes ne sont-elles pas trop méthodiquement raisonnées? et Rousseau, qui reprochait à La Motte *ses odes par articles*, ne l'a-t-il pas un peu imité en cet endroit? *De quelque superbe titre qu'ils soient revêtus, prenons la raison pour arbitre, et cherchons, etc.*, ne sont-ce pas là toutes les formules de la discussion en prose? Une ode, quelle qu'elle soit, doit-elle procéder comme un traité de morale? Otez les rimes, qu'y a-t-il d'ailleurs qui ressemble à la poésie? Un défaut plus grand, c'est que ces trois strophes redisent prolixement la même chose : ce sont des pensées communes délayées en vers faibles. Enfin, si l'on examine de près le style, on y trouvera des fautes d'autant moins pardonnables, que les vers doivent être plus sévèrement soignés dans une pièce de peu d'étendue, et dans un genre où l'on ne saurait être trop poète. Qu'est-ce qu'*un culte frivole?* Cela ne peut vouloir dire qu'un culte sans conséquence; car ce qui est frivole est l'opposé de ce qui est sérieux, important, réfléchi; et le culte que l'on rend à la Fortune n'est-il pas malheureusement trop réel? n'est-il pas très suivi, très médité? n'a-t-il pas les suites les plus sérieuses? Il n'est donc rien moins que *frivole*. *Jusques à quand honorerons-nous* est une suite de sons désagréables. *Du titre de vertu suprême*: *suprême* est là pour la rime et contre le sens. Comment *dépouille-t-on la vertu du titre de vertu suprême?* Il faudrait pour cela que la vertu fût nécessairement la *vertu suprême*, et cela n'est pas; il y a des degrés dans la vertu comme dans le vice. *Extravagance, faiblesse, injustice, arrogance, trahisons, fureurs, cruautés*: trois vers qui ne sont qu'un assemblage de substantifs, ne sont pas d'une élégance lyrique. *Étrange vertu qui se forme souvent*: *souvent* est rejeté d'un vers sur l'autre contre les règles de la constrution poétique; de plus, il forme une espèce de contradiction. Peut-on dire qu'une vertu où l'on ne trouve que *trahisons, fureurs*, etc., est souvent *un assemblage de vices?* Elle l'est toujours et nécessairement.

> Apprends que la seule sagesse
> Peut faire des *héros parfaits*.

La sagesse ne fait point des *héros*, et qu'est-ce

qu'un *héros parfait?* Toutes ces idées-là manquent de justesse. Les trois strophes suivantes sont fort belles, si l'on excepte le rapprochement d'Alexandre et d'Attila qu'il ne fallait pas mettre sur la même ligne.

> Quoi ! Rome et l'Italie en cendre
> Me feront honorer Sylla ?
> J'admirerai dans Alexandre
> Ce que j'abhorre en Attila ?
> J'appellerai vertu guerrière
> Une vaillance meurtrière
> Qui dans mon sang trempe ses mains ?
> Et je pourrai forcer ma bouche
> A louer un héros farouche
> Né pour le malheur des humains ?
>
> Quels traits me présentent vos fastes,
> Impitoyables conquérants ?
> Des vœux outrés, des projets vastes,
> Des rois vaincus par des tyrans ;
> Des murs que la flamme ravage,
> Des vainqueurs fumants de carnage,
> Un peuple au fer abandonné ;
> Des mères pâles et sanglantes,
> Arrachant leurs filles tremblantes
> Des bras d'un soldat effréné.
>
> Juges insensés que nous sommes,
> Nous admirons de tels exploits.
> Est-ce donc le malheur des hommes
> Qui fait la vertu des grands rois ?
> Leur gloire, féconde en ruines,
> Sans le meurtre et sans les rapines
> Ne saurait-elle subsister ?
> Images des dieux sur la terre,

Est-ce par des coups de tonnerre
Que leur grandeur doit éclater.

Voilà du feu, du mouvement, des images, nous avons retrouvé l'ode. Je ne prétends pas que tout doive être de la même force ; mais rien ne doit s'écarter du genre ni tomber trop au dessous. Ici du moins la poésie est sans reproche, mais la raison peut-elle approuver que l'on ne mette aucune différence entre Alexandre et Attila ? Est-il possible, quand on a lu l'histoire avec quelque attention, de les regarder du même œil ? Le poète, quand il veut être moraliste, n'est-il pas obligé d'être juste et raisonnable ? Certes, l'ambition d'Alexandre n'est pas un modèle de sagesse ; mais on a déjà observé que jamais conquérant n'eut des motifs plus légitimes, et n'usa de sa fortune avec plus de grandeur. *J'abhorre dans Attila* un dévastateur qui ne conquérait que pour détruire, qui depuis les Palus-Méotides jusqu'aux Alpes, marcha sur des ruines, dans des torrents de sang et à la lueur des villes incendiées ; un aventurier insolent qui traînait des rois à sa suite pour en faire les jouets de sa férocité brutale. Un homme qui se fait gloire du titre de *fléau de Dieu* doit être l'horreur du monde ; mais j'admire dans le jeune Alexandre un guerrier qui, chargé à vingt ans de la juste vengeance des Grecs si souvent en proie aux invasions des Perses, traverse en triomphateur l'empire du grand roi, depuis l'Hellespont jusqu'à l'Indus ; renverse tout ce qui veut l'arrêter, et pardonne à tout ce qui se soumet ; ne doit ses victoires qu'à une fermeté d'âme qui résiste à l'ivresse du succès, comme elle fait tête aux dangers ; entretient la discipline dans une armée riche des dépouilles du monde ; respecte, dans l'âge des passions, les plus belles femmes de l'Asie, ses captives, et se fait chérir de la famille du monarque vaincu, au point de leur coûter des larmes à sa mort. *J'admire* un vainqueur qui joint les vues de la politique à la rapidité des conquêtes, fonde de tous côtés des villes florissantes, établit partout des communications et des barrières, aperçoit vers les bouches du Nil la place que la nature avait marquée pour être le centre du commerce des trois parties du monde ; ouvre dans Alexandrie une source de richesse dont tant de siècles n'ont pu tarir le cours, et qu'aujourd'hui même la barbarie ottomane n'a pu fermer entièrement. Aussi le nom d'Alexandre, que tant de monuments ont consacré, est-il en vénération dans toute l'Asie ; et qu'est-il resté d'Attila qui n'est connu que dans notre Europe ? rien que le nom d'un brigand fameux.

Je suis fâché qu'Alexandre, qui fut tel que je viens de le peindre, du moins jusqu'au moment où l'orgueil de la prospérité l'égara, ait été si mal avec nos poètes, que Boileau l'ait voulu mettre aux Petites-Maisons, et que Rousseau le confonde avec Attila.

Rousseau, pour rabaisser Alexandre, a recours à une supposition qui ne signifie rien :

> Vous chez qui la guerrière audace
> Tient lieu de toutes les vertus,
> Concevez Socrate à la place
> Du fier meurtrier de Clitus :

Vous verrez un roi respectable,
Humain, généreux, équitable,
Un roi digne de vos autels;
Mais à la place de Socrate,
Le fameux vainqueur de l'Euphrate
Sera le dernier des mortels.

Mais d'abord, faut-il mettre un homme hors de sa place pour le bien juger ? Fallait-il que Turenne et Condé, pour être grands, se trouvassent à la place du chancelier de l'Hospital ou du philosophe Charron ? Est-il bien vrai d'ailleurs qu'Alexandre, à la place de Socrate, eût *été le dernier des mortels?* Rien n'a tant illustré Socrate que sa mort. Est-il bien sûr qu'Alexandre n'eût pas su mourir comme lui ? Socrate prêchait la morale : Alexandre n'en a-t-il pas quelquefois donné les plus beaux exemples ? Il est même très difficile de deviner le sens de l'hypothèse de Rousseau. *Concevez Alexandre à la place de Socrate :* mais comment ? Est-ce Alexandre avec son caractère, transporté dans telle ou telle circonstance de la vie de Socrate ? Est-ce Alexandre chargé de la destinée entière de Socrate, et obligé de n'être que philosophe ? Eh bien ! Alexandre, conservant son caractère, aurait voulu être le premier des philosophes, comme il a voulu être le premier des rois. Pourquoi aurait-il été le *dernier des mortels**?

Mais je veux que dans les alarmes

---

* Rousseau exagère ici la pensée suivante de Montaigne : « Je conçois « aisément Socrate en la place d'Alexandre; Alexandre en celle de Socrate, « je ne puis. » (*Essais* , l. III, ch. 2.) F.

Réside le solide honneur :
Quel vainqueur ne doit qu'à ses armes
Ses triomphes et son bonheur ?
Tel qu'on nous vante dans l'histoire
Doit peut-être toute sa gloire
A la honte de son rival.
L'inexpérience indocile
Du compagnon de Paul-Émile
Fit tout le succès d'Annibal.

Que veut dire *le solide honneur qui réside dans les alarmes ?* Ce n'est pas là exprimer sa pensée. Celle de Rousseau était sûrement : « Je veux que « l'honneur consiste à braver les dangers, à triom- « pher dans un champ de bataille ; » mais il ne l'a pas rendue. Il n'est pas ici plus juste pour Annibal que pour Alexandre ; il n'est pas vrai qu'Annibal *doive toute sa gloire à la honte* de Varron. Il profita de ses fautes, et c'est une partie du talent militaire ; mais Fabius qui n'en commit point, n'eut aucun avantage sur lui, et il battit Marcellus, qui en savait plus que Varron. Seize ans de séjour dans un pays ennemi, où il tirait presque toutes ses ressources de lui-même, et le seul projet de sa marche vers l'Italie, depuis Sagonte jusqu'à Rome, à travers les Pyrénées, les Alpes et l'Apennin, cette seule idée, exécutée avec tant de succès, est d'une grande tête, et prouve un autre talent que celui de battre de mauvais généraux. Annibal est apprécié depuis long-temps par les juges de l'art, autrement que par Rousseau.

Héros cruels et sanguinaires,
Cessez de vous enorgueillir

> De ces lauriers *imaginaires*
> Que Bellone vous fit cueillir.

Il me semble qu'ici l'expression ne rend pas l'idée du poëte : les lauriers de la victoire ne sont point *imaginaires* : il peut y avoir, et il y a en effet une autre gloire bien préférable ; la gloire de Cicéron sauvant sa patrie valait mieux, aux yeux de la raison, que tous les lauriers de César ; mais la raison elle-même ne les trouve pas *imaginaires*. Ce qui suit vaut beaucoup mieux.

> En vain le destructeur rapide
> De Marc-Antoine et de Lépide
> Remplissait l'univers d'horreurs :
> Il n'eût point eu le nom d'Auguste,
> Sans cet empire heureux et juste
> Qui fit oublier ses fureurs.
>
> Montrez-nous, guerriers magnanimes,
> Votre vertu dans tout son jour.
> Voyons comment vos cœurs sublimes
> Du sort soutiendront le retour.
> Tant que sa faveur vous seconde,
> Vous êtes les maîtres du monde,
> Votre gloire nous éblouit :
> Mais au moindre revers funeste
> Le masque tombe, l'homme reste,
> Et le héros s'évanouit.

Il n'y a ici qu'à louer : et je n'insisterai point sur le mot *funeste*, qui est mis évidemment pour remplir le vers ; car en prose on dirait : *Au moindre revers le masque tombe*. Mais ce sont là de ces légères imperfections rachetées par les beautés qui les entourent, et inévitables dans notre versification, si difficile et si peu maniable. Je ne réprouve que ce qui blesse ouvertement le bon sens, l'oreille et le goût, et ce qui par conséquent ne doit pas rester, sur-tout quand on n'a que des vers à faire.

Je crois que l'*Ode à la Fortune* aurait mieux fini par la strophe que je viens de citer ; celles qui la suivent ne la valent pas.

L'ode que Rousseau adresse à M. d'Ussé, en forme de consolation, et qui roule sur les vicissitudes de la vie humaine, finit par deux strophes charmantes.

>Pourquoi d'une plainte importune
>Fatiguer vainement les airs ?
>Aux jeux cruels de la Fortune
>Tout est soumis dans l'univers.
>Jupiter fit l'homme semblable
>A ces deux jumeaux que la Fable
>Plaça jadis au rang des dieux ;
>Couple de déités bizarre,
>Tantôt habitants du Ténare,
>Et tantôt citoyens des cieux.

>Ainsi de douceurs en supplices
>Elle nous promène à son gré.
>Le seul remède à ses caprices,
>C'est de s'y tenir préparé ;
>De la voir du même visage
>Qu'une courtisane volage,
>Indigne de nos moindres soins,
>Qui nous trahit par imprudence,
>Et qui revient par inconstance,
>Lorsque nous y pensons le moins.

On désirerait de retrouver plus souvent dans les odes de Rousseau cet agrément et cette facilité. C'est le mérite de son *Ode à une Veuve*, des *Stances à l'abbé de Chaulieu*, et de quelques-unes de celles qu'il fit pour l'abbé Courtin. Dans ces dernières, il maltraite un peu trop Épictète. Il ne voit, dans son *Manuel de philosophie*, que l'*esclave d'Épaphrodite*. Il me semble que rien ne sent moins l'esclave que cet ouvrage, qui n'a d'autre défaut que de porter trop haut les forces morales de l'homme.

> J'y trouve un consolateur
> *Plus affligé* que moi-même.

Non, Épictète n'est pas *affligé*, et l'on sait que sa conduite fut aussi ferme que sa doctrine. Mais il défend à l'homme de s'affliger jamais, et c'est à peu près comme s'il lui défendait d'être malade

Rousseau traite encor plus mal Brutus.

> Toujours ces sages hagards,
> Maigres, hideux et blafards,
> Sont souillés de quelque *opprobre*,
> Et du premier des Césars
> L'assassin fut homme *sobre*.

C'est abuser d'un mot de César qui était fort juste. Il ne craignait, disait-il, que les gens d'un aspect sombre et d'un visage austère : il avait raison. Cet extérieur est la marque d'un caractère capable de résolutions fortes et inébranlables, tel qu'était celui de Brutus. Mais il ne faut pas dire, même en prêchant le plaisir, que l'austérité est toujours *souillée de quelque opprobre.* Ce n'est pas d'ailleurs une chose convenue, que l'action de Brutus ait souillé sa mémoire. C'est encore aujourd'hui un problème que l'on ne décide guère que suivant les rapports de l'opinion avec le gouvernement. En bonne morale, et dans les principes de notre religion, l'assassinat n'est jamais permis : dans les anciennes républiques, l'opinion avait consacré le meurtre des tyrans; et c'est au moins une excuse pour Brutus, dont l'action, dirigée par les maximes romaines, fut illégitime, mais ne fut pas *un opprobre.*

La strophe qui suit choque étrangement le rapport qui doit toujours se trouver entre des idées qui tendent à la même proposition. L'auteur, qui vient de parler de Brutus, continue ainsi :

> Dieu bénisse nos dévots :
> Leur âme est vraiment loyale ;
> Mais jadis les grands pivots
> De la ligue anti-royale,
> Les Lincestres, les Aubris,
> Qui, contre les deux Henris,
> Prêchaient tant la populace,
> S'occupaient peu des écrits
> D'Anacréon et d'Horace.

Ce rapprochement n'est pas tolérable. Que peut-il y avoir de commun entre Brutus et le curé de Saint-Côme, prédicateur de la Ligue ! Il est impossible de saisir la pensée du poète, ni d'apercevoir aucune liaison entre cette strophe et la précédente, quoique dans toutes les deux il veuille établir la même chose. Il y a une logique naturelle dont il ne faut jamais s'écarter dans quelque sujet que ce soit, à plus forte raison dans des stances morales.

On peut compter parmi les meilleures de ce genre l'*Ode à M. de La Fare*, sur le contraste de l'homme civil et de l'homme sauvage. C'est encore un lieu commun, il est vrai; mais le style est en général d'une précision énergique, malgré quelques faiblesses; et si les idées ne sont pas toujours exactement vraies pour la raison qui considère les objets sous toutes les faces, elles le sont assez pour la poésie qui peut, comme l'éloquence, ne les présenter que sous un seul aspect.

Ses *Cantates* sont des morceaux achevés : c'est un genre de poésie dont il a fait présent à notre langue, et dans lequel il n'a ni modèle ni imitateur. C'est là qu'il paraît avoir eu le plus de souplesse et de flexibilité : il sait choisir ses sujets, les diversifier et les remplir : ce sont des morceaux peu étendus, mais finis. Le récit est toujours poétique, les couplets sont toujours élégants, quelquefois même gracieux. Plusieurs de ces poésies, qu'on peut appeler galantes, sont de nature à être comparées aux vers lyriques de Quinault. Rousseau a moins de sentiment et de délicatesse, mais sa versification est bien plus soutenue et bien plus forte. La *Cantate de Circé* est un morceau à part; elle a toute la richesse et l'élévation de ses plus belles odes, avec plus de variété ; c'est un des chefs-d'œuvre de la poésie française. La course du poète n'est pas longue ; mais il la fournit d'un élan qui rappelle celui des chevaux de Neptune, dont

Homère a dit qu'en trois pas ils atteignaient aux bornes du monde.

On sait combien Rousseau a excellé dans l'épigramme. Tout homme d'esprit peut en faire une bonne ; mais en faire un si grand nombre sur tous les sujets, et les faire si bien, est l'ouvrage d'un talent particulier. Ce talent consiste principalement dans la tournure concise et piquante de chaque vers; car le mot de l'épigramme est souvent d'emprunt. Il en a peu de mauvaises, et on les trouve parmi celles qui roulent sur l'amour ou la galanterie, quoiqu'il en ait de très bonnes, même de cette espèce. Ses épigrammes satiriques ou licencieuses sont parfaites; et quoique dans ces dernières on puisse réussir à bien peu de frais, celles de Rousseau font voir qu'il y a dans les plus petites choses un degré qu'il est rare d'atteindre, ou du moins d'atteindre si souvent; car une saillie de débauche quelque heureuse qu'elle soit, n'est pas un effort d'esprit. Nous avons des couplets sur ce ton, du temps de la Fronde, dont les auteurs ne sont pas même connus; et l'on ne sait pas beaucoup de gré à Auguste de son épigramme ordurière contre Fulvie, quoique peut-être on n'en ait jamais fait une meilleure.

Les *Épîtres* de Rousseau, dans le temps où elles parurent, furent accueillies par l'esprit de parti avec des louanges que ce même esprit a rapportées depuis dans les compilations littéraires ou périodiques, et que la multitude répétait sans réflexion, mais qui toujours ont été démenties par les bons juges, dont la voix commence enfin à l'emporter. L'auteur les composa presque toutes en pays étranger : toujours plus ou moins remplies de satires directes ou indirectes contre des hommes très connus, elles étaient reçues avidement dans une capitale, toujours pleine d'hommes oisifs, inquiets, passionnés, pour qui la médisance est une espèce de besoin, où il entre encore beaucoup plus de désœuvrement que de malignité. Rousseau d'ailleurs éloigné et malheureux, excitait une sorte d'intérêt qui pouvait paraître excusable : il avait beaucoup de partisans, et ses adversaires avaient beaucoup d'ennemis. Il affectait dans la plupart de ses pièces un ton de dévotion très propre à lui concilier tout ceux qui croyaient favoriser en lui la cause de la religion, sans songer qu'il en violait le premier précepte, et que la piété véritable n'écrit point de méchancetés. Mais quand ces petits intérêts du moment sont passés, quand on ne cherche plus dans l'ouvrage que l'ouvrage même, alors s'il n'a pas un mérite réel, la satire non-seulement n'est plus un attrait, elle devient même un tort de plus. C'est ce qui est arrivé aux *Épîtres* de Rousseau, et l'on doit à la vérité de convenir qu'elles sont presque partout aussi mal pensées que mal écrites. Ce n'est pas qu'il n'y ait quelques endroits qui nous rappellent le talent du versificateur ; mais qu'est-ce qu'un très petit nombre de vers bien frappés, qui se montrent de loin en loin dans des pièces du plus mauvais goût et du plus mauvais esprit, dans des pièces surchargées de déclamations insipides ou absurdes, de vers chevillés, durs, incorrects ; dans des pièces composées d'un mélange d'injures triviales, de verbiage obscur et de figures forcées ? Telles sont en général les *Épîtres* de Rousseau : si l'on était obligé de le prouver par une lecture suivie et détaillée, la preuve irait jusqu'à l'évidence ; mais l'évidence irait jusqu'à l'ennui. Je me borne à une courte analyse et à un certain nombre de citations, où tous les défauts que j'ai indiqués dominent au point qu'on pourra juger qu'ils tiennent au caractère de l'ouvrage et à la manière de l'auteur.

L'abus du marotisme est un des vices qui les défigurent. Je dis l'abus, car, employé avec choix et sobriété dans les genres qui le comportent, tels que le conte, l'épigramme, l'épître badine et tout ce qui tient au genre familier, il contribue à donner au style de la naiveté et de la précision. La Fontaine en a fait usage avec succès dans ses *Contes*, et l'a judicieusement exclu de ses *Fables*, où la morale et la raison n'admettent point cette bigarrure, et où les animaux qu'il introduit devaient parler la même langue. Voltaire s'en est servi de même, avec ce goût exquis qui savait distinguer les nuances propres à chaque sujet. Le style marotique permet de retrancher les articles et les pronoms, comme on les retranchait au temps de Marot ; ce qui donne à la phrase un tour plus vif. Il permet une espèce d'inversion qui ne va pas au style sérieux, et quelques constructions anciennes que notre langue empruntait du latin avant qu'elle eût une syntaxe régulière. Ces formes vieillies ont l'avantage de nous rappeler le premier caractère de notre langue, qui était la naïveté ; et d'ailleurs, tout ce qui est ancien prend à nos yeux un air de simplicité, parce que l'élégance est moderne. Il n'est personne qui n'ait remarqué quand un étranger, homme d'esprit, parle mal notre langue et y mêle involontairement des tournures de la sienne, que son expression en reçoit quelquefois une sorte d'agrément et de vérité qui nous plaît : dans les femmes sur-tout, un accent étranger est bien souvent une grace ; et leurs phrases, moitié françaises, moitié étrangères, ont quelque chose qui leur sied fort bien, comme les enfants nous charment et nous persuadent en balbutiant leurs pensées. C'est le principe du plaisir que peut nous faire le vieux langage, quand on s'en sert à propos et avec ménagement, comme dans cette épigramme de Rousseau :

>Le bon vieillard qui brûla pour Bathylle,
>Par amour seul était ragaillardi.
>Aussi n'est-il de chaleur plus subtile
>Pour réchauffer un vieillard engourdi.
>Pour moi, qui suis dans l'ardeur du midi,
>Merveille n'est que son flambeau me brûle.
>Mais quand du soir viendra le crépuscule,
>Temps où le cœur languit inanimé,
>Du moins, Amour, fais-moi bailler cédule
>D'aimer encor, même sans être aimé.

Il n'y a là de marotisme que ce qu'il en faut. *Aussi n'est-il de chaleur* est une construction très commode pour resserrer dans la mesure du vers cette phrase qui en bon français serait plus longue s'il fallait dire, comme dans le style soutenu, *aussi n'est-il point de chaleur plus subtile*. *Merveille n'est*, au lieu de dire *il n'est pas étonnant*, ou *ce n'est pas merveille*, est vif et rapide. *Fais-moi bailler cédule* est une vieille locution, mais que tout le monde entend, et qui, signifiant autrefois une obligation, un engagement, est ici d'un choix très heureux. Il n'en est pas de même des épigrammes suivantes :

> Soucis cuisants *au partir* de Caliste,
> Jà commençaient à me *supplicier*,
> Quand Cupidon, qui me vit pâle et triste,
> Me dit : Ami, pourquoi *te soucier ?*
> Lors m'envoya pour me *solacier*,
> Tout son cortège et celui de sa mère, etc.

Au partir ne vaut pas mieux qu'*au départ*, et c'est parler mal sans y rien gagner. *Supplicier* est une expression désagréable, parce qu'elle ne signifie plus aujourd'hui que mener au supplice, et qu'elle rappelle l'idée d'une exécution. *Te soucier* ne se dit plus dans le sens absolu pour prendre du souci ; et comme il se met encore avec un régime, *se soucier de quelque chose*, il fait un mauvais effet pour nous qui sommes accoutumés à lui donner un sens très faible et qui savons qu'un amant fait beaucoup plus que *se soucier* de l'absence de sa maîtresse. C'est donc du marotisme très déplacé, puisqu'il affaiblit le sens au lieu d'y ajouter. *Solacier* est bien pis : c'est un mot dur et rebutant, autrefois emprunté du latin, pour dire *consoler*. et qu'aujourd'hui on n'entend plus. Il ne faut ressusciter les vieux mots que quand l'oreille les adopte. Les mêmes défauts sont encore plus choquants dans cette autre épigramme, adressée à une femme qui chassait :

> Quand sur Bayard, par bois ou sur montagnes
> A giboyer vous prenez vos ébats,
> Dieux des forêts d'abord sont en campagne,
> Et vont en troupe admirer vos appas.
> Amis Sylvains, ne vous y fiez pas ;
> Car ses regards font souvent *pires niches*
> *Que feu ni fer ;* et cœurs en tels *pourchas*,
> Risquent du moins autant que cerfs et biches.

Pires niches est affreux à l'oreille, et peut-on comparer des *niches* au *feu* et au *fer ? Pourchas* est encore plus dur qu'il n'est vieux, et c'est un des défauts du marotisme de Rousseau, de choisir très mal les vieux mots qu'il veut rajeunir ; ceux que leur dureté a fait tomber en désuétude ne peuvent jamais renaître.

J'ai pris ces exemples dans les épigrammes, parce qu'elles admettent le style marotique. L'épître sérieuse et morale en est bien moins susceptible, et il gâte souvent celles de Rousseau.

> Comte, pour qui *terminant tous délais*,
> *Avec vertu* fortune a fait la paix,
> *Jaçoit* qu'en vous gloire et haute naissance,
> Soit alliée à titres et puissance ;
> Que de splendeurs et d'honneurs mérités,
> Votre maison *luise* de tous côtés,
> *Si toutefois ne sont-ce* ces bluettes
> Qui vous ont mis en l'estime où vous êtes, etc.

Il est clair que le marotisme, bien loin de donner aucun relief à ces vers, les rend maussades et ridicules, d'abord parce qu'il est étranger au fond des idées, qui est très sérieux; ensuite parce qu'il est employé sans choix et sans goût. Je ne m'arrête pas au premier vers, *terminant tous délais*, qui est évidemment une cheville, mais dans le second la suppression des articles,

Avec vertu fortune a fait la paix,

est anti-harmonique. *Jaçoit* pour *quoique*, ne s'entend plus, et sûrement ne vaut pas mieux, et il convient de ne parler la langue du XVe siècle que de manière à être entendu du nôtre. Une maison qui *luit de splendeurs* ne vaut rien dans aucun temps. *Si toutefois ne sont-ce* est très dur. A quoi donc sert ici le langage de Marot?

> Ce n'est le tout; car *en chant* harmonique
> Non moins primez qu'en rime poétique;
> Et *l'avez lós* de bon *poétiqueur*,
> Aussi l'avez de bon *harmoniqueur*.

S'avez pour *si vous avez* est barbare. La particule *si* ne peut s'élider dans notre langue sans dénaturer le mot auquel elle se joindrait, et sans dérouter entièrement l'oreille. *Car en chant* fait mal à entendre. *Poétiqueur! harmoniqueur!* quel jargon? On trouve un peu après, des mortels de-vertus *réfulgents*, pour des mortels brillants de vertus : c'est parler latin en français. *Serait-ce point Appolon Delphien?* Ce n'est pas là imiter Marot; c'est ressusciter Ronsard.

Il est vrai que le vers de cinq pieds, qui a pour ainsi dire une allure familière, semble se prêter plus que tout autre au style marotique, et d'autant plus que c'était le vers que Marot employait le plus volontiers ; mais encore une fois tout dépend de l'usage qu'on en fait. Voltaire, dans *Le Temple de l'Amitié*, dont le ton est moitié gai, moitié sérieux, a tiré un grand parti d'une inversion marotique.

> Un riche abbé, prélat à l'œil lubrique,
> Au menton triple, au col apoplectique,
> Porc engraissé des dîmes de Sion,
> Oppressé *fut* d'une indigestion.

S'il eût mis *fut oppressé*, l'effet du vers était perdu. *Oppressé fut* marque l'étouffement avec l'hémistiche, et frappe le coup de l'apoplexie. C'est là se servir habilement des licences du genre : mais quand Rousseau, dans son *Épitre à Marot*, lui dit :

> Mon nom par vous est *encore connu*,
> Dont bien et mal m'est ensemble advenu,
> Bien, *par trouver* l'art de m'être fait lire ;
> Mal, *par avoir* des sots *excité l'ire*, etc.

ces constructions marotiques ne font que des vers horriblement durs, et ce n'est pas là une trouvaille. Quand il dit dans la même pièce :

> Tout beau, l'ami, ceci passe sottise,
> Me direz-vous, et ta plume baptise
> De noms trop doux gens de tel *acabit*,
> Ce sont trop bien *maroufles que Dieu fit*.
> *Maroufles soit* ; je ne veux vous dédire, etc.

. . . .

Car de quels noms plus doux et plus *musqués*
Puis-je appeler tant d'esprits *disloqués ?*....
Et si parfois on vous dit qu'un vaurien
A de l'esprit, examinez-le bien,
Vous trouverez qu'il n'en a que *le casque*, etc.

. . . .

Je m'en rapporte à tout lecteur *bénin ;*
Et gens sensés craindront plus le venin
D'un fade auteur qui dans ses vers en prose
A tous venants distille *son eau rose*,
Toujours de *sucre et d'anis saupoudré*.
Fiez-vous-y, ce rimeur *si sucré*
Devient amer quand le cerveau lui tinte,
Plus qu'*aloès ni jus de coloquinte*, etc.

Cet amas d'expressions basses, grossières, bizarres, n'a rien de marotique, et n'est autre chose que l'absence totale de l'esprit et du goût. Cette *Épitre à Marot* est pourtant une de celles où il y a quelques bons endroits, quoiqu'elle soit fondée tout entière sur ce principe très faux, qu'un sot ne peut pas être honnête homme, et qu'un malhonnête homme ne peut pas avoir de l'esprit. Le contraire est tellement prouvé par l'expérience, que ce paradoxe ne mérite pas de réfutation. L'*Épitre au comte de Bonneval* est très mauvaise de tout point : l'*Épitre à Rollin* ne vaut guère mieux. Dans ce qu'il y a de raisonnable sur l'utilité des ennemis, l'auteur ne fait que noyer, dans un style traînant et diffus, ce qu'a dit Boileau sur le même sujet dans un petit nombre de très bons vers de l'*Épitre à Racine* : tout le reste est un froid et ennuyeux sermon. Le principe si connu de la réunion de l'utile à l'agréable dans les écrits, *l'utile dulci* d'Horace, peut-il être plus misérablement délayé que dans ce morceau?

> Tout écrivain vulgaire ou *non commun*
> N'a proprement *que de deux objets l'un,*
> Ou d'éclairer par un travail utile,
> Ou d'attacher par l'agrément du style;
> Car sans cela, quel auteur, quel écrit
> Peut *par les yeux percer jusqu'à l'esprit?*
> Mais cet esprit *lui-même* en tant d'étages
> Se subdivise à *l'égard des ouvrages,*
> Que du public tel charme la moitié,
> Qui très souvent à l'autre fait pitié.
> Du sénateur la gravité s'offense
> D'un agrément *dépourvu de substance.*
> Le courtisan *se trouve* effarouché
> D'un sérieux d'agrément *détaché.*
> Tous les lecteurs ont leurs goûts, leurs *manies;*
> Quel auteur donc peut *fixer leurs génies?*
> Celui-là seul qui, formant le projet
> De réunir et l'un et l'autre objet,
> Sait rendre à tous *l'utile délectable,*
> *Et l'attrayant utile et profitable.*
> Voilà *le centre et l'immuable point*
> *Où toute ligne aboutit et se joint.*
> Or ce grand but, *ce point mathématique,*
> C'est le vrai seul, le vrai qui nous l'indique,
> Tout hors de lui n'est que *futilité,*
> Et tout en lui devient *sublimité,* etc.

Il n'est pas nécessaire d'appuyer sur toutes les fautes de ces vers, les termes impropres, les contre-sens, les platitudes : elles sautent aux yeux. S'agit-il de la renommée, ce n'est plus cette belle peinture que nous avons admirée dans l'*Ode au prince Eugène :* nous en sommes bien loin.

> Fantôme errant qui, nourri *par* le bruit,
> Fuit qui le cherche, et cherche qui le fuit,
> Mais qui, du sort *enfant illégitime,*
> Et quelquefois *misérable victime,*
> N'est rien en lui qu'un être mensonger,
> Une ombre vaine, *accident* passager,
> *Qui suit le corps, bien souvent le précède ;*
> *Et plus souvent l'accourcit ou l'excède.*

Cherchez du sens dans ce plat amphigouri. Veut-il parler des calomniateurs ;

> Le danger de se voir insulté
> N'est pas restreint à la difficulté
> De réfuter les fables *romancières*
> De ces *fripiers* d'impostures grossières,
> Dont *le venin, non moins fade qu'amer,*
> *Se fait vomir* comme l'eau de la mer.
> Il est aisé d'arrêter *leurs vacarmes,*
> *Et de les vaincre avec leurs propres armes.*

Je n'insiste pas sur l'incohérence des figures, sur des *fripiers* qui ont du *venin* et dont on *arrête les vacarmes ;* mais quel contre-sens dans le dernier vers !

> *Et de les vaincre avec leurs propres armes.*

A coup sûr il ne veut pas dire qu'*il est aisé de les vaincre* par l'imposture et la calomnie, qui sont *leurs armes ;* et pourtant il le dit formellement. Quelle bévue plus impardonnable que de dire le contraire de ce qu'on veut dire, et de tomber, sans y prendre garde, dans le sens le plus odieux et le plus absurde !

On a cité dans quelques livres les vers sur l'histoire, qui sont en effet ce qu'il y a de plus passable, mais qui ne sont pas exempts de fautes :

> C'est un théâtre, un spectacle nouveau,
> Où tous les morts sortant de leur tombeau,
> Viennent encor sur une scène *illustre*,
> Se présenter à nous dans leur vrai *lustre*,
> Et du public dépouillé d'intérêt,
> Humbles acteurs, attendre leur arrêt.
> Là, retraçant leurs faiblesses passées,
> Leurs actions, leurs discours, leurs pensées,
> A chaque état ils reviennent dicter
> Ce qu'il faut fuir, ce qu'il faut imiter,
> Ce que chacun, *suivant ce qu'il peut être*,
> Doit pratiquer, voir, entendre, connaître.

Les deux derniers vers sont bien tristement prosaïques. On n'entend pas trop l'épithète d'*illustre*, qui caractérise trop vaguement *la scène* de l'histoire. *Dans leur vrai lustre* est encore moins juste, car beaucoup des *acteurs* de l'histoire n'ont aucune espèce de *lustre*. Mais enfin ces vers en total sont raisonnables, et cela est rare dans les *Épîtres* de Rousseau. Celle qui s'adresse à Racine le fils est une espèce d'homélie extrêmement faible de diction et de pensée ; on y a distingué cependant le morceau suivant, où il y a de la poésie et de la vérité :

> Mais dans ce siècle *à la révolte ouvert**,

* Expression impropre.

L'impiété marche à front découvert ;
Rien ne l'étonne, et le crime rebelle
N'a point d'appui plus intrépide qu'elle.
Sous ses drapeaux, sous ses fiers étendards,
L'œil assuré, courent de toutes parts
Ces légions, ces bruyantes armées
D'esprits subtils, d'ingénieux pygmées ;
Qui sur des monts d'arguments entassés,
Contre le Ciel burlesquement haussés,
De jour en jour, superbes Encelades,
Vont redoublant leurs folles escalades,
Jusques au sein de la Divinité
Portent la guerre avec impunité,
Viendront bientôt, sans scrupule et sans honte,
De ses arrêts lui faire rendre compte,
Et déjà même arbitres de sa loi,
Tiennent en main, pour écraser la foi,
De leur raison les foudres toutes prêtes ;
Y pensez-vous, insensés que vous êtes ? etc.

Ces métaphores sont justes et soutenues.

L'*Épitre à Thalie*, sur ce qu'on nomme *le comique larmoyant*, qui commençait alors à être en vogue, contient d'assez bons principes, mais souvent fort mal exprimés. Toute la première moitié est très mauvaise : le portrait de la vraie comédie, telle qu'elle est dans Molière, est entièrement calqué sur celui qu'en a fait Boileau dans l'*Art poétique*, et la copie est bien inférieure à l'original ; remarque qu'on peut faire dans tous les endroits où Rousseau a voulu imiter celui qu'il appelait son maître. Boileau sur-tout avait toujours le mot propre, parce qu'il était sûr de sa pensée.

Ce que l'on conçoit bien s'exprime clairement.

S'il eût voulu dire que la comédie ne doit guère présenter des modèles de perfection morale, il n'eût point dit :

L'art n'est point fait pour tracer des modèles;

car il aurait dit le contraire de la vérité et de sa pensée. Mais il aurait applaudi à ces vers très sensés sur le style recherché :

Car tout novice, en disant ce qu'il faut,
Ne croit jamais s'élever assez haut.
C'est en disant ce qu'il ne doit pas dire
Qu'il s'éblouit, se délecte et s'admire,
Dans ses écarts non moins présomptueux
Qu'un indigent superbe et fastueux,
Qui, se laissant manquer du nécessaire,
Du superflu fait son unique affaire.

L'*Épître à madame d'Ussé*, sur l'amour platonique, n'est qu'un verbiage alambiqué, souvent même inintelligible, et dont rien ne rachète l'ennui. Enfin, sur quatorze épîtres il n'y en a que quatre où les défauts soient du moins balancés par un certain nombre de morceaux bien écrits : ce sont celles que l'auteur adresse *aux Muses*, *au comte du Luc*, *au baron de Breteuil* et *au P. Brumoy*. La première est une imitation de la satire neuvième de Boileau, et l'intervalle est immense entre les deux pièces. Celle de Rousseau offre pourtant des endroits qui lui font honneur; tel est celui-ci :

Tout vrai poète est semblable à l'abeille :
C'est pour nous seuls que l'aurore l'éveille;

Et qu'elle amasse, au milieu des chaleurs,
Ce miel si doux tiré du suc des fleurs.
Mais la nature, au moment qu'on l'offense,
Lui fit présent d'un dard pour sa défense,
D'un aiguillon qui, prompt à la venger,
Cuit plus d'un jour à qui l'ose outrager.

Tel est encore cet adieu aux Muses :

Muses, gardez vos faveurs pour quelque autre ;
Ne perdons plus ni mon temps ni le vôtre
Dans ces débats où nous nous égayons :
Tenez, voilà vos pinceaux, vos crayons.
Reprenez tout, j'abandonne sans peine
Votre Hélicon, vos bois, votre Hippocrène,
Vos vains lauriers d'épine enveloppés,
Et que la foudre a si souvent frappés.
Car aussi bien, quel est le grand salaire
D'un écrivain au dessus du vulgaire?
Quel fruit revient aux plus rares esprits,
De tant de soins à polir leurs écrits,
A rejeter les beautés hors de place,
Mettre * d'accord la force avec la grace,
Trouver aux mots leurs véritable tour,
D'un double sens démêler le faux jour,
Fuir les longueurs, éviter les redites,
Bannir enfin tous ces mots parasites
Qui, malgré vous dans le style glissés,
Rentrent toujours, quoique toujours chassés?
Quel est le prix d'une étude si dure?
Le plus souvent une injuste censure,

* L'exactitude grammaticale veut que l'on répète la préposition, *à mettre*, et nous avons déjà vu la même licence. Je la crois autorisée en poésie, quand elle ne rend la construction ni dure ni obscure.

Ou tout au plus quelque léger regard
D'un courtisan qui vous loue au hasard,
Et qui peut-être avec plus d'énergie
S'en va prôner quelque fade élégie.
Et quel honneur peut espérer de moins
Un écrivain libre de tous ces soins,
Que rien n'arrête, et qui sûr de se plaire,
Fait sans travail tous les vers qu'il veut faire?
Il est bien vrai qu'à l'oubli condamnés,
Ses vers souvent sont des enfants mort-nés,
Mais chacun l'aime et nul ne s'en défie.
A ses talents aucun ne porte envie.
Il a sa place entre les beaux-esprits,
Fait des sonnets, des bouquets pour Iris,
Quelquefois même aux bons mots s'abandonne?
Mais doucement et sans blesser personne,
Toujours discret et toujours bien disant,
Et, sur le tout, aux belles complaisant.
Que si jamais pour faire une œuvre en forme,
Sur l'Hélicon Phébus permet qu'il dorme,
Voilà d'abord tous ses chers confidents,
De son mérite admirateurs ardents,
Qui *par cantons* répandus dans la ville,
Pour l'élever dégraderont Virgile;
Car il n'est point d'auteur si désolé,
Qui dans Paris n'ait un parti zélé.
Tout se débite: *Un sot,* dit la satire,
Trouve toujours un plus sot qui l'admire.

La plupart de ces idées sont dans ce même Despréaux qu'il vient de citer; mais le style est celui du genre, il a de la facilité et de la verve satirique. C'est la seule espèce de verve qui l'anime quelquefois dans ses épîtres : il ne faut guère y chercher autre chose. Il y en a une qui roule sur un sujet que Voltaire a traité, *sur la Calomnie;* celle de Voltaire est adressée à madame du Châtelet, celle de Rousseau au comte du Luc. Cette dernière ne peut pas soutenir la comparaison, quoiqu'il y ait des parties bien traitées. Le faux esprit s'y montre de temps en temps comme dans les autres.

Le zèle que Rousseau fait souvent paraître en faveur de la religion, et qui n'est pas assez éclairé pour être fort édifiant, revient encore dans l'*Épître au baron de Breteuil*, et c'est malheureusement ce qu'elle a de plus mauvais. Il se tire mieux des morceaux dont l'intention est satirique; et celui-ci dirigé contre La Motte, est un de ceux qu'il a le mieux écrit.

J'ai vu le temps; mais, Dieu merci tout passe,
Que Calliope au sommet du Parnasse,
Chaperonnée en burlesque docteur,
Ne savait plus qu'étourdir l'auditeur
D'un vain ramas de sentences usées,
Qui, de l'Olympe excitant les nausées,
Faisaient souvent, en dépit de ses sœurs,
Transir de froid jusqu'aux applaudisseurs.
Nous avons vu, presque durant deux lustres,
Le Pinde en proie à de petits illustres
Qui, traduisant Sénèque en madrigaux,
Et rebattant des sons toujours égaux,
Fous de sang-froid, s'écriaient : Je m'égare!
Pardon, Messieurs, j'imite trop Pindare;
Et suppliaient le lecteur morfondu,
De faire grace à leur feu prétendu.

Comme eux alors apprenti philosophe,
Sur le papier nivelant chaque strophe,
J'aurais bien pu du bonnet doctoral
Embéguiner mon Apollon moral,
Et rassembler sous quelques jolis titres
Mes froids dixains rédigés en chapitres ;
Puis, grain à grain tous mes vers enfilés,
Bien arrondis et bien intitulés,
Faire servir votre nom d'épisode,
Et vous offrir sous le pompeux nom d'ode,
A la faveur d'un éloge apprêté,
De mes sermons l'ennuyeuse beauté.
Mais mon génie a toujours, je l'avoue,
Fui ce faux air dont le bourgeois s'engoue,
Et ne sait point, prêcheur fastidieux,
D'un sot lecteur éblouissant les yeux,
Analyser une vérité fade
Qui fait vomir ceux qu'elle persuade,
Et qui, traînant toujours le même accord,
Nous instruit moins qu'elle ne nous endort.

Si Rousseau écrivait toujours ainsi, ses épîtres, sans valoir celles de Despréaux, pourraient être mises au rang des bons ouvrages. Mais en les condamnant en général, j'en extrais ce qu'il y a de louable : c'est le seul dédommagement de la nécessité de condamner.

L'*Épître au P. Brumoy* est tout entière contre Voltaire, contre ses amis et ses admirateurs, parmi lesquels il ne craint pas de désigner le maréchal de Villars. Tel est le malheur de la haine : voilà jusqu'où elle nous conduit, à insulter un héros pour attaquer un grand écrivain. Cette pièce roule en grande partie sur la rime, que Voltaire a en effet trop négligée; mais est-ce une raison pour lui dire :

> Apprends de moi, sourcilleux écolier,
> *Que ce qu'on souffre*, encore qu'avec peine,
> Dans un Voiture ou dans un La Fontaine,
> Ne peut passer, malgré tes beaux discours,
> Dans les essais d'un rimeur de deux jours.

C'est venir un peu tard pour mettre Voiture à côté de La Fontaine et au-dessus de Voltaire. Cet *écolier*, quand l'*Épître* de Rousseau parut, avait fait la *Henriade*, *Œdipe*, *Brutus* et *Zaïre*. C'est porter un peu loin le zèle pour la rime, que de traiter d'*écolier* l'auteur de si beaux ouvrages *. Oh! qu'il

---

* Voltaire, pour se venger de Rousseau, lui a consacré l'article suivant dans *Le Temple du Goût* :

Dans le moment arriva un autre versificateur, soutenu par deux petits Satyres, et couvert de lauriers et de chardons.

> Je viens, dit-il, pour rire et pour m'ébattre,
> Me rigolant, menant joyeux déduit,
> Et jusqu'au jour faisant le diable à quatre.

Qu'est-ce que j'entends là? dit la Critique. C'est moi, reprit le rimeur; j'arrive d'Allemagne pour vous voir, et j'ai pris la saison du printemps.

> Car les jeunes zéphyrs, de leurs chaudes haleines
> Ont fondu l'écorce des eaux.

Plus il parlait ce langage, moins la porte s'ouvrait. Quoi, l'on me prend donc dit-il,

> Pour une grenouille aquatique,
> Qui, du fond d'un petit thorax,
> Va chantant, pour toute musique,
> Brekeke, brekeke, koax, koax, koax?

Ah! bon dieu! s'écria la Critique, quel horrible jargon! Elle ne put d'abord reconnaître celui qui s'exprimait ainsi. On lui dit que c'était Rousseau,

faut se garder d'être l'ennemi du talent, sur-tout lorsqu'on en a soi-même! Ce qu'écrivent les sots meurt du moins avec eux, mais les injustices d'un grand écrivain vivent autant que ses écrits; elles sont immortelles comme sa gloire, et y impriment une tache qui ne s'efface pas.

Les *Allégories* de Rousseau sont d'un style moins inégal et moins incorrect que ses *Épîtres*; mais elles ont le plus grand de tous les défauts; elles sont

---

dont les Muses avaient changé la voix, en punition de ses méchancetés: elle ne pouvait le croire, et refusait d'ouvrir. Elle ouvrit pourtant en faveur de ses premiers vers; mais elle s'écria:

> O vous, messieurs les beaux-esprits,
> Si vous voulez être chéris
> Du dieu de la double montagne,
> Et que toujours dans vos écrits
> Le dieu du goût vous accompagne,
> Faites tous vos vers à Paris,
> Et n'allez point en Allemagne.

Puis me faisant approcher (Voltaire), elle me dit tout bas. Tu le connais; il fut ton ennemi, et tu lui rends justice.

> Tu vis sa muse indifférente
> Entre l'autel et le fagot,
> Manier, d'une main savante,
> De David la harpe imposante,
> Et le flageolet de Marot.
> Mais n'imite pas la faiblesse
> Qu'il eut de rimer trop long-temps.
> Les fruits des rives du Permesse
> Ne croissent que dans le printemps,
> Et la froide et triste vieillesse
> N'est faite que pour le bon sens.

Après m'avoir donné cet avis, la Critique décida que Rousseau passerait devant La Motte en qualité de versificateur, mais que La Motte aurait le pas toutes les fois qu'il s'agirait d'esprit et de raison.

mortellement ennuyeuses. La fiction en est toujours très commune, quelquefois forcée et invraisemblable, la versification en est monotone. Plusieurs se ressemblent trop pour le fond, et toutes roulent sur deux ou trois idées alongées dans deux ou trois cents vers. Quelques tableaux poétiquement coloriés, tels que celui de l'Envie, qu'on a cité dans tous les recueils didactiques, ne peuvent pas racheter cette insipide prolixité, et la satire même ne peut pas les rendre plus piquants. Qui de nous se soucie de toutes les injures entassées contre le directeur de l'Opéra, Francine, dans l'allégorie intitulée le *Masque de Laverne?* Celle qui a pour titre *Pluton* est tout entière contre le parlement qui l'avait condamné : la fable en est absurde. Il suppose que Pluton, trompé par ses flatteurs, laisse la justice des enfers à la merci de juges corrompus, qui se laissent gagner par argent, et envoient les honnêtes gens dans le Tartare, et les méchants dans l'Élysée. Comment se prêter à un emblème qui dément toutes les idées de la mythologie sur laquelle il est appuyé? N'est-il pas reçu dans le système des Anciens, que ce n'est qu'au tribunal des enfers qu'il n'y a plus ni passion, ni erreur, ni injustice, et que chacun y est traité selon ses mérites? Comment les juges des enfers auraient-ils besoin d'argent? Éaque, Minos et Rhadamante ont toujours eu, il faut l'avouer, une grande réputation d'intégrité, et la mauvaise allégorie de Rousseau ne la leur ôtera pas.

Il a fait des comédies : elles sont oubliées. On en joua deux, *le Capricieux*, qui n'eut point de succès;

le Flatteur, qui en eut dans sa nouveauté, et qui n'en eut point à la reprise. L'intrigue en est froide et le style faible, quoique assez pur. Il n'y a de comique que dans une ou deux scènes, et ce n'est pas assez pour soutenir cinq actes. Aussi la pièce n'a-t-elle point reparu, et le talent de Rousseau était peu propre au théâtre. Ses opéra sont encore bien au-dessous de ses comédies : c'est tout ce qu'il convient d'en dire.

On a inséré dans quelques éditions de ses œuvres les couplets qui lui furent si funestes, et que son procès a rendus si fameux. Je ne me permettrai pas d'avoir une opinion sur un fait qui a été tant discuté sans être jamais éclairci ; mais je crois pouvoir remarquer que la réputation qu'ils ont long-temps conservée, prouve combien l'on est peu difficile en méchanceté.

> Le style n'y fait rien :
> Pourvu qu'il soit méchant, il sera toujours bien.

Les éditeurs s'extasient sur le mérite poétique de ces couplets. Quelques-uns, à la vérité, sont bien tournés, mais la plupart sont très mauvais. L'auteur, quel qu'il soit, a l'air d'être toujours enragé ; mais il n'est pas souvent inspiré.

> Je le vois, ce perfide cœur
> Qu'aucune *religion* ne touche,
> Rire au dedans, d'un ris moqueur,
> Du Dieu qu'il confesse de bouche.
> C'est par lui que s'est égaré
> L'impie au visage effaré,

Condamné par nous à la roue,
Boindin, *athée* déclaré,
Que l'hypocrite désavoue.

. . . .

Ainsi finit l'auteur secret.
Ennemis *irréconciliables*,
Puissiez-vous crever de regret!
Puissiez-vous être à tous les diables!
Puisse le démon Couplegor,
S'il se peut, embrasser encor
Le noir sang qui bout dans mes veines,
Bien pour moi plus *précieux* que l'or,
Si je puis augmenter vos peines!

Ce sont là de détestables vers s'il en fut jamais, et il y en a bien d'autres qui ne valent pas mieux. Mais ce qui peut fournir matière aux réflexions, ce qu'il est bien étonnant qu'on n'ait pas remarqué, c'est qu'en deux couplets voilà quatre vers qui manquent de mesure; et la copie que nous avons est authentique. Or, parmi ces couplets, il y en a d'assez bien faits pour qu'on ne puisse pas douter que l'auteur ne sût beaucoup plus que la mesure des vers, et même qu'il ne fût exercé à en faire. Ainsi de deux choses l'une, ou les couplets sont de plusieurs mains, ou celui qui les a faits seul a voulu dérouter les conjectures en commettant des fautes grossières qu'un écolier ne commettrait pas; et c'est peut-être aussi la raison de l'extrême inégalité du style. Cette observation peut mener à plusieurs conséquences, mais aucune n'irait plus loin que la probabilité, et en matière criminelle il n'y a rien que la certitude.

Résumons, il ne reste jamais dans la balance de la postérité que les bons ouvrages : ce sont eux et eux seuls qui décident la place d'un auteur. Les *Odes* et les *Cantates* de Rousseau ont fixé la sienne parmi nos grands poètes; mais il n'y a que l'esprit de parti qui ait pu, pendant quelque temps affecter de lui donner un rang à part, et de l'appeler *le grand Rousseau*, *le prince de la poésie française*, comme je l'ai vu dans plus d'une brochure. Les gens désintéressés savent fort bien comment s'était établie, dans une certaine classe de gens de lettres, cette dénomination que je n'ai vue dans aucun écrivain accrédité, et qu'aujourd'hui l'on ne répète plus. Il semble que ce titre soit un honneur rendu au génie; c'était un présent fait par la haine : les ennemis de Voltaire crurent l'affliger en déifiant son ennemi.

Je ne suis point détracteur de Rousseau; et pourquoi le serais-je ? mais je ne puis le regarder comme le *prince de la poésie française*. Ce nom de *grand*, fait pour si peu d'hommes, si justement accordé à Corneille, au créateur Corneille, qui a tiré le théâtre de la barbarie et répandu tant de lumière dans une nuit si profonde, me paraît fort au-dessus du mérite de Rousseau qui, venu long-temps après Malherbe, a trouvé la langue toute créée; qui, venu du temps de Despréaux, a trouvé le goût tout formé, et qui avec tous ces secours est resté fort au-dessous d'Horace, dont il n'a ni l'esprit, ni les graces, ni la variété, ni le goût, ni la sensibilité, ni la philosophie, et qui manque sur-tout de cet intérêt de style qui vient de l'âme, et qui se communique à celle des lecteurs. Et de quel titre se servira-t-on pour les Racine, les Voltaire, pour ces hommes qui ont été si loin dans les arts les plus difficiles où l'esprit humain puisse s'exercer; qui ont fait plus de chefs-d'œuvre dramatiques que Rousseau n'a fait de belles odes; pour ces enchanteurs si aimables, à qui nous ne pouvons jamais donner autant de louanges qu'ils nous ont donné de plaisir? Si Rousseau est *grand* pour avoir fait de beaux vers, qui souvent ne sont que des vers; que seront ceux qui auront dit tant de belles choses en vers aussi beaux ; ceux qui non-seulement savent flatter notre oreille, mais qui remuent si puissamment notre âme, éclairent et élèvent notre esprit; ceux que nous relisons avec délices, que nous ne pouvons louer qu'avec transport? Que de jeunes têtes exaltées, pour qui le mérite seul de la versification est le premier de tous, soient plus frappées d'une strophe de Rousseau que d'une scène de *Zaïre* ou de *Mahomet*, on le pardonne à l'effervescence de leur âge; mais l'expérience nous apprend que celui dont le plus grand mérite est de bien faire des vers est relu par ceux qui aiment les vers par-dessus tout, mais que les poètes qui parlent au cœur et à la raison sont relus par tout le monde.......

Rousseau, qui se moquait de Danchet, était plus loin de lui dans l'opéra que La Motte n'était loin de Rousseau dans l'ode. On a peine à concevoir que notre grand lyrique ait pu tomber si bas, et qu'il ait laissé insérer encore de si malheureux essais dans des éditions qu'il dirigeait lui-même longtemps après. L'absence du talent dramatique ne détruit pas celui de la versification ; et comment Rousseau, si bon versificateur, Rousseau, si admirable dans ses *Cantates*, genre si voisin de l'opéra, pouvait-il faire des vers tels que ceux-ci :

Au milieu des horreurs d'une guerre *effroyable*,
Dois-je accabler encore un prince *déplorable ?*....
. . . .
Ce prince *espère en nous* ; rempli*ssons son attente*....
. . . .
Et lorsqu'un sort heureux répond à notre *attente*,
La beauté de Médée *amuse votre bras*.
Est-il temps de languir dans une amour nouvelle ?
N'en suspendez-vous point le cours trop odieux ?
. . . .

  Vous allez recevoir ce vainqueur,
  Moins satisfait de sa victoire
   Que sensible à la gloire
   De toucher votre cœur.

. . . .

Vos ennemis, livrés *au destin de la guerre*,
De leur perfide sang ont *fait rougir* la terre.
. . . .
La sybille *séjourne* en ces lieux souterrains.
. . . .

  Mais dans l'amoureux empire
  Incessamment on soupire.

. . . .
Chaque moment *fait naître* en mon esprit confus
　　Un abyme d'incertitude.

. . . .
Ne tardons plus; *cédons à la fureur extrême*
　　Que m'inspire un juste transport, etc.

C'est ainsi que cinq actes de la *Toison d'or* sont écrits, sans qu'il y ait un seul endroit où l'on puisse retrouver le poète à travers cet amas de platitudes et de fautes qu'on ne passerait pas à un écolier. En vérité, Voltaire, si souvent outré dans ses haines, n'exagérait pas pour cette fois, quand il disait que ces opéra-là étaient *au-dessous de ceux de l'abbé Picque*, l'un des derniers rimailleurs de son temps : il disait vrai :

Vénus et Adonis ne vaut pas mieux : on ne parle pas d'amour d'un ton plus froid et plus ridicule. C'est Vénus qui nous le dit :

Sur l'aimable Adonis *je détournai* les yeux :
Ce funeste regard *commença mon supplice,*
Je sentis à l'instant *dans mes esprits charmés,*
Naître tous les transports d'une ardeur violente ;
Et le seul souvenir *du héros qui m'enchante*
　　Ne les a que trop *confirmés.*

C'est Mars qui parle du *vif éclat* de sa juste colère, et du juste trépas qui *n'est qu'un degré fatal à la perte de son rival. Un degré fatal à la perte! Des transports confirmés par un souvenir! Une ardeur violente dans des esprits charmés!* Cet assemblage de mots incohérents et insignifiants est le vrai style de l'amphigouri : est-il possible qu'il ait été deux fois celui de Rousseau? Et l'on ne peut pas l'excuser sur l'âge : il avait alors vingt-cinq ans : ce n'est pas l'âge de la maturité, mais c'est déjà celui de la force.

La Harpe, *Cours de Littérature*.

MORCEAUX CHOISIS*.

I. Bacchus.

C'est toi, divin Bacchus, dont je chante la gloire;
Nymphes, faites silence, écoutez mes concerts.
  Qu'un autre apprenne à l'univers
Du fier vainqueur d'Hector la glorieuse histoire;
  Qu'il ressuscite dans ses vers
Des enfants de Pélops l'odieuse mémoire :
Puissant dieu des raisins, digne objet de mes vœux,
  C'est à toi seul que je me livre;
De pampres, de festons, couronnant mes cheveux,
  En tous lieux je prétends te suivre;
  C'est pour toi seul que je veux vivre
Parmi les festins et les jeux!

  Des dons les plus rares
  Tu combles les cieux;
  C'est toi qui prépares
  Le nectar des dieux.

  La céleste troupe,
  Dans ce jus vanté,
  Boit à pleine coupe
  L'immortalité.

 Mais quels transports involontaires

---

* *Voyez* à l'art. bible, plusieurs odes sacrées de J.-B. Rousseau; *voyez* aussi les nombreux passages cités dans le jugement, un peu sévère, de La Harpe.   F.

Saisissent tout à coup mon esprit agité?
Sur quel vallon sacré, dans quels bois solitaires
    Suis-je en ce moment transporté *?
Bacchus à mes regards dévoile ses mystères.
Un mouvement confus de joie et de terreur
    M'échauffe d'une sainte audace **;
    Et les Ménades en fureur
N'ont rien vu de pareil dans les antres de Thrace.

    Descendez, mère d'Amour;
    Venez embellir la fête
    Du dieu qui fit la conquête
    Des climats où naît le jour.
    Descendez, mère d'Amour,
    Mars trop long-temps vous arrête.....

    Profanes, fuyez de ces lieux!
Je cède aux mouvements que ce grand jour m'inspire.
Fidèles sectateurs du plus charmant des dieux,
Ordonnez le festin, apportez-moi ma lyre,
Célébrons entre nous un jour si glorieux.
Mais parmi les transports d'un aimable délire,
Écartons loin d'ici ces bruits séditieux
    Qu'une aveugle vapeur attire.
    Laissons aux Scythes inhumains
Mêler dans leurs banquets le meurtre et le carnage;
    Les dards du Centaure sauvage

---

*   Quò me, Bacche, rapis tui
  Plenum? Quæ in nemora, aut quos agor in specus,
       Velox mente novâ?
                            Horat., *Od.* III, 25.

**   Evoe, recenti mens trepidat metu,
  Plenoque Bacchi pectore turbidum
       Lætatur.
                            Id. ibid. II, 19.

Ne doivent pas souiller nos innocentes mains *.

 Bannissons l'affreuse Bellone
 De l'innocence des repas :
 Les Satyres, Bacchus et Faune
 Détestent l'horreur des combats.

 Malheur aux mortels sanguinaires
 Qui, par de tragiques forfaits,
 Ensanglantent les doux mystères
 D'un dieu qui préside à la paix !

 Bannissons l'affreuse Bellone
 De l'innocence des repas :
 Les Satyres, Bacchus et Faune
 Détestent l'horreur des combats.

  Veut-on que je fasse la guerre !
Suivez-moi, mes amis ; accourez, combattez.
Emplissons cette coupe ; entourons-nous de lierre.
Bacchantes, prêtez-moi vos thyrses redoutés.
Que d'athlètes soumis ! que de rivaux par terre !
O fils de Jupiter, nous ressentons enfin
  Ton assistance souveraine !
Je ne vois que buveurs étendus sur l'arène,
  Qui nagent dans des flots de vin.

   Triomphe ! victoire !
   Honneur à Bacchus.
   Publions sa gloire.

---

 * Natis in usum lætitiæ scyphis
  Pugnare, Thracum est : tollite barbarum
   Morem, verecundumque Bacchum
    Sanguineis prohibete rixis.
      Horat., *Od.* 1, 27.

Triomphe! victoire!
Buvons aux vaincus.

Bruyante trompette,
Secondez nos voix,
Sonnez leur défaite,
Bruyante trompette,
Chantez nos exploits!

Triomphe! victoire! etc.
Cantates.

II. Circé.

Sur un rocher désert, l'effroi de la nature,
Dont l'aride sommet semble toucher les cieux,
Circé, pâle, interdite, et la mort dans les yeux,
    Pleurait sa funeste aventure.
  Là, ses yeux errants sur les flots,
D'Ulysse fugitif semblaient suivre la trace.
Elle croit voir encor son volage héros;
Et, cette illusion soulageant sa disgrace,
    Elle le rappelle en ces mots,
Qu'interrompent cent fois ses pleurs et ses sanglots :

Cruel auteur des troubles de mon âme,
Que la pitié retarde un peu tes pas!
Tourne un moment tes yeux sur ces climats;
Et si ce n'est pour partager ma flamme,
Reviens, du moins, pour hâter mon trépas.

Ce triste cœur, devenu ta victime,
Chérit encor l'amour qui l'a surpris;
Amour fatal! ta haine en est le prix :
Tant de tendresse, ô dieux! est-elle un crime,
Pour mériter un si cruel mépris?

Cruel auteur des troubles de mon âme,
Que la pitié retarde un peu tes pas!
Tourne un moment tes yeux sur ces climats;
Et si ce n'est pour partager ma flamme,
Reviens, du moins, pour hâter mon trépas.

C'est ainsi qu'en regrets sa douleur se déclare;
Mais bientôt, de son art employant le secours,
Pour rappeler l'objet de ses tristes amours,
Elle invoque à grands cris tous les dieux du Ténare,
Les Parques, Némésis, Cerbère, Phlégéton,
Et l'inflexible Hécate, et l'horrible Alecton.
Sur un autel sanglant l'affreux bûcher s'allume :
La foudre dévorante aussitôt le consume.
Mille noires vapeurs obscurcissent le jour;
Les astres de la nuit interrompent leur course;
Les fleuves étonnés remontent vers leur source;
Et Pluton même tremble en son obscur séjour.

   Sa voix redoutable
   Trouble les enfers;
   Un bruit formidable
   Gronde dans les airs;
   Un voile effroyable
   Couvre l'univers;
   La terre tremblante
   Frémit de terreur;
   L'onde turbulente
   Mugit de fureur;
   La lune sanglante
   Recule d'horreur.

Dans le sein de la mort ses noirs enchantements
  Vont troubler le repos des ombres;

Les mânes effrayés quittent leurs monuments,
L'air retentit au loin de leurs longs hurlements ;
Et les vents, échappés de leurs cavernes sombres,
Mêlent à leurs clameurs d'horribles sifflements.
Inutiles efforts ! Amante infortunée,
D'un dieu plus fort que toi dépend ta destinée.
Tu peux faire trembler la terre sous tes pas,
Des enfers déchaînés allumer la colère ;
    Mais tes fureurs ne feront pas
    Ce que tes attraits n'ont pu faire.

    Ce n'est point par effort qu'on aime :
    L'amour est jaloux de ses droits.
    Il ne dépend que de lui-même ;
    On ne l'obtient que par son choix.
    Tout reconnaît sa loi suprême,
    Lui seul ne connaît point de lois.

    Dans les champs que l'hiver désole
    Flore vient rétablir sa cour :
    L'Alcyon fuit devant Éole,
    Éole le fuit à son tour.
    Mais sitôt que l'amour s'envole,
    Il ne connaît plus de retour.

Ibid.

ROUSSEAU (Jean-Jacques), né à Genève en 1712, était fils d'un horloger qui, n'ayant pas su démêler à temps ses rares dispositions, laissa dépraver, faute de soin, un des plus beaux génies qui ayent illustré la littérature moderne. Ses premières lectures furent mal dirigées, et, comme il le dit lui-même, «les émotions précoces qu'il y puisa, lui don-

« nèrent de la vie humaine les notions bizarres et « romanesques* » qui ont singulièrement contribué à la fausseté et à l'exagération de ses doctrines. A l'âge de cinq ou six ans, il dévorait déjà les *Vies de Plutarque*, sa jeune imagination se passionnait pour les grands caractères de la Grèce et de Rome, et son enfance n'avait pas un guide, pas un ami qui songeât à réduire pour lui des tableaux plus grands que nature aux proportions de la vérité et à la mesure de notre temps. Son père, contraint de quitter Genève, le mit en pension à Bossey, chez le ministre Lambercier, qui ne connut pas davantage la portée d'un tel élève. Jean-Jacques sortit de cette maison plus ignorant qu'il n'y était entré, et continua à perdre son temps auprès d'un oncle maternel qui l'envoyait copier des actes dans l'étude d'un greffier. Celui-ci ne tarda pas à le déclarer « inepte, et « bon tout au plus à mener la lime. » Il avait un goût assez prononcé pour le dessin; ses parents en augurèrent qu'il pourrait gagner sa vie dans l'atelier d'un graveur. Mais il ne put s'assujettir aux travaux ni aux devoirs d'un apprenti. Il apprit à dérober, pour imiter ses compagnons, et à mentir pour éluder la sévérité du maître. Lassé d'une contrainte qui tendait à l'abrutir, il quitta subitement son nouvel état, son pays et sa famille, pour aller, à tout hasard, demander l'hospitalité à l'abbé de Pontverre, curé de Confignon, en Savoye. Comme il était protestant, ce prêtre, au lieu de le renvoyer

---

* Tous les passages marqués de guillemets, sans autre indication, sont extraits littéralement des *Confessions* ou de la *Correspondance* de Rousseau.

à Genève, ne songea qu'aux moyens de le ramener au catholicisme. Madame de Warens le vit alors pour la première fois; entrevue fatale, qui alluma dans l'âme de tous deux une affection trop tendre pour être long-temps légitime. Mais en protégeant un jeune étranger délaissé de sa famille, en lui prodiguant les bontés d'une mère, la baronne de Warens était loin de pressentir qu'elle s'oublierait un jour jusqu'à devenir son amante; elle prévoyait encore moins que l'homme comblé de ses bienfaits et dépositaire de tous les secrets de son âme, se ferait un jeu cruel d'avilir sa mémoire, et de mêler gratuitement à l'éloge de ses charmes et de ses vertus, les révélations les plus scandaleuses. Par sa médiation, et aux frais de l'évêque d'Annecy, Rousseau fut envoyé à Turin, et reçu dans le collège des catéchumènes. Après avoir écouté deux mois les instructions d'un prêtre, il abjura le protestantisme, quoiqu'il ne pût « se dissimuler que changer de re« ligion pour avoir du pain, ne pouvait être que « l'action d'un bandit. » Les avantages qu'il avait compté recueillir de sa conversion se réduisirent à une collecte d'environ vingt francs, qu'on lui remit en le congédiant. Rendu à lui-même et privé de toute ressource pour l'avenir, il logea chez la femme d'un soldat, qui retirait à un sou par nuit les domestiques hors de service, et qui lui procura une place de laquais auprès de mad. de Vercellis. Cette dame mourut quelques mois après, et dans le désordre occasioné par cet évènement, une demoiselle de la maison perdit un ruban couleur de rose et argent

déjà vieux. « Beaucoup d'autres meilleures choses,
« dit Rousseau, étaient à ma portée; ce ruban seul
« me tenta; je le volai, et comme je ne le cachais
« guère, on me le trouva bientôt. On voulut savoir
« où je l'avais pris; je me trouble, je balbutie, et
« enfin je dis en rougissant que c'est Marion qui me
« l'a donné. Marion était une jeune maurienne dont
« madame de Vercellis avait fait sa cuisinière, bonne,
« sage, et d'une fidélité à toute éprouve. La pauvre
« fille se mit à pleurer, et ne dit que ces mots : Ah!
« Rousseau, je vous croyais un bon caractère; vous
« me rendez bien malheureuse, mais je ne voudrais
« pas être à votre place [*]. » Chassé de cette maison
avec la victime de son imposture, il rechercha la
société d'un abbé nommé Gaime, qui lui donna d'utiles
conseils et releva ses espérances. La fortune
parut un moment lui sourire dans une maison où
il passa rapidement de la condition de valet à l'emploi
de secrétaire. Mais son inconstance ne lui permit
pas d'en profiter; il s'échappa de Turin comme
il avait fui de Genève. Ce fut alors que mad. de Warens
le reçut dans sa maison à Annecy. Les conseils
de sa bienfaitrice, la lecture, les charmes d'une
bonne société, réveillèrent en lui les goûts honnêtes
qu'il avait perdus en quittant la maison paternelle.
Il voulait embrasser l'état ecclésiastique,
« trouvant qu'il était bien beau de prêcher, » mais

[*] L'auteur de l'article ROUSSEAU dans la *Biographie universelle*, prétend que des renseignements obtenus sur les lieux depuis la publication des *Confessions*, ont prouvé que Rousseau avait volé, non un vieux ruban, mais un bijou précieux.

la difficulté d'apprendre le latin lui fit promptement quitter le séminaire. La musique avait pour lui un attrait plus vif, et madame de Warens qui l'aimait aussi, l'envoya prendre des leçons à Chambéry, dans une maison d'enfants de chœur. En l'absence de sa protectrice, qu'une affaire importante avait appelée à Paris, Rousseau courut la Suisse avec un prétendu évêque grec qui faisait des collectes pour le saint sépulcre, et auquel il servait d'interprète. Le quêteur et le truchement furent arrêtés à Soleure. L'ambassadeur de France, à qui Jean-Jacques raconta ingénument ses aventures, en témoignant le plus grand désir d'aller joindre à Paris celle qu'il appelait alors sa chère maman, lui donna une petit somme avec des recommandations suffisantes pour se faire valoir dans la capitale. Ce voyage, qu'il fit à pied, par goût autant que par économie, ne fut pour lui qu'une distraction stérile. Il regagna bientôt la Suisse en passant par Lyon, où il connaissait quelques personnes amies de madame de Warens. La honte d'implorer leur assistance l'obligea souvent de s'imposer les plus sévères privations, et « même « de coucher sur un banc, à la belle étoile. » Les Lyonnais, dont il a calomnié les mœurs, montrent encore, sur les rives de la Saône, le chemin solitaire où Rousseau se souvenait « d'avoir couché volup- « tueusement sur la tablette d'une espèce de niche « enfoncée dans un mur de terrasse. » Il oublia cette détresse momentanée dans le séjour des *Charmettes*, maison de campagne que madame de Warens avait louée aux portes de Chambéry. Il y passa les plus belles années de sa vie. Les champs, l'étude et l'amitié réalisèrent pour lui tous les rêves de bonheur qui avaient jusqu'alors abusé son imagination. Des lectures plus suivies, des méditations plus savantes fixèrent peu à peu ses idées. Il explora successivement Locke, Mallebranche, Descartes, Montaigne, *la Logique de Port-Royal* et *les Éléments de mathématiques* du père Lami. Il vivait alors fort dévotement sous la direction du père Hémet, jésuite de Chambéry, et cependant la peur de l'enfer troublait son repos. « Un jour que rêvant à ce « triste sujet, il s'exerçait machinalement à lancer « des pierres contre les troncs des arbres, il s'en « fit une espèce de pronostic pour calmer son in- « quiétude : Je vais, dit-il, jeter cette pierre contre « l'arbre qui est vis-à-vis de moi; si je le touche, « signe de salut ; si je le manque, signe de damna- « tion. Il frappa au beau milieu de l'arbre, et de- « puis lors il se crut prédestiné. » En 1739, il alla consulter les médecins de Montpellier sur une maladie dont il redoutait les suites. Les petites aventures qu'il a mêlées au récit de son voyage donnent à penser que sa maladie n'était pas fort grave, ni son cœur bien fidèle à la foi donnée. Malheureusement celle qu'il se reprochait d'avoir trahie pour madame de Larnage, travaillait elle-même à le dispenser du repentir. A son retour, il trouva le cœur de madame de Warens engagé dans de nouveaux liens peu dignes de son rang. Il fallut dire adieu aux Charmettes, et se rendre à Lyon où l'attendait un emploi de précepteur dans la maison de M. de Mably. Après un au de travaux à peu près stériles dans cette carrière, Rousseau, qui ne songeait pas encore à faire l'éducation du genre humain, quitta ses disciples, persuadé qu'il « ne parviendrait jamais à les bien éle-« ver. » Un autre motif l'engageait encore à prendre ce parti. Il s'était approprié clandestinement « quelques bouteilles d'un bon petit vin d'Arbois; « on avait remarqué les bonnes petites buvettes « qu'il faisait à part lui dans sa chambre. » Il fut donc très heureux de gagner Paris avec quinze louis d'argent comptant, la plus forte somme qu'il eût encore possédée, et l'espoir d'une immense et rapide fortune, fondé sur une *Méthode nouvelle de noter la musique par chiffres*. Les membres de l'Académie, auxquels Rousseau exposa sa découverte, jugèrent la méthode défectueuse et impraticable, et Rameau la combattit par des raisons si fortes que l'inventeur lui-même ne tarda pas à l'abandonner. Il se consumait sans rien faire, « lorsque le P. Cas-« tel, à qui il rendait de fréquentes visites, lui dit : « J'ai parlé de vous à madame de Beuzenval et à « madame Dupin; allez les voir de ma part. On ne fait « rien dans Paris que par les femmes : ce sont comme « des courbes dont les sages sont les asymptotes; ils « s'en approchent sans cesse, mais il n'y touchent « jamais. » Rousseau n'adopta que la moitié de cette *sagesse*, puisque après la seconde ou troisième entrevue, il écrivit à madame Dupin l'amour qu'il avait conçu pour elle. On le congédia sans renoncer à le protéger. Il fut nommé secrétaire de M. de Montaigu, ambassadeur à Venise. Cet emploi n'a-

vança point sa fortune; mais le séjour qu'il fit à Venise changea en une véritable passion le goût qu'il avait déjà pour la musique italienne. Cependant l'opéra des *Muses galantes*, qu'il composa à son retour, ne fut pas admis à la représentation. Il contenait des morceaux remarquables déparés par des fautes grossières; et Rameau, qui tenait alors en France le monopole de la célébrité musicale, ne vit dans l'auteur « qu'un petit pillard sans talent. » On voit, par le dépit que Jean-Jacques en éprouva, jusqu'à quel point ce beau génie s'ignorait lui-même; et on lui pardonne d'avoir regardé comme un prodige le hasard singulier qui vint tout à coup, à l'âge de trente ans, après tant de vicissitudes, lui révéler son talent, et changer sa destinée. Ce fut pendant l'été de 1749, qu'allant visiter son ami Diderot, détenu au donjon de Vincennes, il lut dans le *Mercure de France*, qu'il portait pour se distraire en route, la question proposée par l'Académie de Dijon : *Si le progrès des sciences et des arts a contribué à corrompre ou à épurer les mœurs?*
« Si jamais quelque chose, dit Rousseau, a ressem-
« blé à une inspiration, c'est le mouvement qui se
« fit en moi à cette lecture; tout-à-coup je me sens
« l'esprit ébloui de mille lumières, et ma tête prise
« par un étourdissement semblable à l'ivresse; une
« violente palpitation m'oppresse, soulève ma poi-
« trine. Ne pouvant plus respirer en marchant, je
« me laisse tomber sous un des arbres de l'avenue,
« et j'y passe une demi-heure dans une telle agita-
« tion, qu'en me relevant je vis mes vêtements

« mouillés de mes larmes, sans avoir senti que j'en
« répandais. » Revenu de son extase, il écrivit au
crayon, sous le même chêne, la prosopopée de *Fabricius*, qu'il s'empressa de montrer à Diderot. Celui-ci l'engage à concourir pour le prix, et lui conseille de soutenir, comme plus neuve et plus piquante, l'opinion contraire aux lettres. Jean-Jacques se met à l'œuvre, et compose cette brillante déclamation qui a tant fait de bruit et dont l'auteur porte lui-même ce jugement : « Cet ouvrage, plein de
« chaleur et de force, manque absolument d'ordre
« et de logique; de tous ceux qui sont sortis de ma
« plume, c'est le plus faible de raisonnement, et le
« plus pauvre de nombre et d'harmonie; mais avec
« quelque talent qu'on puisse être né, l'art d'écrire
« ne s'apprend pas tout d'un coup. » L'année suivante, il apprit que son discours avait remporté le prix à Dijon. « Cette nouvelle acheva de mettre en
« fermentation dans son cœur le premier levain
« d'*héroïsme* que Plutarque y avait mis dès son enfance. Il résolut d'être libre, de briser les fers de
« l'opinion, et de rompre en visière aux maximes
« de son siècle. » Pour préluder à ce nouveau rôle, il retrancha de sa table et de sa mise le peu de luxe qu'il s'était permis jusqu'alors avec un appointement de douze cents francs chez le fermier-général Dupin. Il renonça à cet emploi qui limitait son indépendance; il vendit sa montre en se disant avec une joie incroyable : « Grace au ciel, je n'aurai
« plus besoin de savoir l'heure qu'il est. »

Il lui fallait pourtant une occupation de son goût,

qui lui donnât du pain au jour le jour ; il imagina de copier de la musique à dix sols la page. C'était plus que le taux ordinaire, mais sa résolution avait fait du bruit, et la réputation du littérateur attirait des pratiques au copiste. L'engouement des parisiens dura plusieurs années, et devint universel après la représentation du *Devin du Village*. Cet opéra, qui maintenant, à côté de notre artillerie musicale, paraît une chanson de berger, fut joué d'abord, sur le théâtre de la Cour à Fontainebleau, avec un succès dont il y avait eu peu d'exemples. Rousseau entendait répéter au tour de lui que cette musique était ravissante, que tous les sons parlaient au cœur. Il voyait pleurer toutes les dames, et pleurait comme elles, en savourant sa gloire. Le roi lui-même ne se lassait pas de chanter le lendemain : *j'ai perdu mon serviteur, j'ai perdu tout mon bonheur*. On devait lui présenter Jean-Jacques; mais celui-ci partit subitement de Fontainebleau, au mépris de toutes les convenances et à l'insu de ses protecteurs.

L'académie de Dijon venait encore de mettre au concours un sujet qui ne pouvait manquer de tenter sa plume. C'était *l'Origine de l'Inégalité parmi les hommes*. Pour méditer une question si hardie, il se déroba quelque temps au tumulte de la ville. « En-
« foncé des journées entières dans la forêt de St-
« Germain, il y cherchait, il croyait y retrouver
« l'image des premiers temps dont il allait fièrement
« tracer l'histoire. » De là résulta le *Discours sur l'Inégalité des Conditions*, satire véhémente et absurde de la société humaine. Après un voyage à Genève,

où Rousseau révoqua solennellement l'abjuration qu'il avait faite à Turin, Madame d'Épinay qui possédait, auprès de Montmorency, le château de la Chevrette, lui fit bâtir à son insu, dans une position qu'il affectionnait, la petite maison connue depuis sous le nom de *l'Hermitage*. « Mon Ours, lui « dit-elle, voilà votre asyle ; c'est vous qui l'avez « choisi ; c'est l'amitié qui vous l'offre. »

Quelques paradoxes frondeurs l'avaient mis facilement à la mode. Il voulut enfin mériter sa réputation par des ouvrages durables. Tel fut d'abord le roman de *la Nouvelle Héloïse*, dont sa vanité retrace l'origine en des termes qui laissent peu à faire aux panégyristes de son talent. « Dévoré, nous dit-
« il, du besoin d'aimer, je me voyais atteindre aux
« portes de la vieillesse, et mourir sans avoir vécu.
« Cette idée me jeta dans le pays des Chimères,
« et ne voyant rien d'existant qui pût répondre à
« mon délire, je le nourris dans un monde idéal
« que mon imagination créatrice eut bientôt peu-
« plé d'êtres selon mon cœur. Dans mes continuelles
« extases, je me fis des sociétés de créatures par-
« faites, aussi célestes par leurs vertus que par leurs
« beautés ; j'imaginai deux amies, l'une sage et l'au-
« tre faible, mais d'une si touchante faiblesse que
« la vertu semblait y gagner. Je donnai à l'une des
« deux un amant dont l'autre fût la tendre amie. Je
« fis l'amant aimable et jeune, lui donnant les ver-
« tus et les défauts que je me sentais. Mais en com-
« posant cette espèce de roman, mon grand em-
« barras était la honte de me démentir moi-même ;

« après les principes sévères que je venais d'établir
« avec tant de fracas, après tant d'invectives mordantes
« contre les livres efféminés, pouvait-on rien
« imaginer de plus choquant que de me voir tout
« à coup m'inscrire, de ma propre main, parmi les
« auteurs de ces livres? je sentais cette inconsé-
« quence dans toute sa force, j'en rougissais, et tout
« cela ne put suffire pour me ramener à la raison. »

La comtesse d'Houdetot, belle-sœur de madame d'Épinay, et amante de St-Lambert, venait fréquemment à la Chevrette, et quelquefois à l'Hermitage. Rousseau, lié d'amitié avec le poëte des *Saisons*, lui donna d'austères conseils sur ces relations trop connues avec madame d'Houdetot; mais en combattant la passion de son ami, il s'abandonnait à l'espoir de lui enlever le cœur de la comtesse. *Les Lettres à Sophie* attestent le délire du philosophe Génevois en cette occasion. St-Lambert en fut instruit; Rousseau se crut trahi par madame d'Épinay, et lui rendit ses bienfaits en gardant par devers lui toutes les apparences de l'ingratitude. Il rompit également avec Diderot qu'il soupçonna d'avoir voulu désigner le solitaire de l'Hermitage, par cette phrase d'un de ses romans; *il n'y a que le méchant qui soit seul*. Son audace à tout braver l'avait rendu cher aux encyclopédistes, et sur-tout à Diderot qui trouvait piquant de *corriger* les écrits de Jean-Jacques, pour leur « donner un air plus noir et plus hostile. »

Mais après la *Lettre à d'Alembert* contre les spectacles, les philosophes ne virent plus en lui qu'un auxiliaire indiscipliné, capable de sacrifier la cause commune au plaisir de triompher seul. A des liaisons qu'il pouvait croire intéressées ou perfides, succédèrent les nobles et touchantes attentions d'une illustre famille. Le maréchal de Luxembourg, qui venait passer, tous les ans, une saison au château de Montmorency, voulut désarmer ce fier ennemi des supériorités sociales. Les invitations les plus pressantes n'avaient pas ébranlé Rousseau; mais il fut ému jusqu'aux larmes, « en voyant un jour ce « vénérable vieillard arriver à pied pour lui rendre « visite à Mont-Louis, dans son unique chambre dont « le plancher pourri tombait en ruine. » Dès ce moment, il ne put se défendre d'accepter un logement dans le château, et eut la liberté entière d'y vivre selon ses goûts.

La *Nouvelle Héloïse* parut en 1761, et le succès dépassa encore les espérances de l'auteur, qui disait : « Quiconque n'idolâtre pas ma Julie, ne sait pas ce « qu'il faut aimer ; quiconque n'est pas l'ami de St- « Preux, ne saurait être le mien, » il éprouvait tant de plaisir à se relire lui-même, qu'outre le manuscrit destiné à l'impression, il fit, avec un soin extrême, deux copies de ce long roman, l'une pour madame d'Houdetot, et l'autre pour la maréchale Luxembourg.

Il travaillait depuis long-temps à un ouvrage plus sérieux sur l'éducation, dont il avait révélé le projet et le but dans la dernière partie de *l'Héloïse*. Il avait jugé à propos de sonder le terrain sur le plus ou moins de réserve qui lui était nécessaire pour présenter sa profession de foi religieuse; et voyant qu'on avait toléré, dans Julie, une espèce de dévotion paradoxale, il espéra qu'un *vicaire Savoyard* « avouant que l'évangile parlait à son cœur, » pourrait proclamer impunément une religion sans culte et une morale sans dogmes. On voit d'ailleurs combien il comptait sur son style, sur sa réputation et sur la faveur du public, pour arrêter le bras de l'autorité.

L'Émile fut donc imprimé en 1762; le parlement proscrivit le livre, et lança un ordre pour faire arrêter l'auteur. Les philosophes ne redoutaient pas beaucoup ces sortes d'arrêts. Plusieurs en avaient recueilli de la célébrité pour eux et pour leurs livres, mais Jean-Jacques en fut atterré. Il accusa ses protecteurs aussi vivement que ses ennemis; et les défiances qui avaient troublé son repos depuis sa rupture avec madame d'Épinay, prirent un caractère sombre et farouche. Il crut voir l'Europe entière liguée contre lui, et des milliers d'ennemis occupés dans l'ombre à dénaturer ses ouvrages, à noircir sa mémoire, et à consommer sa ruine. Son imagination fut vingt ans le jouet d'une terreur chimérique, pareille au vertige qui avait assiégé l'âme de Pascal, après l'accident du pont de Neuilly.

Le maréchal de Luxembourg avait tout disposé pour l'évasion de Rousseau, qui trouva un asyle dans la principauté de Neufchâtel, et obtint l'agrément du roi de Prusse pour se fixer au village de *Moutiers-Travers*. Milord Keith, gouverneur de la principauté, devint son ami et lui assura une modique pension viagère. C'est alors qu'il adopta le costume arménien, sans autre motif qu'une bizarre fantaisie. Il renonça à la littérature et apprit à faire des lacets; on le voyait au village, travaillant comme les femmes, devant sa porte, et causant avec les passants. Mais il n'eut pas le courage de laisser sans réponse le mandement de l'archevêque de Paris, qui venait d'anathématiser l'*Émile*. La *Lettre de Rousseau à monsieur de Beaumont*, reproduit les mêmes erreurs avec la même éloquence. Elle est bien supérieure de style et de logique aux *Lettres écrites de la Montagne*, qu'il publia en 1763 contre les ministres de Genève, et qui lui suscitèrent de nouveaux orages. Le prédicant Montmollin voulut en effet l'excommunier, et ameuta contre lui la populace de Moutiers. Le philosophe, assailli à coups de pierres, tremblait de vérifier tragiquement sa devise: *Vitam impendere vero*; mais il trouva une sûreté momentanée dans une île placée au milieu du lac de Bienne. Cette retraite, peuplée seulement de quelques laboureurs, semblait faite exprès pour un amant passionné de la solitude. Le calme profond qui régnait autour de lui, ne lui laissa de toutes ses alarmes que la crainte de ne pas finir ses jours dans l'île Saint-Pierre. Ce pressentiment était trop bien fondé; un magistrat de Berne vint, après quelques semaines, et dans une saison déjà rigoureuse, l'arracher à ses promenades sur le lac, à ses colonies de lapins et à sa botanique, travaux qui n'avaient pas, comme ses écrits, le tort de menacer la paix du monde. David Hume, l'historien anglais, procura à Jean-Jacques les moyens de passer en Angleterre, et lui rendit d'importants services, sans négliger aucune des précautions nécessaires pour ne pas blesser un caractère aussi ombrageux. Une demeure agréable, de son choix et de son goût, lui fut donnée près de Wootton, dans le Derbyshire. Il commençait à reprendre ses occupations favorites, ses promenades, et l'étude des plantes, lorsqu'un nouvel incident lui fit voir « toute l'Angle-« terre conjurée contre lui, et David Hume avec ses « complices, occupés à le faire périr à Wootton, de « douleur et de misère. » La cause de cette alarme et de la bruyante querelle qui en résulta, était une prétendue *Lettre du roi de Prusse*, dans laquelle on se moquait des visions et des travers du philosophe Génevois. Hume n'était pour rien dans cette plaisanterie, mais Horace Walpole, qui plus tard s'en déclara l'auteur, était son ami. Rousseau qui d'ailleurs n'aimait pas l'Angleterre, quitta cette contrée, après avoir inscrit le nom de Hume sur la liste déjà si nombreuse des *traîtres* qui avaient juré de le perdre par leurs bienfaits. Ce qu'il lui pardonnait le moins, comme on le voit dans sa correspondance, « c'était d'avoir fait tirer et mettre « en circulation un portrait de lui, qui n'était pas « ressemblant et qui lui donnait une vilaine mine « de Cyclope. » Il avait accepté, après bien des scrupules et des conditions, une pension du roi d'Angleterre, mais il y renonça dans la suite.

Mirabeau, le père du fameux orateur, reçut Jean-Jacques à son château de Fleury. Comme les curieux le poursuivaient partout, il changea de nom, et demeura quelque temps sous le nom de *Renou*, à Trie-le-Château, protégé par le prince de Conti. Les marques de la plus affectueuse amitié, ne l'empêchèrent pas de sentir qu'il était « plongé dans un « océan d'iniquités. » Il travaillait fort secrètement à rédiger ses *Confessions*; et, pour donner le change aux espions dont il se croyait entouré, il paraissait donner tous ses soins à recueillir des plantes pour son herbier. Il parcourut ainsi les environs de Lyon et de Grenoble, ayant pour toute compagnie son chien et sa Thérèse. Cette femme, dont il a sans doute exagéré la stupidité, en disant qu'elle ne savait pas distinguer les heures sur un cadran, ni compter par ordre les mois de l'année, était sa gouvernante depuis vingt-trois ans. Par l'empire absolu qu'elle avait pris sur lui, elle contribua beaucoup à rendre le petit ménage du philosophe un objet de dégoût pour les honnêtes gens. Sa présence d'ailleurs rappelait des souvenirs plus odieux qu'une liaison indécente et mal assortie; elle attestait le crime d'un père qui avait abandonné, dès le berceau, ses enfants à la pitié publique. Rousseau avait trouvé cette compagne, en 1745, dans le petit hôtel de St-Quentin, rue des Cordiers. Il l'épousa civilement à Bourgoin en 1768. Il demeura presque une année entière à Monquin en Dauphiné, tantôt dans un cabaret, tantôt chez une dame du voisinage. L'étude des plantes paraissait l'absorber entièrement. « J'herboriserai, « disait-il, jusqu'à la mort et au-delà; s'il y a des « fleurs aux Champs Élysées, j'en formerai des cou- « ronnes pour les hommes vrais, droits et tels que

« j'avais mérité d'en trouver sur la terre. » Il implorait sérieusement le crédit d'un de ses amis pour se faire reléguer dans quelqu'île sauvage de l'Archipel où il pût herboriser, « loin des satellites qui « le flattaient pour le poignarder. » M. de Chateaubriand, qui a visité ces îles, disait à propos d'une telle fantaisie : « l'éloquent sophiste se fût bientôt « repenti de son choix. Séparé de ses admirateurs, « relégué au milieu de quelques grecs grossiers et « perfides, il n'aurait trouvé dans des vallons brû- « lés par le soleil, ni fleurs, ni ruisseau, ni om- « brages; il n'aurait vu autour de lui que des rochers « rougeâtres, et je doute qu'il eût désiré long-temps « continuer ses promenades, au bruit du vent et « de la mer, le long d'une côte inhabitée. »

Les protecteurs de Jean-Jacques obtinrent, en 1771, qu'il demeurât à Paris, à condition qu'il n'écrirait plus sur la religion ni sur la politique. Il tint parole, et vécut encore sept ans dans une retraite absolue. Son incurable monomanie lui dicta néanmoins quelques *Dialogues,* dans lesquels il faisait son apologie avec une verve et une fraîcheur de style qui n'accusaient pas les glaces de l'âge ni l'affaiblissement de sa raison. On peut en dire autant des *Rêveries,* qu'il écrivit au retour de ses promenades autour de Paris. La dernière, restée incomplète, est consacrée au douloureux souvenir de madame de Warens, qui avait depuis long-temps cessé de vivre, et que tant de vicissitudes n'avaient point bannie de sa pensée. Cet homme qui a pu dire avec raison « je ne suis fait comme aucun de mes sem-

« blables, » mourut le 3 juillet 1778, à Ermenonville, dans une terre de M. le marquis de Girardin. La cause de sa mort est encore un problème non moins insoluble que les contradictions de sa vie. Les uns l'accusent d'avoir attenté à ses jours et d'avoir démenti, en prenant du poison, les belles maximes qu'il avait opposées aux partisans du suicide. Ils racontent que peu de jours avant sa mort, sa tristesse était au comble; qu'il avait surpris sa Thérèse infidèle; qu'il était resté huit heures au bord de l'eau, dans une méditation profonde; que le matin de son dernier jour, il se leva en parfaite santé, prit du café préparé par lui-même, et sortit en disant à peu près comme Phèdre : *je vais voir le soleil pour la dernière fois;* qu'il rentra quelques heures après, fit une chute dans sa chambre, et expira dans d'horribles souffrances, défendant qu'on appelât du secours et qu'on avertît personne. Les autres combattent ces conjectures par des témoignages plus authentiques, par le procès-verbal des médecins, enfin par la résignation et le calme religieux qu'on aperçoit dans ses derniers écrits. Ils montrent que Rousseau, malgré les aberrations de sa doctrine, n'avait point abjuré l'espérance d'une vie future. Ils rappellent ce langage qu'il tenait, non au public, mais à un ami intime : « Accablé des maux de la vie et de l'injustice des hommes, j'approche avec joie d'un séjour où tout cela ne pénètre point. Hé quoi! le juste infortuné n'aurait nul dédommagement à attendre après cette vie! il mourrait en bête, après avoir

« vécu en dieu ! » Par une prévoyance singulière Rousseau a repoussé, dans ses écrits, le reproche qui devait un jour peser sur sa mémoire ; il écrivait à sa femme, en 1769 : « Vous connaissez trop « mes vrais sentiments pour craindre que je sois « homme à disposer jamais de ma vie, avant le « temps marqué par la nature. Si quelque accident « doit terminer ma carrière, soyez bien sûre, quoi « qu'on en puisse dire, que ma volonté n'y aura pas « eu la moindre part. »

Le caractère moral de cet homme célèbre semble échapper à l'analyse. C'est un composé d'éléments si contradictoires qu'on est toujours étonné de les trouver réunis dans le même individu. Rousseau est néanmoins un des écrivains qui a le mieux peint son âme dans ses ouvrages, sur-tout dans sa correspondance familière. Il gagne à être pris sur le fait dans les épanchements de l'amitié, et sous ce rapport il a un grand avantage sur les autres philosophes. L'enthousiasme de ceux que Grimm appelle les *dévots de Jean-Jacques*, en a fait un homme accompli ; une prévention contraire lui a prêté des traits hideux ; il faut bien avouer les vices d'un homme qui s'est largement diffamé lui-même ; mais on ne saurait lui contester quelques vertus dignes des temps antiques. Simple dans ses goûts, ennemi d'un vain luxe, sobre et désintéressé, il aima mieux manquer du nécessaire que d'acheter le superflu au prix de son indépendance. Dans le temps que ses livres enrichissaient presque tous les libraires de l'Europe, il ne buvait que de l'eau à l'un de ses repas pour se ménager le plaisir de boire à l'autre un peu de vin pur. Avec une âme ardente et irascible, il ne connut point la jalousie et les petites vengeances si familières aux gens de lettres. Conspué par Voltaire, il lui rendit justice, et put le haïr sans jamais l'insulter. Doué d'une santé faible mais assez uniforme, il passe pour avoir été malade imaginaire, ce qui s'accorde mal avec son antipathie contre la médecine. Le travail lui était pénible sur-tout dans le cabinet. Le mouvement de la promenade, l'aspect des champs et des forêts rendaient sa composition plus facile et plus féconde. Il était merveilleusement inspiré par le souvenir des lieux qui avaient été le théâtre des principaux évènements de sa vie. Son imagination ne tarissait pas à décrire les Charmettes et l'île St-Pierre. Un arbre, un ruisseau, un rocher, témoins de son bonheur, obtenaient de lui une reconnaissance qu'il refusa trop souvent aux bienfaits des hommes.

Outre les ouvrages déjà mentionnés, Rousseau avait médité des *Institutions politiques*, dont il publia seulement le résumé, devenu si fameux sous le titre de *Contrat Social*. Ce système subversif de toutes les doctrines politiques sur lesquelles repose la paix des nations, fut le code des conventionnels, qui firent placer le buste de l'auteur dans le lieu de leurs séances. Son *Dictionnaire de Musique* *, à quelques

---

* On a formé un recueil de ses autres écrits sur la musique, parmi lesquels on distingue la *Lettre sur la Musique française*, comme un chef-d'œuvre de discussion sur cette matière. Rousseau fit tomber le plain-chant des lullistes, et prépara en quelque sorte les triomphes de Gluck.

inexactitudes près, est encore un des meilleurs ouvrages que nous possédions en ce genre, sur-tout avec les corrections et additions qu'y a faites un éditeur moderne. Les *Confessions*, mémoires détaillés de tous les évènements de sa vie, sont écrites avec une telle affectation de franchise, qu'on a fini par soupçonner qu'il s'y est glissé bien des fables. Du reste, l'intérêt des détails, la fraîcheur du coloris, la marche dramatique de la narration, attestent qu'il excellait dans tous les genres de style, et font regretter qu'il ait déparé tant de pages ravissantes par quelques récits indignes d'une plume honnête. On a trouvé dans les manuscrits de Rousseau plusieurs ébauches dramatiques, moins poétiques que sa prose, la *Traduction d'un livre de Tacite*, et même une *Oraison funèbre* du duc d'Orléans, composée pour un abbé de ses amis. Le *Lévite d'Ephraïm*, la *Reine Fantasque*, etc., sont de petits contes au-dessous de sa réputation. On a recueilli à part ses *Lettres sur la Botanique*, mais ses travaux en ce genre ont plus illustré la science des plantes qu'ils ne l'ont enrichie. Parmi les éditions de ses *Œuvres complètes*, on préfère celle que publie en ce moment le libraire Dalibon, et celle de Lefèvre, Paris, 1819 — 1820, 22 vol. in-8°, ornée de vignettes. Le vingt-deuxième volume contient l'analyse des principaux écrits publiés sur les ouvrages et sur la personne de Jean-Jacques.

Favier.

JUGEMENTS.

I.

Parallèle de Voltaire et de J.-J. Rousseau.

Le public a toujours pris plaisir à faire aller de pair ces deux hommes contemporains et à jamais célèbres. Quoiqu'ils aient eu plusieurs choses de commun, je trouve qu'ils en ont eu un plus grand nombre où ils ont contrasté d'une manière étonnante. D'abord ils semblent avoir partagé entre eux le vaste empire des lettres. Tragédies, comédies, poèmes épiques, histoires, poésies légères, romans, contes, satires, discours sur la plupart des siences; tel a été le lot de Voltaire. Rousseau a excellé dans tout ce que l'autre a négligé : musique, opéra, botanique, morale. Jamais, dans aucune langue, personne n'a écrit sur autant de sujets que le premier, et personne n'a traité le sien avec plus de profondeur que le second.

. . . .

Tous deux se sont quelquefois égarés, mais par des routes bien différentes. Dans Voltaire, c'est l'esprit qui fait tort à l'homme de génie; dans Jean-Jacques, c'est le génie qui nuit à l'homme d'esprit. Un des plus grands écarts qu'on ait reprochés à celui-ci, c'est le mal qu'il a dit des lettres; mais, par l'usage sublime auquel il les a consacrées en inspirant la vertu et les bonnes mœurs, il est à lui-même le plus fort argument qu'on puisse lui opposer. L'autre, au contraire, vante sans cesse leur heureuse influence; mais par l'abus qu'il en a fait, il est la plus forte preuve du système de Rousseau.

Leur philosophie embrasse toutes les conditions de la société. Celle de Voltaire est celle des gens heureux, et se réduit à ces deux mots : *Gaudeant benè nati.* Rousseau est le philosophe des malheureux; il plaide leur cause, et pleure avec eux. Le premier ne vous présente souvent que des fêtes, des théâtres, de petits soupers, des bouquets aux belles, des odes aux rois victorieux ; toujours enjoué, il abat en riant les principes de la morale, et jette des fleurs jusque sur les maux des nations : le second, toujours sérieux, gronde sans cesse contre nos vains plaisirs, et ne voit, dans les mœurs de notre bonne compagnie, que les causes prochaines de notre ruine. Cependant, après avoir lu leurs ouvrages, nous éprouvons bien souvent que la gaieté de l'un nous attriste, et que la tristesse de l'autre nous console. C'est que le premier, ne nous offrant que des plaisirs dont on est dégoûté, ou qui ne sont pas à notre portée, et ne mettant rien à la place de ceux qu'il nous ôte, nous laisse presque toujours mécontents de lui, des autres et de nous. Le second, au contraire, en détruisant les plaisirs factices de la société, nous montre au moins ceux de la nature.

. . . .
. . . .

Ce n'est pas que l'esprit d'incrédulité soit universel dans Voltaire ; on y trouve, au contraire, de superbes tableaux de la religion et de ses ministres : il détruit souvent d'une main ce qu'il élève de l'autre ; ce qui est chez lui non une inconséquence, mais une vanité d'artiste, qui veut montrer son habileté dans les genres les plus opposés.

Quant à Rousseau, troublé par la haine des peuples, par les divisions des philosophes, par les systèmes des savants, il ne se fait d'aucune religion pour les examiner toutes; et, rejetant le témoignage des hommes, il se décide en faveur de la religion chrétienne, à cause de la sublimité de sa morale et du caractère divin qu'il entrevoit dans son auteur. Voltaire ôte la foi à ceux qui doutent ; Rousseau fait douter ceux qui ne croient plus. S'il parle de la Providence, c'est avec enthousiame, avec amour; ce qui donne à ses ouvrages un charme inexprimable, un caractère de vertu dont l'impression ne s'efface jamais.

BERNARDIN DE ST-PIERRE, *Études de la Nature.*

II.

Dans l'ordre naturel, les hommes sont tous égaux devant Dieu, dont ils sont tous les créatures égaux par les mêmes imperfections et les mêmes besoins, par les mêmes droits à ses bienfaits, à raison de sa souveraine bonté, qui se doit également à tout ce qui tient de lui l'être et la vie ; égaux par les mêmes tributs d'hommage, de reconnaissance et d'amour que des enfants doivent à leur père.

Dans l'ordre social, qui n'est qu'une conséquence nécessaire de la nature de l'homme, créé essentiellement sociable, les hommes sont égaux entre eux, en ce sens qu'ils ont tous les mêmes droits d'être également protégés par les lois générales, expressément ou tacitement consenties par tous, pour assurer à tous la jouissance paisible de leurs avantages, naturels ou acquis, de leurs propriétés légitimes, des fruits de leur industrie, en un mot, de tout ce que l'intérêt commun maintient par la force commune contre les violences particulières. Quelque forme et quelque nom qu'ait pris cet ordre social, quel que soit le gouvernement adopté pour en être la garantie, que sa constitution soit plus ou moins monarchique, plus ou moins républicaine, ou, en d'autres termes, qu'elle se rapproche plus ou moins, suivant les convenances de territoire et de population, soit du pouvoir d'un seul, soit du pouvoir de plusieurs, soit du pouvoir du plus grand nombre, telle est, en tout état de choses, la seule *égalité* sociale et politique. Jamais il n'y en eut, et jamais il ne put y en avoir d'autre. L'histoire de tous les siècles n'offre aucune exception à ce principe, fondé sur la nature et l'expérience; et, ce qui est plus fort pour le temps où j'écris, la seule nation qui, depuis le commencement du monde, ait appris de *sa philosophie* à méconnaître cette vérité, a été forcée d'y revenir, au moins en théorie, et de consigner dans un *acte constitutionnel* * cette définition de *l'égalité*, comme elle s'est crue obligée de proclamer, d'afficher, à la fin du dix-huitième siècle, qu'*elle reconnaissait un Être suprême.*

* L'égalité consiste en ce que la loi est la même pour tous, soit qu'elle protège, soit qu'elle punisse. (*Constitution de* 1795.)

Hors de là tout est nécessairement *inégalité.* Le sens commun en convenait, comme on convient d'un fait évident. La raison exercée pouvait y voir et y voyait plus ou moins une disposition admirable de la Providence pour le plus grand bien possible. Il appartenait à un sophiste tel que Rousseau de rechercher *les causes* de cette *inégalité*, et non pas pour développer celles qui se présentaient d'elles-mêmes à la réflexion, non pas pour expliquer un ordre réel et *nécessaire*, subsistant avec des abus *nécessaires*, dans un monde *nécessairement* imparfait : c'étaient là des notions trop vieilles et trop communes de la sagesse humaine rendant hommage à la sagesse divine. Rousseau n'a vu dans cette inégalité, qui est l'ordre essentiel du monde physique et moral, qu'un *désordre accidentel, ouvrage de l'homme dépravé par la société et la civilisation.*

L'éloquence facile des lieux communs et l'enthousiasme insensé qu'elle peut inspirer au vulgaire des lecteurs ne m'en imposent en aucune manière. Je sens comme un autre le mérite de bien écrire ; mais j'en apprécie la valeur relative, subordonnée à celle des choses, au degré de difficulté, et aux effets qui en résultent. On sait assez qu'en aucun temps je n'ai partagé, à l'égard de Rousseau, le fanatisme populaire. Je savais ce qui le produisait, avant même d'avoir pensé à ce qu'il pouvait produire. Je ne craignis nullement de le heurter, lorsqu'il était dans toute son effervescence, au moment où il tirait une espèce de force religieuse du respect qu'on a toujours et qu'on doit avoir pour la tombe qui vient de s'ouvrir*. Si elle n'ensevelit pas avec l'homme ses erreurs et ses fautes, elle sollicite d'abord l'intérêt pour le talent qui n'est plus, et réclame les honneurs qu'on lui doit. Je ne blessai aucune de ces bienséances, que je sentais. Je rendis tout ce qui était dû à la mémoire encore récente d'un homme que je connaissais pour *un des plus éloquents écrivains du dix-huitième siècle;* mais j'indiquai dès-lors tous les reproches qu'on pouvait lui faire; je réduisis, comme je le devais, la folle exagération des louanges. Je montrai dès-lors les rapports, très importants et très décisifs, entre l'auteur et sa doctrine, entre sa vie et ses livres, entre son amour-propre et ses principes, entre ses ressentiments et ses jugements, entre son caractère et sa morale, entre ses aventures et ses romans. Tout cela n'était que sommairement résumé, avec une précision sévère, qui ne manqua pas de m'attirer, de la part des enthousiastes, quelques libelles, dont je fus affecté alors, et dont je m'applaudis aujourd'hui. Je n'avais jamais pu goûter l'arrogance paradoxale qu'on appelait *énergie*, et le charlatanisme de phrases qu'on appelait *chaleur*. En un mot, je ne pouvais voir dans ce J.-J. Rousseau, tant vanté par une certaine classe de lecteurs, et sur-tout par lui-même, que le plus subtil des *sophistes*, le plus éloquent des *rhéteurs* et le plus impudent des *cyniques*. Combien ce jugement, que je crois juste,

* Dans un article du *Mercure*, en 1778, peu de temps après la mort de Rousseau. (*Voyez* ci-après, page 263 et suivantes.)

et qui est, à ma connaissance, celui de tous les bons esprits, laisse-t-il de places au-dessus de Jean-Jacques, pour ceux qui ont été dans la première classe des vrais philosophes, des orateurs et des poètes ! Mais combien ce même jugement m'a paru encore plus fondé depuis que le ciel a permis que ce funeste novateur fût si terriblement réfuté par tout le mal qu'il a fait ! Il faut détailler aujourd'hui ce que je n'avais qu'effleuré ; et je suis obligé de montrer l'homme en même temps que ses opinions; l'un sert à infirmer l'autre.

L'orgueil, et l'orgueil blessé, explique tous les travers et tous les paradoxes de Rousseau : l'orgueil, et l'orgueil flatté, explique toute sa vogue et son influence.

Il avait vécu pauvre, et il avoue qu'*il hait naturellement les riches*. Ce sentiment, pour être avoué, n'en est pas moins vil ; car il faut prouver, ou que l'envie n'est pas vile, ou que cette haine n'est pas de l'envie. Essayez.

Il avait vécu obscur et rebuté, et il avoue qu'*il hait naturellement les grands*. Essayez de prouver que ce n'est pas une injustice odieuse et absurde de *haïr* toute une classe d'hommes dans laquelle on trouve, à l'examen, autant de mérite et de vertus que dans toute autre ; qu'il n'est pas indigne d'un homme raisonnable de confondre dans un même sentiment d'aversion toute une classe très nombreuse, à cause des torts et des vices de quelques individus. Enfin, tâchez de trouver un motif réel à cette haine, si ce n'est celui que l'orgueil suggère et ne prononce pas : *Je les hais* parce qu'ils sont placés au-dessus de moi.

Il avait travaillé vingt ans dans tous les genres d'écrire sans parvenir à se faire connaître; et à peine commence-t-il à goûter les prémices de sa réputation, qu'il affecte d'avilir la célébrité littéraire, qu'il a cherchée par tous les moyens, et qu'il n'a pu encore atteindre, par des paradoxes insensés et brillants : et pourquoi cette contradiction ? d'abord pour se venger de la longue impuissance de ses efforts et de ses prétentions ; ensuite pour paraître en quelque sorte au-dessus de la célébrité; en revanche de ce qu'il est resté si long-temps au-dessous; enfin pour humilier, autant qu'il est en lui, ceux qui ont été célèbres plutôt que lui, ou qui le sont encore plus que lui. *Je suis devenu auteur par mon mépris même pour cet état :* ce sont ces propres paroles. Des sots peuvent y voir une noble élévation, un grand air de supériorité ; le bon sens y voit (et le bon sens se sert du mot propre, quand rien ne le lui défend), 1° un mensonge effronté, puisque ses propres mémoires nous apprennent combien il a fait de tentatives inutiles pour être *compositeur*, *auteur dramatique, philosophe et publiciste*; puisque ses ouvrages, publiés depuis, dans ces différents genres, ont été conçus, préparés, ébauchés, de son aveu, pendant le cours de sa vie, tour à tour errante et retirée ; puisqu'il nous raconte lui-même toutes les démarches qu'il a faites pour s'approcher des hommes célèbres, des académies, des protecteurs ; puisqu'enfin il avait concouru plusieurs fois pour des prix académiques, et que les premiers éclairs de sa réputation partirent d'une académie de province. Voilà sans doute un *mépris pour l'état d'auteur* d'une espèce toute nouvelle.

2° Le bon sens y voit une sottise dans toute la force du terme. Quoi de plus sot que de *mépriser* ce qui en soi n'est rien moins que méprisable, et ce qui a honoré les plus grands hommes en tout genre, depuis Cicéron jusqu'à Fénelon, qui pouvaient être grands sans être *auteurs*, et qui se sont fait gloire de l'être ?

3° Le bon sens y voit un excès d'impertinence et de fatuité impardonnable. Comment supporter qu'un homme qui ne serait rien, ou qui serait pis que rien, s'il n'était auteur, se donne l'air de *mépriser* ce qu'il a tant de peine à obtenir, et ce qui seul a fait de lui quelque chose?

Il a été long-temps aventurier, laquais, commis, etc., et cette espèce d'existence est loin de la considération. Que Rousseau se sentît fait pour valoir mieux, je le comprends; qu'il en ait conçu de l'humeur contre la *société*, je ne puis l'excuser. C'est de lui seul qu'il avait à se plaindre, et non des autres. Le monde n'est pas obligé de reconnaître le mérite avant qu'il se soit fait connaître lui-même; et à qui la faute, si celui de Rousseau demeura si long-temps hors d'état de se produire? S'il avait eu assez de raison et de bonne foi pour s'appliquer les conséquences des aveux que le seul plaisir de parler lui fait si souvent tomber de sa plume, il se serait dit à lui-même ce que tout lecteur sensé

lui dira : « Ce sont les défauts de ton caractère qui
« ont retardé l'essor de ton talent. C'est ton invin-
« cible indolence, la mobilité de tes idées, la manie
« de tout essayer et de ne rien finir, et si tu pré-
« tends être philosophe, commence par te faire jus-
« tice, afin de la rendre à autrui. »

Mais ce n'est point ainsi que parlent l'amour-propre souvent contristé et humilié, et l'imagination ardente long-temps exaltée dans ses rêveries solitaires. L'un et l'autre ont pris la parole et ont dit :
« Comment un homme d'un mérite si supérieur :
« un homme qui *mérite des statues*, a-t-il été si
« long-temps dénué, ignoré, rebuté ? C'est que l'or-
« dre naturel est interverti par l'ordre social ; c'est
« *que tout est bien dans la nature*, et que *tout se dé-*
« *grade entre les mains de l'homme* *; c'est qu'il y a
« *des riches et des grands, des royaumes et des villes*,
« et qu'il ne devrait y avoir que *des peuplades sau-*
« *vages*, ou tout au plus *de petits états* ; et alors tu
« en serais le premier citoyen, le législateur : qui
« en serait plus capable que toi ? Voilà le *désordre*.
« Ce ne sont pas les intérêts communs, les moyens
« naturels, les lumières acquises, les talents divers
« qui ont fait la société ; ce sont uniquement les
« *vices*. Tous les rangs sont *des usurpations. Il y a*
« *tout à parier que les ancêtres d'un gentilhomme*
« *étaient des fripons*, etc., etc., etc. »

Ce n'est pas qu'une arrière-pensée ne se fît encore entendre chez lui, et ne lui dît : « La raison
« de tous les siècles et la voix de tous les hommes

---

* Cette phrase absurde est la première de l'*Émile*.

« sages vont s'élever contre toi. » L'amour-propre répondait : « Qu'importe ? s'il s'agit d'être lu et de « *faire effet :* tout est dit en fait de vérité ; on ne « peut plus être neuf qu'en déraison. Et d'ailleurs, « combien je mets d'intérêts dans mon parti ? C'est « la classe inférieure qui est la plus nombreuse ; « elle sera tout entière pour moi contre *l'inégalité.* « Tous ceux qui ne se trouvent pas *bien* dans *la* « *société* diront à coup sûr, comme moi, que *tout y* « *est mal.* J'ai pour moi l'orgueil du plus grand « nombre contre l'orgueil du plus petit ; il n'y a « pas à balancer, le succès est sûr. J'attaque tout « ce qu'on envie, et je flatte tout ce qui est mé-« content ; c'est le moyen *de faire secte.* Et puis, « quel beau champ pour les belles phrases que la « satire continuelle du *grand monde* et le panégy-« rique de la multitude ! Qu'y a-t-il de plus *moral,* « de plus *philosophique ?* Si l'on réfute mes para-« doxes, *je ne répondrai* jamais qu'en annonçant « le plus profond *mépris* pour tous ceux qui n'op-« posent que *des préjugés à la vérité,* qui est ma « devise ; et combien de fous prendront à la lettre « cette devise imposante, *donner sa vie pour la vé-« rité : vitam impendere vero !* J'écris pour un peu-« ple qui ne fait cas de rien que de *l'esprit ;* et où « peut-on en mettre plus que dans des paradoxes ? « J'écris pour un peuple ennuyé ; et qui le réveillera « mieux que des singularités hardies ? J'écris pour « un peuple amateur des nouveautés ; et qu'y a-t-il « de plus nouveau que de prétendre tout *renou-« veler ?* »

Et voilà en effet les causes de l'engouement qu'a excité Rousseau. Ce prétendu *martyr de la vérité* ne fut jamais, au fond, qu'un très adroit charlatan, qui connaissait son auditoire. J'avais déjà observé qu'il avait sur-tout pour lui les femmes et les jeunes gens : et pourquoi? c'est qu'il avait eu l'art pernicieux de donner à leurs passions favorites le ton et l'air des vertus. Quelle jeune personne, en ne consultant que son cœur, et non pas son devoir, ne s'est pas crue une Julie, et n'a pas été flattée de le croire? Quel étourdi, en cherchant à séduire l'innocence, ne s'est pas cru un Saint-Preux ? Voilà ce que lui ont valu ses romans.

Il avait bien compris qu'on lui reprocherait l'inconséquence d'une production de ce genre, si peu compatible avec la morale austère qu'il professait dans d'autres ouvrages ; mais rien n'embarrasse un homme qui se tire de tout avec une phrase tranchante : *Il faut des romans à un peuple corrompu* ; et tout est dit pour les sots. Combien de sottises dans cette phrase! C'est comme si l'on disait: Il faut des poisons à un malade. Vil charlatan! si ce peuple est assez *corrompu* pour rechercher les ouvrages où le talent n'a servi qu'à orner le vice, est-ce à toi de lui en fournir, toi qui fais profession de prêcher la vertu? Tu conviens que les romans sont un aliment de la corruption : et c'est toi, moraliste, qui prépares le plus dangereux de tous! Du moins, dans les romans les plus répandus, les passions ne sont montrées que comme des faiblesses ; et toi, tu emploies tout l'art possible à leur donner le langage de toutes les vertus, de l'élévation de l'âme, du désintéressement, de la pudeur, du courage, etc. Ton héroïne fait des sermons, en donnant un rendez-vous à son amant, dans la maison de son père ; ton héros a l'insolence scandaleuse de donner par écrit à une jeune fille qu'il a lâchement séduite, sous le nom de précepteur, *la permission de disposer d'elle-même.*; et il n'y a pas même dans ton ouvrage un seul mot d'improbation contre cet excès d'impudence, présenté comme un acte de générosité. Qu'y a-t-il de plus sacré partout que l'autorité paternelle ? et c'est toi qui l'avilis à ce point, toi qui te donnes pour l'apôtre de la vérité et des mœurs ! Ne sens-tu pas les terribles conséquences d'un scandale si contagieux ? Veux-tu persuader à toutes les jeunes personnes que l'autorité paternelle, qui n'est autre chose que l'expérience protégeant la fragilité, est en effet une tyrannie plutôt qu'une sauvegarde ? Elles ne seront que trop portées à le croire ; mais toi, l'oserais-tu dire ? Non, sans doute, puisque tu as cru toi-même que cette autorité devait finir par triompher. Mais comment triomphe-t-elle chez toi ? par un autre scandale encore érigé en exemple. Tu nous donnes pour modèle une fille qui, après avoir appartenu à un homme dont elle est encore éprise, en épouse un autre *par principe de conscience*, et *un sage* (car il est athée) qui, *par principe de délicatesse*, épouse cette même fille dont il sait les aventures, et fait venir auprès d'elle son amant, *par principe de prudence.* Quel renversement inouï de toute raison et de toute morale ! Il n'est pas sûr, comme tu le prétends, que *toute fille qui lit des romans est déjà perdue ;* car il n'est pas sûr que, pour avoir commis une faute, on les commette toutes, et tous les romans ne sont pas, à beaucoup près, aussi dangereux que le tien. Cette sévérité outrée, à la tête d'un roman licencieux, n'est qu'une inconséquence de plus, et une excuse très maladroite, qui consiste à supposer le mal déjà fait pour te disculper du mal que tu faisais ; mais ce qui est sûr, c'est qu'un peuple chez qui un pareil ouvrage, quel qu'en soit le coloris, n'est pas généralement réprouvé comme un attentat contre les mœurs publiques, est un peuple qui extravague à force d'*esprit*, qui, à force de *philosophie*, a perdu l'instinct moral, et que l'amour des nouveautés rend capable de tous les excès...... et c'est ce que la suite a prouvé.

Rien n'est plus visiblement marqué dans les écrits de Rousseau que cette tendance habituelle à se faire pour ainsi dire le centre de tout, le point de comparaison dont il rapproche tous les objets, le modèle sur lequel il veut tout régler. Il n'estime que sa manière de vivre, de manger, de voyager, de faire l'amour : il déprécie tout ce qui n'est pas lui ou de lui ; et le plus souvent l'approbation et le blâme, ou, pour mieux dire, l'enthousiasme et le dénigrement, ne sont chez lui (la diction mise à part) que déclamation et sophisme. Il n'avait guère réussi en amour qu'auprès de quelques femmes de son pays ; et encore quelles femmes et quels succès ! et il fait un portrait épouvantable de toutes les femmes de Paris. On convient pourtant que, si elles ne sont pas généralement aussi belles que dans quelques autres contrées de l'Europe, on n'en trouve nulle part de plus aimables et de plus séduisantes, ni d'une meilleure société : c'est l'hommage que leur rendent même les étrangers : mais à ses yeux elles avaient deux grands défauts; elles ne l'avaient pas accueilli, et ne ressemblaient pas aux Julies du pays de Vaud. On lui passerait de s'extasier sur les femmes qu'il a aimées; rien n'est plus naturel et plus excusable. On peut encore savoir gré à la reconnaissance, qui a pu dicter les éloges outrés qu'il prodigue à madame de Warens, et qui n'empêchent pas que le détails des faits, démentant les exagérations de phrase, ne laissent voir une femme très commune, bonne par faiblesse, facile par tempérament ou par inconsidération, également accessible à tous les aventuriers et à tous les projets qui la ruinent également. Rien ne ressemble moins à un ange ni à une merveille, et quand on ne connait pas Rousseau, on ne revient pas de surprise de voir avec quel sang-froid il nous représente tout à coup *cette femme jusque-là céleste*, dans les bras de ses domestiques, et trouvant tout simple d'y être, comme lui-même le trouve aussi fort simple, à raison des principes et des arrangements qu'elle a cru devoir se faire. Pensez un moment à tout ce que Rousseau dit ailleurs, et avec beaucoup de vérité, de l'opinion qu'on doit avoir de toute femme qui a renoncé aux vertus propres à son sexe, la pudeur et la modestie; et vous conviendrez qu'il faut être aussi voué à l'inconséquence et aux contradictions que l'est d'ordinaire Jean-Jacques, pour nous faire de.....

Sur les Confessions.

« Je sens mon cœur et je connais les hommes. »
Il suffit de lire Rousseau avec quelque attention, pour voir combien il connaissait peu *les hommes*; il ne connaissait pas même *l'homme* en général, puisqu'il affirme que *l'homme est né bon*; ce qui certainement est une sottise, même en mettant la religion à part, et ne raisonnant que selon la philosophie naturelle. Je l'ai prouvé ailleurs. A l'égard *des hommes* considérés individuellement, observez ce qu'il en dit : il les croit tous méchants, et très méchants, dès qu'ils ont alarmé son orgueil ou ses défiances. La manière dont il peint ceux qu'il a le plus fréquentés n'est rien moins que d'un bon observateur. Il trace en bon satirique quelques gros traits ; il ne saisit pas la physionomie. J'ai connu la plupart d'entr'eux, Diderot, d'Alembert, Grimm, etc. ; je puis assurer qu'ils restent encore à peindre après qu'on a lu Rousseau. Son seul talent, dans ce genre, consiste dans quelques morceaux passionnés de son *Héloïse*, c'est là seulement qu'il a quelquefois connu l'homme, c'est-à-dire la passion extrême, qui est à peu près la même dans tous les hommes : c'est qu'il avait de l'imagination, comme il en faut à l'écrivain et au romancier, mais très peu de bonne philosophie, et très peu de bonne logique quand il ne raisonne pas d'après les autres.

« Je ne suis fait comme aucun de ceux que j'ai
« vus ; j'ose croire n'être fait comme aucun de ceux
« qui existent. Si je ne suis pas mieux, au moins je
« suis autre. »

Ceci n'est autre chose qu'une prétention à l'originalité, et une prétention outrée, comme toutes celles de Rousseau. S'il eût été plus philosophe, il aurait senti par combien d'endroits il n'était pas *autre* que la plupart des hommes. Il n'avait de particulier que le degré de talent et l'excès d'orgueil. La bizarrerie dans les manières ne rend point un homme *autre* ; car il y a mille façons d'être bizarre dans l'ordre social, qui suppose des convenances usuelles. On n'est véritablement *autre* que par un caractère qui tranche, tel que celui de Caton, d'Aristide, de Catinat. Généralement la vertu est ce qu'il y a de plus original parmi les hommes, parce que l'homme vertueux est celui qui a le moins de semblables ; c'est pour cela qu'on a dit avec raison que les vrais chrétiens étaient *des hommes singuliers*. La susceptibilité de l'orgueil, portée jusqu'à la démence, ne sauraits'appeler une originalité, sans quoi toute espèce de folie en serait une. A ce genre de folie, voyez si Rousseau, même d'après ses *Confessions*, n'est pas un homme très commun. Qu'y a-t-il en effet de plus commun que toutes les petites passions, vaines ou basses, qu'il développe avec une complaisance dont j'ai expliqué ailleurs le principe ? ce qui serait original, ce serait d'avoir été au-dessus de ces passions-là, comme ont été quelques hommes.

Quand Rousseau arriva en Angleterre, où les

hommes sont plus connus, plus observés qu'ailleurs, et moins ressemblants les uns aux autres, il excita d'abord une grande curiosité. Elle fut bientôt satisfaite et fit place à l'indifférence anglaise, qui a beaucoup de l'air du dédain, souvent sans en avoir l'intention. L'homme fut apprécié en un moment, et le résultat de l'analyse ne donna qu'un grand fond de vanité. Rousseau, que la curiosité flattait, fut mortellement blessé de l'indifférence, et y vit sur-le-champ *une conspiration*. Il prit dès-lors tout le pays dans l'aversion la plus complète. Un Anglais, homme de sens, lui adressa, dans les papiers publics, un petit avis fort sage, mais d'autant plus inutile. « Vous avez cru, lui dit-il, que vous fixe-
« riez notre attention, parce qu'il y a en vous
« quelque chose d'original. Chez nous, c'est un
« mérite perdu : les originaux courent les rues : il
« y en a tant, qu'on n'y prend pas garde. Pourquoi
« s'occuperait-on de vous plus que d'un autre ?

« Et puis, qu'un seul te dise, s'il l'ose : *Je fus
« meilleur que cet homme-là*. »

Cette parole, adressée à l'Éternel, est certainement le *nec plus ultrà* de l'orgueil humain : on ne connaît rien de cette force. Mais Rousseau oublie qu'au jour du jugement dernier, où il se transporte en idée, il n'y aura plus d'illusion, que la conscience sera un miroir pur, et que chacun s'y verra tel qu'il fut. Ainsi la vertu s'y trouvera naturellement (et Dieu l'a promis) le juge du vice et la sagesse le juge de la folie, et les condamnés n'auront rien à répondre. Combien d'hommes alors, que Rousseau méprisait peut-être, seront ses juges..... et les miens !

« Chacun d'eux *jeta son cœur dans le premier* qui
« s'ouvrit pour le recevoir. »

Quel style ! C'est ce détestable abus des figures
dont les philosophes donnèrent les premiers modèles dans des ouvrages qui d'ailleurs ont du mérite ;
c'est cette enflure et cette recherche puériles qui
ont achevé dans ce siècle l'extrême corruption du
goût par la malheureuse facilité d'imiter un genre
qui en impose à tous les sots.

Sur Jean-Jacques Rousseau*.

Ce serait une chose également curieuse et intéressante de suivre, dans tout le cours de la vie de
Rousseau, les rapports de son caractère avec ses
ouvrages, d'étudier à la fois l'homme et l'écrivain,
d'observer à quel point l'humeur et la misanthropie
de l'un a pu influer sur le style de l'autre ; et combien cette sensibilité d'imagination, qui dans la
conduite fait si souvent ressembler l'homme à un
enfant, sert à l'élever au dessus des autres hommes
dans ses écrits. C'est sous ce point de vue que le
philosophe se plaît à étudier les personnages extraordinaires ; et s'il préfère cette recherche instructive à la pompe mensongère du panégyrique, ce
n'est pas que la louange lui soit importune, c'est
que la vérité lui est chère. S'il veut être le juge des

---

* Le jugement qui précède étant fort incomplet, nous avons cru devoir reproduire ici l'article que La Harpe publia dans le *Mercure de France*, du 5 octobre 1778, et que l'on a inséré dans les dernières éditions de son *Cours*.

F.

hommes célèbres, ce n'est pas pour en être le détracteur; c'est pour apprendre à connaître l'humanité, qu'il faut sur-tout observer dans ce qu'elle a produit de grand. Ce n'est pas par un sentiment d'orgueil ou d'envie qu'il observe les fautes et les faiblesses, c'est au contraire pour en montrer la cause et l'excuse; et le résultat de cet examen, qui fait voir le bien et le mal nés tous deux de la même source, est une leçon d'indulgence.

Mais quand on serait sûr d'être exactement instruit des faits, et de ne rien donner à l'esprit de parti (deux conditions indispensables pour toute espèce de jugement, et dont pourtant on s'embarrasse fort peu, tant on est pressé de juger); il ne faudrait pas encore choisir le moment où l'on vient de perdre un écrivain célèbre pour soumettre sa mémoire à cet examen philosophique, qui ne sépare point la personne et les ouvrages. Le talent, comme on l'a dit ailleurs, n'est jamais plus intéressant qu'au moment où il disparaît pour toujours. Auparavant on souffrait qu'il fût déchiré pour l'amusement de la malignité; à peine alors veut-on permettre qu'il soit jugé pour l'instruction; et si, pendant la vie, les torts de l'homme nuisent à la renommée de l'écrivain, c'est tout le contraire après la mort: cette renommée couvre tout de son éclat; et la postérité, qui jouit des écrits, prend sous sa protection l'auteur dont elle a recueilli l'héritage. D'ailleurs, il faut l'avouer, ce sentiment est équitable. À l'instant où l'homme supérieur nous est enlevé par la mort, il semble qu'on ne doit rien sentir que sa perte. La tombe sollicite l'indulgence en inspirant la douleur, et il y a un temps à donner au deuil du génie avant de songer à le juger.

Bornons-nous donc à jeter un coup-d'œil rapide sur les productions du citoyen de Genève, devenu l'un des ornements de la littérature française.

Il commença tard à écrire, et ce fut pour lui un avantage réel qu'il dut à des circonstances malheureuses. Condamné depuis l'enfance à mener une vie pauvre, laborieuse et agitée, il eut tout le temps d'exercer son esprit par l'étude, et son cœur par les passions ; et l'un et l'autre débordaient pour ainsi dire d'idées et de sentiments, lorsqu'il se présenta une occasion de les répandre. Aussi parut-il riche parce qu'il avait amassé long-temps ; et cette terre, qui était neuve, n'en fut que plus féconde.

Communément on écrit trop tôt ; et si l'on en excepte les ouvrages d'imagination, dans lesquels les essais sont pardonnables à la jeunesse, comme les premières études à un peintre, il faudrait d'ailleurs étudier lorsqu'on est jeune, et composer lorsqu'on est mûr. L'esprit des jeunes auteurs n'est guère que de la mémoire : leur jugement n'est pas formé ; et leur goût n'est pas sûr. Ils affaiblissent les idées d'autrui ou exagèrent les leurs, parce qu'ils manquent également de mesure et de choix. Aussi, tandis qu'il est assez commun de voir à cet âge du talent pour la poésie, rien n'est plus rare que de voir un jeune homme en état d'écrire une bonne page de prose.

Le premier ouvrage de Rousseau est celui qu'il

a le plus élégamment écrit, et c'est le moins estimable de tous. On sait qu'une question singulière, proposée par une Académie, et qui peut-être n'aurait pas dû l'être, donna lieu à ce fameux discours qui commença la réputation de Rousseau, et qui ne prouvait que le talent assez facile de mettre de l'esprit dans un paradoxe. Ce discours, où l'on prétendait que les arts et les sciences avaient corrompu les mœurs, n'était qu'un sophisme continuel, fondé sur cet artifice si commun et si aisé, de ne présenter qu'un côté des objets, et de les montrer sous un faux jour. Il est ridicule d'imaginer que l'on puisse corrompre son âme en cultivant sa raison. Le principe d'erreur qui règne dans tout le discours consiste à supposer que le progrès des arts et la corruption des mœurs, qui vont ordinairement ensemble, sont l'un à l'autre comme la cause est à l'effet. Point du tout. L'homme n'est point corrompu parce qu'il est éclairé; mais quand il est corrompu, il peut se servir, pour ajouter à ses vices, de ces mêmes lumières qui pouvaient ajouter à ses vertus. La corruption vient à la suite de la puissance, et les richesses produisent en même temps les arts qui embellissent la société. Or, il est de la nature de l'homme d'user de sa force en tous sens. Ainsi les moyens de dépravation ont dû se multiplier avec les connaissances, comme la chaleur qui fait circuler la sève forme en même temps les vapeurs qui font naître les orages. Ce sujet, ainsi considéré, pouvait être très philosophique; mais l'auteur ne voulait être que singulier. C'était le conseil que lui avait donné un homme de lettres célèbre, avec lequel il était alors fort lié. « Quel parti prendriez-vous ? » dit-il au Genevois qui allait composer pour l'Académie de Dijon. « Celui des lettres, dit Rousseau. « — Non, c'est le pont aux ânes. Prenez le parti « contraire, et vous verrez quel bruit vous ferez. »

Il en fit beaucoup en effet. Il eut l'honneur assez rare d'être d'abord réfuté par un souverain*; ensuite il eut le bonheur de trouver dans un professeur de Nanci, un adversaire très maladroit : ainsi il lui arriva ce qu'il y a de plus heureux dans une mauvaise cause : sa thèse fut célèbre et mal combattue. Il battit avec l'arme du ridicule des adversaires qui avaient raison de mauvaise grace. D'ailleurs, la discussion valait mieux que le discours ; et Rousseau se trouvait dans son élément, qui était la controverse. Il vint pourtant un dernier adversaire (M. Bordes, de Lyon), qui défendit la vérité avec éloquence ; mais le public fit moins d'accueil à ses raisons qu'aux paradoxes de Rousseau. La même chose arriva depuis lorsque deux excellents écrivains réfutèrent d'une manière victorieuse sa *Lettre sur les Spectacles*. Malgré tout leur mérite, suffisamment prouvé d'ailleurs par tant de titres reconnus, le public qui aime mieux être amusé qu'instruit, et remué que convaincu, parut goûter plus les écarts et l'enthousiasme de Rousseau que la raison supérieure de ses adversaires. En général, le paradoxe doit avoir cette espèce de vogue, et entre les mains d'un homme de talent il offre de grands attraits à

---

* Le feu roi de Pologne, Stanislas.

la multitude : d'abord celui de la nouveauté; ensuite il est assez naturel que l'auteur à paradoxe mette plus de chaleur et d'intérêt dans sa cause que n'en peuvent mettre dans la leur ceux qui le réfutent. On se passionne volontiers pour l'opinion qu'on a créée; on la défend comme son propre bien, au lieu que la vérité est à tout le monde.

Cependant tel fut l'effet de la première dispute de Rousseau sur les arts et les sciences, que cette opinion, qui d'abord n'était pas la sienne, et qu'il n'avait embrassée que pour être extraordinaire, lui devint propre à force de la soutenir. Après avoir commencé par écrire contre les lettres, il prit de l'humeur contre ceux qui les cultivaient. Il était possible qu'il eût déjà contre eux un levain d'animosité et d'aigreur. Ce premier succès, plus grand qu'il ne l'avait attendu, lui avait fait sentir sa force, qui ne se développait qu'après avoir été vingt ans étouffée dans l'obscurité et la misère. Ces vingt ans, passés à n'être rien, pouvaient tourmenter alors son amour-propre dans ses premières jouissances ; car, pour l'homme qui se sent au-dessus des autres, c'est un fardeau sans doute que d'en être long-temps méconnu. Rousseau ne commençait que bien tard à être à sa place, et peut-être est-ce là le principe de cette espèce de misanthropie qui depuis ne fit que s'accroître et se fortifier. Il se souvenait (et cette anecdote est aussi certaine qu'elle est remarquable) que lorsqu'il était commis chez M. Dupin, il ne dînait pas à table le jour que les gens de lettres s'y rassemblaient. Ainsi Rousseau entrait dans le champ de la littérature comme Marius rentrait dans Rome, respirant la vengeance et se souvenant des marais de Minturnes.

Le *Discours sur l'Inégalité* n'était encore qu'une suite et un développement de ses premiers paradoxes et de la haine qui semblait l'animer contre les lettres et les arts. C'est là qu'il soutint cet étrange sophisme, que l'homme a contredit la nature en étendant et perfectionnant l'usage des facultés qu'il en a reçues. Cette assertion était d'autant plus extraordinaire, que Rousseau lui-même avouait que *la perfectibilité* était la différence spécifique qui distinguait l'homme des autres animaux. Après cet aveu, comment pouvait-il avancer que *l'homme qui pense est un animal dépravé ? Il n'est pas bon que l'homme soit seul*, dit l'Être suprême dans les livres de Moïse. Rousseau est d'un avis bien différent : il prétend que l'homme a été rebelle à la nature lorsqu'il a commencé à vivre en société. Il prouve très bien et très éloquemment qu'en établissant de nouveaux rapports avec ses semblables, l'homme s'est fait de nouveaux besoins qui ont produit de nouveaux crimes ; mais il oublie que l'homme, en même temps, s'est ouvert une source de nouvelles jouissances et de nouvelles vertus. Il oublie que l'homme ne vit nulle part seul, et que, dans les peuplades les plus isolées et les plus sauvages, il y a des rapports nécessaires et inévitables, d'où il faudrait conclure que ceux mêmes que nous appelons sauvages sont comme nous hors de la nature. Aussi est-il forcé d'en convenir ; mais alors comment prouver que l'homme était essentiellement né pour vivre seul ? Comment prouver qu'un état qui peut-être n'a jamais eu lieu, dont au moins nous n'avons ni aucun exemple ni aucune preuve, était l'état naturel de l'homme ? D'ailleurs, ce mot de *nature*, qui est très oratoire, est très peu philosophique ; il présente à l'imagination ce que l'on veut, il échappe trop à la définition. Il n'est pas fait pour être employé lorsqu'on raisonne en rigueur, parce qu'alors on s'aperçoit que son acception est vague, et que c'est presque toujours un synonyme imparfait. Rousseau, frappé des vices et des malheurs de l'homme en société, imagina qu'il eût été meilleur et plus heureux, qu'il eût mieux rempli sa destination, si la terre eût été couverte d'individus isolés. Il n'examine pas même si cette supposition est dans l'ordre des possibles ; et, dans le fait, si on l'examinait, elle se trouverait évidemment absurde. Il n'examine pas si, l'homme ayant une tendance irrésistible à exercer plus ou moins ses facultés, il est possible de marquer précisément les limites où cet exercice doit s'arrêter pour n'être pas ce qu'il appelle *une dépravation*; et si, pressé lui-même de tracer le modèle absolu de l'homme de la nature, il serait bien sûr d'en venir à bout. Rousseau semble dire : « Le mal est « parmi les hommes : c'est leur faute. Pourquoi les « hommes sont-ils ensemble ? Certes, si chacun « était seul, il ne ferait pas de mal à autrui. » Je demande si ce sont là des idées raisonnables.

Il n'y a de rapine, de brigandage, de violence

que parce qu'il y a des propriétés. Rousseau, qui veut que ce soit toujours l'homme qui ait tort, et jamais la nature (comme si, philosophiquement parlant, l'homme, et tout ce qui est de l'homme, n'était pas dans la nature, c'est-à-dire dans l'ordre essentiel des choses), Rousseau prétend que la propriété est un *droit de convention.* Certes, c'est un droit naturel, ou jamais ce mot n'a eu de sens. Quand il n'y aurait que deux hommes sur la terre, et que l'un des deux, rencontrant l'autre, voudrait lui ôter le fruit qu'il aurait cueilli, le gibier qu'il aurait tué, et la peau de bête qui le couvrirait, celui qui défendrait ces propriétés les défendrait en vertu d'un droit très naturel, antérieur à toute police, et né seulement du sens intime. Rousseau démontre très bien que de la propriété naissent de très grands maux : mais il oublie ce qui est tout aussi évident, que, s'il n'y avait point de propriété, il y aurait de bien plus grands maux encore ; que non-seulement toute société serait dissoute, ce qui, à la vérité, ne serait pas un très grand mal dans son système, mais que les hommes ne se rencontreraient plus que pour se faire la guerre ; ce qui est justement le mal qu'il voudrait éviter.

Quelle est l'origine de tous ces paradoxes insoutenables ? L'oubli d'une vérité très simple, à laquelle ne peuvent pas s'accoutumer les imaginations ardentes, entêtées de la chimère d'un optimisme impossible, mais à laquelle pourtant la réflexion ramène toujours ; c'est que l'homme, étant à la fois essentiellement perfectible et essentiellement imparfait, doit également être porté à acquérir, et nécessité à abuser. S'il lui était donné d'avoir quelque chose d'incorruptible, ce ne serait plus une qualité humaine, ce serait un attribut de la Divinité. Il résulte que, bien loin de vouloir remédier à l'abus en détruisant l'usage, il faut, au contraire, essayer de réformer l'abus par un usage mieux entendu ; et c'est l'ouvrage de la vraie philosophie, non celle qui égarait Rousseau lorsqu'il employait tant d'art et d'esprit à soutenir ses hypothèses brillantes et erronées, mais celle qui l'enflammait de l'amour du genre humain, lorsqu'il composait son chef-d'œuvre d'*Émile*.

Le monde est bien vieux, disent les physiciens : cela peut être ; mais, à considérer les révolutions que le globe a dû éprouver, l'homme est peut-être encore bien neuf. A voir combien il y a peu de temps qu'une partie des nations connues est sortie de la barbarie, combien croupissent encore dans l'ignorance, combien, parmi celles mêmes qui ont fait le plus de progrès, on s'est peu occupé jusqu'ici des moyens de rendre l'homme meilleur et plus heureux, on peut croire que la philosophie a beaucoup à espérer, parce qu'il lui reste beaucoup à faire.

Au surplus, le *Discours sur l'Inégalité*, quoique fondé sur un système d'erreurs, comme le *Discours sur les Sciences*, était bien supérieur à ce premier essai de l'auteur. Ici se faisait sentir une bien plus grande force d'idées et de style. Le morceau sur la formation des sociétés était d'une tête pensante, et l'on apercevait déjà ce mélange d'une philosophie vigoureuse et d'une éloquence entraînante, qui depuis ont caractérisé les ouvrages de Rousseau. A la suite d'un faux principe, il amène une foule de vérités particulières, dont il porte le sentiment dans l'âme de ses lecteurs. En le lisant, il faut s'embarrasser peu du fond de la question, et saisir toutes les beautés qui se présentent à l'entour ; et ce serait le lire comme il a écrit, s'il était vrai, comme on le lui a reproché d'après ses premiers paradoxes, qu'en effet il se jouât de la vérité, et qu'il ne songeât qu'à faire briller son esprit ; mais j'ai peine à supposer dans un si grand écrivain ce défaut de bonne foi qui diminuerait trop le plaisir que j'ai à le lire. Il se peut qu'en effet l'amour de la singularité ait influé sur le choix de ses premières opinions ; mais il est très possible qu'en les soutenant il s'y soit sincèrement attaché, et que la contradiction même n'ait servi qu'à l'y affermir. Pour les têtes aussi vives que la sienne, s'échauffer, c'est se convaincre.

N'oublions pas que ce *Discours sur l'Inégalité*, quoique fort au-dessus du *Discours sur les Sciences*, ne fut point couronné. Ce fut M. l'abbé Talbert qui eut le prix. Je ne connais point son ouvrage ; mais, sans vouloir lui rien disputer de son mérite, en lisant les discours qui lui ont valu des couronnes dans les Académies de province, il est difficile de croire qu'il ait fait un meilleur ouvrage que celui de Rousseau.

La *Lettre sur la Musique* avait encore pour base un paradoxe. Il y soutenait que les Français ne pouvaient pas avoir de musique. Il donnait en même temps *le Devin du Village*, petit drame plein de grace et de mélodie, qui eut un succès prodigieux. On a remarqué que le charme de cet ouvrage naissait sur-tout de l'accord le plus parfait entre les paroles et la musique, accord qui semblerait ne pouvoir se trouver au même degré que dans un auteur qui, comme Rousseau, aurait conçu à la fois les vers et le chant; mais ceux qui savent que le fameux duo du *Silvain*, l'un des beaux morceaux d'expression dont notre musique théâtrale puisse se glorifier n'est pourtant qu'une parodie, et que le poète travailla sur des notes, ceux-là concevront qu'il est possible que le poète et le musicien n'aient qu'une même âme, sans être réunis dans la même personne.

Quoique la *Lettre sur la Musique* eût le défaut de porter tout à l'extrême, quoique les compositions de Duni, de Philidor, de Monsigni, les chefs-d'œuvre de Grétry, chantés dans toute l'Europe, et admirés en Italie, et, en dernier lieu, les opéra de M. Gluck, aient réfuté le système de Rousseau, cependant cette lettre, que produisit la querelle des Bouffons, contribua, ainsi qu'eux, à faire connaître en France les principes de la bonne musique et les défauts de la nôtre. Elle excita un grand soulèvement parmi les partisans de l'Opéra français; et l'animosité fut poussée jusqu'à ôter les entrées de ce spectacle à l'auteur du *Devin du Village*, quoiqu'on n'en eût pas le droit. On fut sur le point d'intéresser le gouvernement dans la querelle; et, ne pouvant faire traiter Rousseau en criminel d'état, on le brûla du moins en effigie sur le théâtre de l'Opéra, et la haine applaudissait à ces farces, aussi indécentes que ridicules.

On sait qu'il composa depuis un *Dictionnaire de Musique*, dans lequel il refondit les articles qu'il avait insérés sur cette science dans le grand ouvrage de *l'Encyclopédie*. Il y prouve en plus d'un endroit que, lorsqu'on a du génie, on en peut mettre même dans un livre élémentaire. A l'égard de sa doctrine sur la musique théâtrale, elle est précisément l'opposé de celle que veulent introduire aujourd'hui de nouveaux législateurs, qui n'ont pas tout-à-fait les mêmes droits ni la même autorité que lui. Il veut absolument faire régner sur le théâtre ce genre de musique qu'ils veulent reléguer dans les concerts. Il soutient, d'un bout à l'autre de son livre, avec toute la chaleur de la persuasion intime, que la puissance de la musique réside principalement dans le chant régulier, dans la mélodie des airs dramatiques. On a prétendu qu'il s'était retracté depuis; mais ce qu'il a imprimé est un peu plus sûr que ce qu'on lui faire dire.

Après ces différentes excursions, Rousseau parut vouloir rassembler sa philosophie, ses querelles et ses amours dans l'espèce d'ouvrage qu'on lit le plus, dans un roman; car en effet la *Nouvelle Héloise* semblait n'être qu'un prétexte pour réunir dans un même cadre les lambeaux d'un portefeuille. Il est vrai qu'il y en a de bien précieux; on y remarque des morceaux de passion et de philosophie également admirables; et M. de Voltaire, grand maître et grand connaisseur en fait de pathétique,

M. de Voltaire, qui ne regardait pas la *Nouvelle Héloïse* comme un bon livre, avait distingué plusieurs lettres, qu'il eût voulu, disait-il, en arracher. J'ai dit ailleurs * ce que je pensais de cet ouvrage, considéré comme roman. Il fut lu, ou plutôt dévoré avec une extrême avidité. C'est de tous ceux de l'auteur celui qui eut le plus de vogue, et qui prête le plus à la critique. Le mariage de l'héroïne est révoltant, le caractère de milord Édouard est une caricature, et ses amours en Italie une énigme. La satire de l'Opéra de Paris, et sur-tout celle des femmes françaises est outrée, et tombe dans la déclamation. L'ouvrage en lui-même est un tout indigeste; mais puisque ses défauts ne l'ont pas fait oublier, ses beautés le feront vivre.

Émile est d'un ordre plus élevé : c'est là sur-tout (en mettant à part ce que le christianisme peut y trouver de répréhensible) qu'il a mis le plus de véritable éloquence et de bonne philosophie. Ce n'est pas que son système d'éducation soit praticable en tout; mais dans les diverses situations où il place Émile depuis l'enfance jusqu'à la maturité, il donne d'excellentes leçons, et partout la morale est en action, et animée de l'intérêt le plus touchant. Son style n'est nulle part plus beau que dans *Émile*.

Les prêtres, qui avaient cru voir leur ennemi dans Rousseau, s'étaient bien trompés, et ils s'en sont aperçus depuis. Les imaginations sensibles sont naturellement religieuses, et Rousseau l'a prouvé

---

* *Voyez* ci-après page 280.

plus que personne. Cette qualité domine dans tous ses écrits. C'est elle qui, dans la *Nouvelle Héloïse*, donne à l'appareil des cérémonies et à la sainteté d'un temple tant de pouvoir sur l'âme de Julie; qui, dans la profession de foi du vicaire savoyard, le ramène par sentiment à des mystères que sa raison ne peut admettre; qui, dans tout ce morceau, répand tant de charmes sur les consolations attachées aux idées d'un avenir.

Cette même sensibilité semble éclairer sa raison et la rendre plus puissante, lorsqu'il plaide dans ce même livre la cause de l'enfance trop long-temps opprimée parmi nous. Quoique j'aie déjà rendu témoignage ailleurs aux obligations importantes que nous lui avons à cet égard, je ne puis me refuser au plaisir de rappeler ici un des titres qui doivent rendre sa mémoire chère et respectable, et le placer parmi les bienfaiteurs de l'humanité. Il ne m'arrive jamais de rencontrer de ces enfants, qui semblent d'autant plus aimables qu'ils sont plus heureux, que je ne bénisse le nom de Rousseau, qui nous a procuré un des plus doux aspects dont nous puissions jouir, celui de l'innocence et du bonheur. C'est Rousseau qui a délivré des plus ridicules entraves et de la plus triste contrainte un âge qui ne peut avoir toutes ses graces que lorsqu'il a toute sa liberté, et de qui l'on peut dire (avec les restrictions convenables) qu'on peut lui laisser tout faire parce qu'il ne peut pas nuire, et tout dire, parce ce qu'il ne peut pas tromper.

Émile causa tous les malheurs de Rousseau. Il

paraît que le plus sensible de tous fut la condamnation de son livre, et celle du *Contrat social* par le conseil de Genève. Bien des gens mettent ce *Contrat social* au-dessus de tout ce qu'a fait Rousseau, pour la force de tête et la profondeur des idées. Quoi qu'il en soit, ces deux ouvrages parurent dangereux à la république dont il était citoyen ; et Rousseau, se croyant injustement outragé par sa patrie, qu'il se flattait, non sans fondement, d'avoir honorée, abdiqua son droit de bourgeoisie et son titre de citoyen, vengeance légitime et noble, et qui appartenait à un homme supérieur. Il ne parut pas également irréprochable lorsqu'il publia dans la suite les *Lettres de la Montagne*, qui fomentèrent les troubles de Genève, et aigrirent les esprits déjà trop échauffés. Son livre devint l'étendard de la révolte et l'évangile des mécontents. On prétendit qu'ayant renoncé à sa patrie, il n'avait plus le droit de prendre parti dans les querelles qui la divisaient. Mais cette interdiction absolue n'est-elle pas un peu rigoureuse ? Si Rousseau voyait des vices essentiels dans l'administration de la république, et si son livre pouvait contribuer à la réformation de l'État, était-il coupable de l'avoir publié ? La discorde est un mal sans doute ; mais quand elle doit produire la liberté, c'est un mal nécessaire chez les peuples qui ont le droit d'être libres. Rousseau écouta sans doute la vengeance qui l'animait contre ceux qui l'avaient condamné ; mais si en effet cette condamnation fut illégale, si les citoyens protestèrent contre l'arrêt du conseil, si cet arrêt et les *Let-*

tres de la Montagne hâtèrent le moment d'une révolution qui tendait à améliorer le gouvernement, Rousseau a fait un bien réel ; et ses *Lettres de la Montagne* sont alors l'ouvrage que les Genevois doivent le plus aimer.

Je ne parlerai point de quelques autres morceaux détachés sur *l'Imitation théâtrale*, sur *la Paix perpétuelle*, sur *l'Économie politique*; d'une *Lettre à M. de Voltaire* sur la Providence, etc. Il n'y a rien de ce qu'a fait Rousseau qui ne mérite d'être lu, et qui ne le soit avec plus ou moins de plaisir.

Cet écrivain dut avoir, et il a encore beaucoup d'enthousiastes parmi les femmes et les jeunes gens, parce qu'il parle beaucoup à l'imagination. Il est jugé plus sévèrement par la raison des hommes mûrs; mais sa place est belle, même au jugement de ces derniers. Il plaît aux femmes, quoiqu'il les ait fort maltraitées. Comme elles ne le sont guère que par des hommes très passionnés pour elles, le pardon est dans la faute même. Rousseau, malgré les injures qu'il leur dit, a près d'elles le premier de tous les mérites, celui de les aimer ; et satisfait le premier de leurs besoins, celui des émotions.

On a voulu comparer Rousseau à Voltaire, à qui l'on comparait aussi, pendant un temps, Crébillon, Piron, et d'autres écrivains. Celui à qui l'on oppose tous les autres, est incontestablement le premier.

Laissons-là cette manie trop commune de rapprocher des hommes qui n'ont aucun point de contact. Laissons Voltaire dans une place qui sera long-temps unique : contentons-nous de placer Rousseau parmi nos plus grands prosateurs. C'est au temps, à la postérité, à marquer le rang qu'il doit occuper dans le petit nombre d'hommes qui ont joint à une tête pensante une imagination sensible, et l'éloquence à la philosophie.

Les deux auteurs dont Rousseau paraît avoir le plus profité, sont Sénèque et Montaigne. Il a quelquefois les tournures franches et naïves de l'un, et l'ingénieuse abondance de l'autre ; mais en général ce qui distingue son style, c'est la chaleur et l'égernie ; cette chaleur véritable a fait une foule de mauvais imitateurs qui n'en avaient que l'affectation et la grimace, et qui, en répétant sans cesse ce mot devenu parasite, ne mettaient plus aucune différence entre la déraison et la chaleur ; et l'on ne sait jusqu'où cet abus aurait été porté, si l'on n'en eût pas fait sentir le ridicule.

Rousseau a composé les *Mémoires de sa vie*. Beaucoup de gens en ont entendu la lecture. On dit que plusieurs personnes y sont maltraitées, mais pas une autant que lui. Il se peut que l'on mette à avouer ses fautes l'amour-propre que l'on met communément à les dissimuler, et médire de soi est encore une manière d'être extraordinaire, concevable dans un homme qui a voulu être singulier.

LE MÊME, *Cours de Littérature.*

III.

Richardson a eu parmi nous un célèbre imitateur, je veux dire l'auteur de la *Nouvelle Héloïse*, roman qui a beaucoup de traits de ressemblance avec *Clarisse*. Dans l'un et l'autre ouvrage, il s'agit d'un père qui veut forcer les inclinations de sa fille, et la porter à un mariage qu'elle repousse. Le père de Clarisse projette, après avoir tout tenté en vain, de se jeter aux pieds de sa fille pour obtenir un consentement que la violence n'a pu arracher. La fuite de Clarisse prévient l'exécution de ce dessein ; mais ce que Richardson n'a mis qu'en projet, M. Rousseau l'a mis en action, et c'est ainsi que le baron d'Étange détermine Julie à épouser Volmar. Claire, l'amie de Julie, a paru une copie de miss Howe ; et l'auteur a suivi le système épistolaire de Richardson, en donnant à ses amants tout le babil de la passion qui aime le plus à écrire et à parler. *Ce sont des amants, et non des académiciens*, dit-il dans une note, croyant justifier par ce seul mot les incorrections, les longueurs et les inutilités. Mais cette apologie n'est qu'un sophisme qu'on peut renverser aussi d'un seul mot. Non, ce ne sont pas des amants qui parlent, c'est M. Rousseau qui les fait parler. La meilleure correspondance amoureuse, si on l'imprimait, serait un mauvais livre ; car il dirait la même chose à toutes les pages, et ce qui est excellent entre deux amants ne vaut rien pour le lecteur. Julie, ainsi que Clarisse, est un peu *précheuse*, et je crois que toutes les deux les sont trop.

Les rapports qu'on a remarqués entre ces deux ouvrages n'empêchent pas qu'en d'autres parties ils ne s'éloignent l'un de l'autre, autant que le génie de l'auteur anglais s'éloigne de celui du Genevois. L'imagination est la qualité dominante dans Richardson, la philosophie et l'esprit de controverse caractérisent M. Rousseau, et il a porté dans l'une et dans l'autre la plus grande éloquence. Aussi les objets de sa dialectique reviennent-ils partout sous sa plume; et, tout au travers des amours de Julie et de Saint-Preux, on disserte en forme sur le duel, sur le suicide, sur l'opéra, et le pour et le contre est oratoirement discuté. Plusieurs même de ces morceaux sont ce qu'il y a de plus beau dans la *Nouvelle Héloïse*, et ce qui porte principalement l'empreinte du talent de M. Rousseau. L'ouvrage, d'ailleurs, considéré comme roman, a paru très défectueux. C'est une hardiesse sans doute, dont nul romancier ne se serait avisé, de rendre les deux amants heureux dès le commencement de l'ouvrage; mais il n'en résulte pas moins que le reste se ressent de cette langueur qui succède à la vivacité d'un premier intérêt qu'on a perdu de vue. Le mariage de Julie avec Volmar, tandis qu'elle aime encore Saint-Preux, est une chose très extraordinaire et répugne aux principes de morale que Julie a suivis jusque-là, et qui défendent de tromper personne. D'ailleurs, c'est aimer bien peu un homme que d'en épouser un autre, et Julie dès ce moment devient moins intéressante. S'il y quelque chose de plus étrange, c'est la conduite de Saint-Preux, qui, après avoir couru le monde pendant deux ans, revient vivre tranquillement entre sa maîtresse et l'homme qui l'a épousée ; c'est la confiance de Volmar, qui voit sans inquiétude Saint-Preux auprès de Julie, et qui pourtant a entre les mains la lettre où cette même Julie proposait à son amant un rendez-vous qui exposait la vie de tous les deux. Je vois bien dans les lettres de Julie ce qui pouvait faire trembler Volmar, mais je n'y vois nullement ce qui pouvait le rassurer. Enfin, l'auteur ne sachant comment sortir de cette situation bizarre, termine le roman par un accident fortuit, étranger à tous les intérêts dont on a été occupé jusque-là ; et Julie meurt, uniquement pour tirer M. Rousseau d'embarras. Malgré tous ces défauts, ce roman eut un très grand succès dans sa nouveauté ; et quoiqu'il ait été apprécié depuis, il restera toujours comme un livre d'un ordre très distingué, puisqu'il offre assez de beautés pour faire pardonner de grands défauts. Il y a de la passion et de l'éloquence ; et si les personnages choquent souvent par leur conduite, ils rappellent et attachent par la vérité de leurs discours et par cette chaleur qui anime le style de l'auteur. La lettre écrite de Meillerie, la promenade sur le lac, les monuments des amours de Saint-Preux, épars dans les Alpes, et parlant à son imagination ; le moment où il voit Julie malade de la petite vérole : tous ces morceaux fortement tracés, joints à ceux qui sont plein d'une philosophie énergique et persuasive, sont des beautés de grand écrivain qui couvrent les fautes du romancier. Il y a d'ailleurs un puissant attrait pour les femmes et pour la jeunesse : c'est que les faiblesses ont dans ce roman le langage et les honneurs de la vertu ; et s'il a été donné à M. Rousseau (ce qui n'appartient qu'aux hommes éloquents) d'exalter les têtes et d'exciter l'enthousiasme, c'est sur-tout dans ce livre, le plus séduisant et le plus dangereux de tous pour les jeunes personnes.

Il ne faut pas regarder *Émile* comme un roman ; mais la forme romanesque que l'auteur a donnée à un ouvrage dont l'objet est si sérieux n'a point nui à son utilité et à son mérite, et y a même ajouté beaucoup. Émile et Sophie donnent de l'intérêt et du charme aux leçons de leur intituteur. Ce n'est pas que son système total d'éducation soit admissible ; c'est un excès en théorie et en pratique, comme presque toutes les idées générales du même écrivain sont des excès en spéculation. Mais il y joint une foule de vérités particulières et d'idées lumineuses, qui n'ont pas été perdues pour notre siècle. S'il a emprunté les idées de Loke sur l'enfance, l'orateur Genevois a persuadé ce que le philosophe anglais n'avait fait qu'indiquer *. Enfin il a obtenu

---

* Avant qu'un Genevois gravât en traits de flamme
Ce que Loke autrefois avait dit avant lui,
La clarté sans chaleur vainement avait lui.
Heureux, si quelquefois sa voix enchanteresse
N'eût dans de faux sentiers égaré la jeunesse !
Par lui du faux honneur tomba le préjugé ;
Des liens du maillot l'enfant fut dégagé ;
La baleine cessa d'emprisonner les belles,
On vit, au cri du sang, les mères moins rebelles ;
Et la nature enfin, reprenant tous ses droits,
Leur fils leur dut la vie une seconde fois.

DELILLE, *L'Imagination.*

un des succès les plus flatteurs pour tout homme qui prétend à la gloire de faire le bien : il a opéré une révolution dans une partie très importante des mœurs publiques, l'éducation. On ne peut nier que, depuis un certain nombre d'années, il ne se soit fait un changement très sensible dans la manière dont on élève l'enfance. Si ce premier âge de l'homme, si intéressant et si aimable, jouit aujourd'hui en tous sens de cette douce liberté qui lui permet de développer tout ce qu'il a de naïveté, de gaieté et de grace; s'il n'est plus intimidé et contraint sous les gênes et les entraves de toute espèce, c'est à l'auteur d'*Émile* qu'on en a l'obligation. Ainsi les générations naissantes lui devront le bonheur de leurs premières années; et si l'exemple d'une statue élevée au plus grand homme de notre siècle amenait parmi nous l'usage d'honorer, par de semblables monuments, tous les bienfaiteurs de l'humanité, en quelque genre que ce soit, j'aimerais à me représenter un groupe dans lequel la statue de l'illustre Genevois serait couronnée par les mains d'un enfant que sa mère souleverait jusqu'à lui, tandis qu'il sourirait à une autre femme qui allaiterait le sien; et peut-être l'entourerais-je encore d'un chœur d'enfants qui s'amuseraient à tous les jeux de leur âge.

Le même, *ibid.*

MORCEAUX CHOISIS.

I. La Maison, les Amis, les Plaisirs de Jean-Jacques à la campagne, s'il était riche.

Je n'irais pas me bâtir une ville en campagne, et

mettre au fond d'une province les Tuileries devant mon appartement. Sur le penchant de quelque agréable colline bien ombragée, j'aurais une petite maison rustique, une maison blanche, avec des contre-vents verts ; et quoique une couverture de chaume soit en toute saison la meilleure, je préférerais magnifiquement, non la triste ardoise, mais la tuile, parce qu'elle a l'air plus propre et plus gaie que le chaume, qu'on ne couvre pas autrement les maisons dans mon pays, et que cela me rappellerait un peu l'heureux temps de ma jeunesse. J'aurais pour cour une basse-cour, et pour écurie une étable avec des vaches, pour avoir du laitage que j'aime beaucoup. J'aurais un potager pour jardin, et pour parc un joli verger. Les fruits, à la discrétion des promeneurs, ne seraient ni comptés ni cueillis par mon jardinier, et mon avare magnificence n'étalerait point aux yeux des espaliers superbes auxquels à peine on osât toucher. Or, cette petite prodigalité serait peu coûteuse, parce que j'aurais choisi mon asyle dans quelque province éloignée où l'on voit peu d'argent et beaucoup de denrées, et où règnent l'abondance et la pauvreté.

Là, je rassemblerais une société plus choisie que nombreuse d'amis aimant le plaisir, et s'y connaissant; de femmes qui pussent sortir de leur fauteuil et se prêter aux jeux champêtres, prendre quelquefois, au lieu de la navette et des cartes, la ligne, les gluaux, le râteau des faneuses et le panier des vendangeurs. Là, tous les airs de la ville seraient oubliés; et, devenus villageois au village, nous nous trouverions livrés à des foules d'amusements divers, qui ne nous donneraient chaque soir que l'embarras du choix pour le lendemain. L'exercice et la vie active nous feraient un nouvel estomac et de nouveaux goûts. Tous nos repas seraient des festins, où l'abondance plairait plus que la délicatesse. La gaieté, les travaux rustiques, les folâtres jeux, sont les premiers cuisiniers du monde, et les ragoûts fins sont bien ridicules à des gens en haleine depuis le lever du soleil. Le service n'aurait pas plus d'ordre que d'élégance; la salle à manger serait partout, dans le jardin, dans un bateau, sous un arbre, quelquefois au loin, près d'une source vive, sur l'herbe verdoyante et fraîche, sous des touffes d'aulnes et de coudriers : une longue procession de gais convives porterait en chantant l'apprêt du festin; on aurait le gazon pour table et pour chaises; les bords de la fontaine serviraient de buffet, et le dessert pendrait aux arbres. Les mets seraient servis sans ordre, l'appétit dispenserait des façons; chacun, se préférant ouvertement à tout autre, trouverait bon que tout autre se préférât de même à lui: de cette familiarité cordiale et modérée, naîtrait sans grossièreté, sans fausseté, sans contrainte, un conflit badin, plus charmant cent fois que la politesse, et plus fait pour lier les cœurs. Point d'importuns laquais épiant nos discours, critiquant tout bas nos maintiens, comptant nos morceaux d'un œil avide, s'amusant à nous faire attendre à boire, et murmurant d'un trop long dîner. Nous serions nos valets pour être nos maîtres; chacun serait servi par tous, le temps passerait sans le compter, le repas serait le repos, et durerait autant que l'ardeur du jour. S'il passait près de nous quelque paysan retournant au travail, ses outils sur l'épaule, je lui réjouirais le cœur par quelques bons propos, par quelques coups de bon vin qui lui feraient porter plus gaiement sa misère ; et moi, j'aurais aussi le plaisir de me sentir émouvoir un peu les entrailles, et de me dire en secret : « Je suis encore « homme. »

Si quelque fête champêtre rassemblait les habitants du lieu, j'y serais des premiers avec ma troupe. Si quelques mariages, plus bénis du ciel que ceux des villes, se faisaient à mon voisinage, on saurait que j'aime la joie, et j'y serais invité. Je porterais à ces bonnes gens quelques dons simples comme eux, qui contribueraient à la fête, et j'y trouverais en échange des biens d'un prix inestimable, des biens si peu connus de mes égaux, la franchise et le vrai plaisir. Je souperais gaiement au bout de leur longue table, j'y ferais chorus au refrain d'une vieille chanson rustique, et je danserais dans leur grange, de meilleur cœur qu'au bal de l'Opéra.

II. Le Lever du soleil.

On le voit s'annoncer de loin par les traits de feu qu'il lance au-devant de lui. L'incendie augmente, l'Orient paraît tout en flammes : à leur éclat, on attend l'astre long-temps avant qu'il se montre ; à chaque instant on croit le voir paraître : on le voit enfin. Un point brillant part comme un éclair, et remplit aussitôt tout l'espace ; le voile des ténèbres s'efface et tombe ; l'homme reconnaît son séjour, et le trouve embelli. La verdure a pris, durant la nuit, une vigueur nouvelle ; le jour naissant qui l'éclaire, les premiers rayons qui la dorent, la montrent couverte d'un brillant réseau de rosée, qui réfléchit à l'œil la lumière et les couleurs. Les oiseaux en chœur se réunissent et saluent de concert le père de la vie : en ce moment pas un seul ne se tait. Leur gazouillement, faible encore, est plus lent et plus doux que dans le reste de la journée : il se sent de la langueur d'un paisible réveil. Le concours de tous ces objets porte aux sens une impression de fraîcheur qui semble pénétrer jusqu'à l'âme. Il y a là une demi-heure d'enchantement auquel nul homme ne résiste : un spectacle si grand, si beau, si délicieux, n'en laisse aucun de sang froid [*].

III. L'Ombre de Fabricius aux Romains.

O Fabricius ! qu'eût pensé votre grande âme, si, pour votre malheur, rappelé à la vie, vous eussiez vu la face pompeuse de cette Rome sauvée par votre bras, et que votre nom respectable avait plus illustrée que toutes ses conquêtes ? « Dieux ! eussiez-vous
« dit, que sont devenus ces toits de chaume et
« ces foyers rustiques qu'habitaient jadis la modéra-
« tion et la vertu ? quelle splendeur funeste a suc-

---

[*] Rousseau a certainement pris quelques traits de ce magnifique tableau dans la description du lever du soleil par Thompson (*l'Été*) ; mais il a su se l'approprier, et être original même en imitant.   F.

« cédé à la simplicité romaine ! quel est ce langage
« étranger ? quelles sont ces mœurs efféminées? que
« signifient ces statues, ces tableaux, ces édifices ?
« Insensés ! qu'avez-vous fait? Vous, les maîtres des
« nations, vous vous êtes rendus les esclaves des
« hommes frivoles que vous avez vaincus ; ce sont
« des rhéteurs qui vous gouvernent : c'est pour en-
« richir des architectes, des peintres, des statuaires
« et des histrions, que vous avez arrosé de votre
« sang la Grèce et l'Asie. Les dépouilles de Cartha-
« ge sont la proie d'un joueur de flûte.

« Romains, hâtez-vous de renverser ces amphi-
« théâtres, brisez ces marbres, brûlez ces tableaux,
« chassez ces esclaves qui vous subjuguent, et dont
« les funestes arts vous corrompent. Que d'autres
« mains s'illustrent par de vains talents : le seul ta-
« lent digne de Rome est celui de conquérir le mon-
« de, et d'y faire régner la vertu. Quand Cynéas
« prit notre sénat pour une assemblée de rois, il ne
« fut ébloui, ni par une pompe vaine, ni par une
« élégance recherchée ; il n'y entendit point cette
« éloquence frivole, l'étude et le charme des hommes
« futiles. Que vit donc Cynéas de majestueux ? O
« citoyens ! il vit un spectacle que ne donneront
« jamais vos richesses, ni tous vos arts, le plus beau
« spectacle qui ait jamais paru sous le ciel, l'assem-
« blée de deux cents hommes vertueux, dignes de
« commander à Rome et de gouverner la terre. »

IV. Le Duel.

Gardez-vous de confondre le nom sacré de l'honneur avec ce préjugé féroce qui met toutes les vertus à la pointe d'une épée, et n'est propre qu'à faire de braves scélérats.

En quoi consiste ce préjugé? Dans l'opinion la plus extravagante et la plus barbare qui entra jamais dans l'esprit humain, savoir, que tous les devoirs de la société sont suppléés par la bravoure; qu'un homme n'est plus fourbe, fripon, calomniateur; qu'il est civil, humain, poli, quand il sait se battre; que le mensonge se change en vérité, que le vol devient légitime, la perfidie honnête, l'infidélité louable, sitôt qu'on soutient tout cela le fer à la main; qu'un affront est toujours bien réparé par un coup d'épée, et qu'on n'a jamais tort avec un homme pourvu qu'on le tue. Il y a, je l'avoue, une autre sorte d'affaire où la gentillesse se mêle à la cruauté, et où l'on ne tue les gens que par hasard; c'est celle où l'on se bat au premier sang. Au premier sang! grand Dieu! Et qu'en veux-tu faire de ce sang, bête féroce? le veux-tu boire?

Les plus vaillants hommes de l'antiquité songèrent-ils jamais à venger leurs injures personnelles par les combats particuliers? César envoya-t-il un cartel à Caton, ou Pompée à César, pour tant d'affronts réciproques? Et le plus grand capitaine de la Grèce fut-il déshonoré pour s'être laissé menacer d'un bâton? D'autres temps, d'autres mœurs, je le sais, mais n'y en a-t-il que de bonnes, et n'oserait-on s'enquérir si les mœurs d'un temps sont celles qu'exige le solide honneur? Non, cet honneur n'est point variable, il ne dépend ni des temps ni des lieux, ni des préjugés; il ne peut ni passer ni renaître; il a sa source éternelle dans le cœur de l'homme juste et dans la règle inaltérable de ses devoirs. Si les peuples les plus éclairés, les plus braves, les plus vertueux de la terre, n'ont point connu le duel, je dis qu'il n'est point une institution de l'honneur, mais une mode affreuse et barbare, digne de sa féroce origine. Reste à savoir si, quand il s'agit de sa vie ou de celle d'autrui, l'honnête homme se règle sur la mode, et s'il n'y a pas alors plus de vrai courage à la braver qu'à la suivre. Que ferait celui qui s'y veut asservir, dans des lieux où règne un usage contraire? A Messine ou à Naples, il irait attendre son homme au coin d'une rue, et le poignarder par derrière. Cela s'appelle être brave en ce pays-là, et l'honneur ne consiste pas à se faire tuer par son ennemi, mais à le tuer lui-même.

L'homme droit, dont toute la vie est sans tache, et qui ne donna jamais aucun signe de lâcheté, refusera de souiller sa main d'un homicide, et n'en sera que plus honoré. Toujours prêt à servir la patrie, à protéger le faible, à remplir les devoirs les plus dangereux, et à défendre en toute rencontre juste et honnête, ce qui lui est cher, au prix de son sang, il met dans ses démarches cette inébranlable fermeté qu'on n'a point sans le vrai courage. Dans la sécurité de sa conscience, il marche la tête levée, il ne fuit ni ne cherche son ennemi. On voit aisément qu'il craint moins de mourir que de mal faire, et qu'il redoute le crime et non le péril. Si les vils préjugés s'élèvent un instant contre lui, tous les jours de son honorable vie sont autant de témoins qui les récusent; et, dans une conduite si bien liée, on juge d'une action sur toutes les autres.

Les hommes si ombrageux et si prompts à provoquer les autres, sont pour la plupart de malhonnêtes gens, qui, de peur qu'on ose leur montrer ouvertement le mépris qu'on a pour eux, s'efforcent de couvrir de quelques affaires d'honneur l'infamie de leur vie entière.

Tel fait un effort et se présente une fois, pour avoir le droit de se cacher le reste de sa vie. Le vrai courage a plus de constance et moins d'empressement; il est toujours ce qu'il doit être, il ne faut ni l'exciter ni le retenir : l'homme de bien le porte partout avec lui; au combat, contre l'ennemi; dans un cercle, en faveur des absents et de la vérité; dans son lit, contre les attaques de la douleur et de la mort. La force de l'âme qui l'inspire est d'usage dans tous les temps : elle met toujours la vertu au-dessus des évènements, et ne consiste pas à se battre, mais à ne rien craindre.

V. Le Suicide.

Tu veux cesser de vivre : mais je voudrais bien savoir si tu as commencé. Quoi! fus-tu placé sur la terre pour n'y rien faire? Le ciel ne t'impose-t-il point avec la vie une tâche pour la remplir? Si tu as fait ta journée avant le soir, repose-toi le reste du jour, tu le peux; mais voyons ton ouvrage. Quelle réponse tiens-tu prête au Juge suprême qui te demandera compte de ton temps? Malheureux! trouve-moi ce juste qui se vante d'avoir assez vécu : que j'apprenne de lui comment il faut avoir porté la vie pour être en droit de la quitter. Tu comptes les maux de l'humanité, et tu dis : La vie est un mal. Mais regarde, cherche dans l'ordre des choses si tu y trouves quelques biens qui ne soient point mêlés de maux. Est-ce donc à dire qu'il n'y ait aucun bien dans l'univers, et peut-tu confondre ce qui est mal par sa nature, avec ce qui ne souffre le mal que par accident? La vie passive de l'homme n'est rien, et ne regarde qu'un corps dont il sera bientôt délivré; mais sa vie active et morale, qui doit influer sur tout son être, consiste dans l'exercice de sa volonté. La vie est un mal pour le méchant qui prospère, et un bien pour l'honnête homme infortuné; car ce n'est pas une modification passagère, mais son rapport avec son objet, qui la rend ou bonne ou mauvaise. Tu t'ennuies de vivre, et tu dis : La vie est un mal. Tôt ou tard tu seras consolé, et tu diras : La vie est un bien. Tu diras plus vrai sans mieux raisonner : car rien n'aura changé que toi. Change donc dès aujourd'hui; et puisque c'est dans la mauvaise disposition de ton âme qu'est le mal, corrige tes affections déréglées, et ne brûle pas ta maison pour n'avoir pas la peine de la ranger.

Que sont dix, vingt, trente ans pour un être immortel? La peine et le plaisir passent comme une ombre : la vie s'écoule en un instant; elle n'est rien par elle-même; son prix dépend de son emploi. Le bien seul qu'on a fait demeure, et c'est par lui qu'elle est quelque chose. Ne dis donc plus que c'est un mal pour toi de vivre, puisqu'il dépend de toi seul que ce soit un bien; et si c'est un mal d'avoir vécu, ne dis pas non plus qu'il t'est permis de mourir : car autant vaudrait dire qu'il t'est permis de n'être pas homme, qu'il t'est permis de te révolter contre l'auteur de ton être, et de tromper ta destination.

Le suicide est une mort furtive et honteuse, c'est un vol fait au genre humain. Avant de le quitter, rends-lui ce qu'il a fait pour toi. — Mais je ne tiens à rien, je suis inutile au monde. — Philosophe d'un jour ! ignores-tu que tu ne saurais faire un pas sur la terre sans trouver quelque devoir à remplir, et que tout homme est utile à l'humanité, par cela seul qu'il existe ? Jeune insensé ! s'il te reste au fond du cœur le moindre sentiment de vertu, viens que je t'apprenne à aimer la vie. Chaque fois que tu seras tenté d'en sortir, dis en toi-même : *Que je fasse encore une bonne action avant que de mourir;* puis, va chercher quelque indigent à secourir, quelque infortuné à consoler, quelque opprimé à défendre. Si cette considération te retient aujourd'hui, elle te retiendra demain, après demain, toute la vie : si elle ne te retient pas, meurs, tu n'est qu'un méchant.

VI. L'Immatérialité de l'Ame.

Plus je rentre en moi, plus je me consulte, et plus je lis ces mots écrits dans mon âme: *Sois juste, et tu seras heureux!* Il n'en est rien pourtant, à considérer l'état présent des choses : le méchant prospère, et le juste reste opprimé. Voyez aussi quelle indignation s'allume en nous quand cette attente est frustrée ! la conscience s'élève et murmure contre son auteur; elle lui crie en gémissant : « Tu m'as trompé ! »

« Je t'ai trompé téméraire ! qui te l'a dit ? Ton
« âme est-elle anéantie? as-tu cessé d'exister ? ô
« Brutus ! ô mon fils ! ne souille point ta noble vie
« en la finissant : ne laisse point ton espoir et ta
« gloire avec ton corps aux champs de Philippe.
« Pourquoi dis-tu *la vertu n'est rien*, quand tu vas
« jouir du prix de la tienne ? Tu vas mourir, pen-
« ses-tu ; non, tu vas vivre, et c'est alors que je tien-
« drai tout ce que je t'ai promis. »

On dirait, aux murmures des impatients mortels, que Dieu leur doit la récompense avant le mérite, et qu'il est obligé de payer leur vertu d'avance. Oh ! soyons bons premièrement, et puis nous serons heureux. N'exigeons pas le prix avant la victoire, ni le salaire avant le travail. Ce n'est point dans la lice, disait Plutarque, que les vainqueurs de nos jeux sacrés sont couronnés, c'est après qu'ils l'ont parcourue.

Si l'âme est immatérielle, elle peut survivre au corps ; et, si elle lui survit, la Providence est justifiée. Quand je n'aurais d'autre preuve de l'immatérialité de l'âme, que le triomphe du méchant et l'oppression du juste en ce monde, cela seul m'empêcherait d'en douter. Une si choquante dissonnance dans l'harmonie universelle me ferait chercher à la résoudre. Je me dirais: « Tout ne finit « pas pour moi avec la vie ; tout rentre dans l'or-« dre à la mort. »

ROWE (NICOLAS)*, poète dramatique anglais, naquit en 1673, à Listle Bedfort, d'une ancienne famille du Devonshire, et mourut à Londres en 1718. A l'avènement de Georges Ier il fut créé poète lauréat, et, quelque temps après, secrétaire du conseil du prince de Galles.

A l'âge de vingt-cinq ans, il publia la tragédie intitulée : *la Belle-mère ambitieuse*, qui obtint le plus brillant succès. Cette pièce fut suivie de *Tamerlan*, de la *Belle Pénitente*, d'*Ulysse*, du *Prosélyte royal*, de *Jane-Shore*, de *Lady Jeanne Grey*, et d'une comédie que son peu de mérite a fait exclure du recueil de ses œuvres, publiées à Londres en 1733, 3 vol. in-12. On doit encore à Rowe une édition des œuvres de Schakspeare et une vie de ce poète, ainsi qu'une traduction de la *Pharsale* de Lucain, publiée en 1728.

« Les tragédies de Rowe, dit Blair, dans son « *Cours de Rhétorique*, sont d'un genre bien op-« posé à celles d'Otway ; toutes les pensées y sont « grandes et nobles. La poésie en est souvent très

---

* Il ne faut pas le confondre avec Thomas Rowe, de la même famille, né à Londres en 1687, mort en 1715, qui s'acquit de la reputation par ses *Poésies anglaises*. Rowe Elisabeth, sa femme, née en 1674, morte en 1737, a laissé une *Histoire de Joseph*, en vers anglais, *L'Amitié après la mort*, et des *Lettres morales et amusantes*. On remarque dans ses écrits des sentiments nobles, une imagination brillante, et sur-tout un grand amour pour la vertu.

« bonne et le style toujours pur et élégant ; mais,
« dans la plupart de ses pièces, il est trop froid,
« trop peu intéressant, et plutôt fleuri que tragi-
« que. Il en est deux cependant auxquelles il serait
« injuste d'appliquer ce reproche, c'est *Jane-Shore*
« et *la Belle Pénitente* : il y a dans toutes deux un
« assez grand nombre de scènes touchantes et vé-
« ritablement pathétiques pour justifier les applau-
« dissements qu'elles ont toujours reçus. »

MORCEAU CHOISI.

Jane-Shore et Alicia.

ALICIA.

Cependant mon amie a connu quelques-uns de ces jours sereins, quelques-unes de ces années que nous regardons comme heureuses, au moins si notre sexe peut juger du bonheur. Et qu'avons-nous à souhaiter de plus, nous qui contemplons avec joie notre empire, nous dont la beauté fait la félicité suprême, et nous donne le pouvoir de nous révolter et de régner; qu'avons-nous à souhaiter de plus que de voir un monarque, un conquérant jeune, aimable et illustre, se soumettre à nos chaînes, et soupirer à nos pieds?

SHORE.

Je l'avoue; le prince Édouard était un prodige, le noble orgueil de la jeunesse anglaise : né pour plaire, pour aimer et pour persuader, il faisait les délices de tous ceux qui l'entouraient. Mais qu'avais-je de commun avec les cours et avec les rois?

mon humble fortune m'avait placé bien au-dessous de lui. Il était le modèle du genre humain, le plus brave et le plus aimable des hommes ; et voilà ce qui a fait mon malheur.

ALICIA.

Sans doute, quelque chose de plus que la destinée rapprochait vos âmes : la grandeur d'Édouard, son air noble et majestueux, ne pouvaient mieux s'unir qu'aux graces touchantes et à la beauté de mon amie.

SHORE.

..... Ne prononce plus son nom : il a causé ma ruine et la perte de mon repos. Le désespoir et les larmes, voilà l'héritage que m'a légué son fatal amour. Avant qu'un petit nombre de jours se soient écoulés, tu me verras tombée dans le dernier excès de l'infortune : la main du pouvoir m'a ravi le peu qui me restait pour soutenir ma déplorable vie : bientôt tu me verras, en proie à l'indigence, fléchir les genoux devant ta porte charitable, et implorer le pain de la pitié.

ALICIA.

Charme de ma vie! ma bien-aimée Shore, cesse d'affliger mon cœur par ces sinistres présages. Rappelle un plus doux espoir dans ton âme abattue; ranime l'éclat de tes yeux; qu'ils brillent encore comme le soleil levant à travers un nuage; ne cache plus tes charmes; va trouver le farouche vainqueur, et désarme par tes attraits sa fierté sauvage.

SHORE.

Mes attraits, hélas! ont depuis long-temps oublié de plaire : l'éclat de ma beauté a disparu avec mon bonheur; les roses de la fraîcheur n'animent plus mes joues flétries, et la riante gaieté ne brille plus dans mes yeux éteints; l'amère douleur, les soucis dévorants, et l'affreux désespoir ! triste cortège ! règnent seuls sur mon front languissant et décoloré.

Jane-Shore, Act. I, Sc. 2.

ROY (PIERRE-CHARLES), né à Paris en 1683, employa son talent pour la poésie à faire des *Opéra*, et travailla en concurrence avec La Motte et Danchet. Il a composé aussi un grand nombre de ces *Brevets de calotte* dont il existe une collection qu'on ne lit plus. Ce poète, non content d'avoir attaqué plusieurs membres de l'Académie-Française en particulier, attaqua le corps entier par une allégorie satirique connue sous le nom de *Coche*. Ce corps, qui a effectivement beaucoup dégénéré, et qui depuis s'est écarté absolument de l'esprit et du but de son institution, s'en vengea à sa manière ordinaire, en fermant pour toujours ses portes à l'auteur. Le célèbre Rameau préférait aux poèmes de Roy ceux de Cahusac, dont les talents étaient inférieurs, mais qui avait peut-être plus de docilité pour se prêter aux caprices du musicien. Cette préférence anima la verve du poète Roy contre Rameau. Il enfanta cette allégorie sanglante où l'Orphée de la musique française est désigné sous le nom de *Marsyas*. Cet écrivain fut conseiller au Châtelet, élève de l'Académie des Inscriptions, trésorier de la chancellerie de la cour des aides de Clermont, et chevalier de l'ordre de Saint-Michel. Il mourut en 1763. Outre ses *Opéra*, on a encore de lui un *Recueil de Poésies*, et d'autres ouvrages en 2 vol. in-8°. Tout n'y est pas bon ; mais il y a de temps en temps des vers heureux et des pensées tournées avec délicatesse. On connaît son *Poème* sur la maladie du roi de France, qui fit naître cette jolie épigramme :

> Notre monarque, après sa maladie
> Etait à Metz attaqué d'insomnie :
> Ah ! que de gens l'auraient guéri d'abord !
> Roy, le poète, à Paris versifie.
> La pièce arrive, on la lit, le roi dort....
> De saint Michel la muse soit bénie !
> Extrait du *Dictionnaire historique de Feller.*

JUGEMENT.

Parmi ceux qui occupèrent la scène lyrique dans notre siècle, et dont, pour la plupart, les noms sont oubliés comme les ouvrages, Roy se fit remarquer plus avantageusement lorsqu'il donna *Callirhoé*, regardée encore aujourd'hui comme un des meilleurs poèmes du genre. *Philomèle*, *Bradamante*, *Hippodamie*, *Creüse*, qui l'avaient précédée, n'ont rien qui mérite qu'on en fasse mention ; mais *Sémiramis*, qu'il fit paraître six ans après, en 1718, vaut pour le moins *Callirhoé*, et me paraît même supérieure. Ces deux ouvrages sont restés dans la première classe de nos tragédies-opéra : c'est, en ce genre, tout ce que l'auteur a fait de bon. Mais dans celui de l'opéra-ballet, il a aussi les *Éléments*, et même *le Ballet des Sens,* au moins dans deux actes, qui ont conservé des droits à l'estime publique.

On s'aperçoit que cet écrivain, dont les productions sont très nombreuses, eut besoin de beaucoup de travail pour vaincre la nature, qui ne l'avait pas fort heureusement organisé. Sa versification est d'ordinaire pénible et dure, quelquefois même étrange; et il est assez singulier que deux hommes qui avaient très peu d'oreille, La Motte et Roy sur-tout, se soient appliqués si long-temps à l'un des genres qui en demandent le plus. Il y a cette différence, que La Motte parut y plier la sienne beaucoup plus aisément que Roy : car c'est dans ses opéra que le premier a beaucoup moins laissé voir le défaut d'oreille que dans ses autres écrits. Au contraire, il règne généralement dans ceux de Roy, qui n'est parvenu à donner enfin à sa versification un peu plus de souplesse et de liant que dans le très petit nombre de poèmes dont je vais parler : encore n'a-t-il guère été jusqu'à la douceur que dans un morceau de *Vertumne.* La facilité lui est si étrangère, qu'elle ne se montre jamais chez lui, pas même dans ces petits vers de toute mesure qui composent les divertissements, et à qui l'on est convenu, ce semble, en faveur de l'agrément des airs, de passer un certain degré de faiblesse, qui doit au moins être racheté par un peu de facilité. Ceux de Roy sont à la fois durs et plats, et ne le sont pas même médiocrement : c'est peut-être ce qu'il y a de plus mauvais dans ces sortes de paroles, qui sont quelquefois des vers et de jolis vers chez Quinault, dont l'exemple, en cela comme en tout le reste, a été trop peu suivi.

Mais si Roy est dénué de facilité et de douceur, il ne manque ni de force ni de noblesse dans ce qu'il a laissé de bon. Le sujet de sa *Callirhoé* est intéressant et bien conduit, et n'a guère d'inconvénient que dans le dénouement, où le sacrificateur Corésus, personnage assez odieux jusque-là, et qui a fait les malheurs et les dangers de la famille royale et du peuple de Calydon, finit cependant par un dévouement héroïque, en se donnant la mort plutôt que de sacrifier son rival, dont le sort est entre ses mains. La situation en elle-même est tragique et théâtrale, comme toute l'action de la pièce, tirée des *Achaïques* de Pausanias. Callirhoé, princesse de Calydon, doit, par l'ordre des dieux, épouser le grand-prêtre de Bacchus, issu du sang des rois, et que le vœu du peuple appelle à hériter du trône ; mais elle aime Agénor, prince du même sang ; et quelques efforts qu'elle fasse d'abord pour soumettre l'amour au devoir, l'amour l'emporte, et le grand-prêtre Corésus est refusé. Irrité des refus de la princesse, qu'il aime éperdument, il implore la vengeance de Bacchus, qui éclate sur les Calydonniens par des fléaux horribles. On consulte l'oracle, qui répond que le sang de Callirhoé peut seul apaiser la colère des dieux, et doit couler sur les autels, à moins qu'une autre victime ne s'offre à sa place. Agénor ne balance pas; et Corésus, sacrificateur, se trouve ainsi le maître de se défaire d'un rival sans qu'on puisse même accuser sa vengeance, légitimée par un oracle; mais il est sûr aussi de perdre sans retour Callirhoé, qui certainement, quoi qu'il arrive, n'épousera jamais le meurtrier de son amant. Ce nœud est dramatique; mais comment le trancher? Corésus, que le poète a eu soin de représenter moins cruel de caractère que forcené de jalousie, vient à l'autel sans avoir pris encore de résolution; les deux victimes y sont, se disputant la mort; le tableau est frappant et l'attente est terrible. Corésus, témoin de tout l'amour qu'Agénor et Callirhoé montrent en ce moment l'un pour l'autre avec plus de vivacité que jamais, s'écrie :

Ciel! en les immolant je ne puis les punir!

Le mot est vrai, et le vers est beau.

CALLIRHOÉ et AGÉNOR.

Frappe, voilà mon cœur. Qui peut te retenir?

CORÉSUS.

Agénor, j'applaudis à l'ardeur qui t'anime.
J'honore ta vertu : tes vœux seront contents.

CALLIRHOÉ.

Je frémis... achève, il est temps.

Corésus sépare les deux amants, et saisissant le glaive :

Arrêtez : c'est à moi de choisir la victime.

Il se frappe.

. . . . Je sauve vos jours ;
De vos malheurs, des miens je termine le cours.
 (A Callirhoé.)
Vous pleurez! Se peut-il que ce cœur s'attendrisse !
Je meurs content... mes feux ne vous troubleront plus.
Approchez... en mourant que ma main vous unisse.
 Souvenez-vous de Corésus.

Je ne crois pas qu'un autre dénouement fût possible, à moins d'employer une machine d'opéra, une intervention divine, qui, dans des situations si fortes, paraîtrait froide : ce qui est le plus grand de tous les défauts. Mais il y en a un autre ici, et très réel ; c'est que le personnage haï jusque-là devient sans contredit le premier, et attire sur lui toute la pitié et tout l'intérêt, par un des traits de l'héroïsme qui est peut-être le plus rare; car il est tout autrement aisé de se sacrifier pour ce qu'on aime, quand on est aimé, que quand on ne l'est pas. Il arrive de là que ce dénouement mêle une impression triste et affligeante au sentiment de plaisir que doit produire le bonheur de deux personnages aimés. Peut-être les grands développements que la tragédie seule comporte auraient pu préparer un peu davantage cette catastrophe et en modifier les effets ; mais je doute que, dans tous les cas, on pût remédier tout-à-fait à cet inconvénient de la situation donnée, que je n'observe pas comme une faute, mais comme une imperfection inévitable, telle qu'en offrent quelquefois les plus belles situations du théâtre.

 On a remis de nos jours cet opéra avec une nouvelle musique, qui n'eut aucun succès : il doit en avoir dans tous les temps, quand la musique sera bonne, et aujourd'hui sur-tout que l'on tâche de rapprocher l'opéra de la tragédie, et beaucoup plus, je crois, qu'il ne faut. Quoi qu'il en soit, le dialogue et les vers ne sont pas en général au-dessous du sujet, au moins pour le sentiment et la pensée, car le nombre et la tournure se sentent encore trop souvent de cette pénible facture, plus désagréable peut-être dans les vers mêlés que dans les alexandrins. Voici, par exemple, un bien mauvais récit :

Les rebelles vaincus fuyaient *devant nos traits*.
Malgré mon sang versé, jusqu'au fond des forêts
La victoire m'entraîne.
Je tombe : je trouvai d'heureux et prompts secours,
Par le temps et les soins je respirais à peine :
J'apprends qu'à Corésus vous unissez vos jours.

Je respirais par le temps........fuyaient devant nos traits......... Il n'en faut pas davantage pour reconnaître un écrivain étrangement gêné par la mesure et la rime.

Un amant malheureux et tendre
D'une erreur qui lui plaît aime à s'entretenir ;
Mais que de pleurs à répandre
Quand il faut *en revenir.*

En revenir est bien plat ; *y renoncer* était le mot convenable, et de plus il fallait le rapprocher davantage de *l'erreur,* et ne pas interposer le substantif *pleurs*, qui embarrasse la construction.

Rien n'est plus malheureux que le mélange du

prosaïsme et de la dureté, et Boileau savait encore quelque gré à Chapelain d'*un vers noble quoique dur;* mais des vers tels que ceux-ci sont mauvais doublement :

> J'ai souffert les plus rudes coups
> Que puisse *craindre un cœur tendre.*
> Quand le Ciel me permet d'attendre
> Un sort plus calme et plus doux,
> Cruelle, démentez-vous
> *L'espérance qu'il veut me rendre?*

Ces six vers ne sont qu'une prose rimée, où rien jamais n'avertit l'oreille qu'elle entend des vers, et où souvent même elle est blessée par des sons rudes. Je ne crois pas que, dans les scènes de Quinault, on trouvât une phrase de quatre vers qui fût ainsi dépourvue de nombre; mais ce défaut devient encore plus sensible quand des vers mal tournés en rappellent d'autres qui le sont parfaitement. Agénor dit à Callirhoé précisément les mêmes choses qu'Achille à Iphigénie ; mais les mêmes choses ne sont pas les mêmes vers.

CALLIRHOÉ.

L'autel est prêt : *j'y veux aller.*

AGÉNOR.

J'y cours : de Corésus *que le crime s'expie.*
On me *payera** cher *de m'avoir fait trembler.*
Le *bûcher brûle;* et moi, *j'éteins* sa flamme impie
Dans le sang du cruel qui veut vous immoler.

* L'usage est de faire ce mot de deux syllabes seulement pour éviter la valeur incertaine de la diphtongue, et l'on peut alors écrire ce mot avec un *y,* comme dans *plaidoyrie,* ou un *i* avec un chevron, *païra, emploîra,* etc.

Mes amis sont tous prêts; ils suivront mon exemple.
J'attaquerai vos dieux, je *briserai* leur temple,
   Dût sa ruine m'accabler.

La déclamation ou le chant peut réchauffer ces vers; mais la tournure en est froide par elle-même quand on les lit: la gêne, le superflu, le vague, s'y font sentir partout. *Que le crime s'expie* ne vaut rien là, parcequ'il faut de l'expressif, du pittoresque, et non pas du moral. Cette phrase aussi, *on me payera de m'avoir*, etc., est trop contournée; la fureur en vient plus vite au fait. *Le bûcher brûle* est dur et plat; le présent *j'éteins*, que l'on croirait devoir être plus vif que le futur, l'est ici beaucoup moins, parce que rien de la phrase n'est lié par l'analogie des tours, et que les futurs sont entremêlés avec les présents, *on me payera*, *j'éteins*, *j'attaquerai*. Il fallait l'un ou l'autre de ces deux modes, et s'y tenir: ce redoublement des mêmes formes est dans la passion. Les *amis* et l'*exemple* sont à la glace: c'est bien de cela qu'il s'agit! *Je briserai leur temple* ne vaut rien, quoiqu'on dise *des tours brisées*, *des murs brisés*: c'est qu'alors on suppose un grand nombre de bras qui ont *brisé*, mais la disproportion se laisse trop voir dans un homme qui *brise un temple*. Il n'était pas difficile de mettre:

J'attaquerai vos dieux, renverserai leur temple.

Renverser présente ici un concours de forces que n'offre pas le mot *briser*, et la suppression du *je* rendait encor le vers plus vif. Que de remarques sur sept ou huit vers! C'est que le morceau était important, et que c'est une des occasions ou l'on peut apprendre aux jeunes poètes à quoi tient l'accord des choses et des expressions pour produire l'effet, et combien de sortes de fautes peuvent y nuire ; c'est qu'enfin un homme qui n'était pas sans talent a voulu ici imiter un maître, et s'en est tiré en écolier. Cette Callirhoé qui nous dit: *J'y veux aller!* quelle froideur!

ACHILLE.

Vous allez à l'autel ; et moi, j'y cours, Madame.
Si de sang et de morts le Ciel est affamé,
Jamais de plus de sang ses autels n'ont fumé.

N'ont fumé : il se garde bien de dire *n'auront fumé* ; non, cela est déjà fait ; *le sang fume* déjà : voilà comme la passion s'exprime :

Le prêtre deviendra ma première victime ;
Le bûcher, par mes mains détruit et renversé,
Dans le sang des bourreaux nagera dispersé, etc.

Voyez s'il n'est pas déjà au milieu des ruines, du sang et du carnage. Toutes ses expressions en sont pleines, et tout cela doit être dans les vers du poète comme dans l'imagination de l'homme furieux. Si l'on n'a pas ce sentiment, jamais on ne sera grand poète ; c'est là le vrai secret ; et nos petits docteurs du jour, qui font tant de bruit du technique des figures, ne se sont jamais doutés que c'est la sensibilité de l'imagination et de l'âme qui a inventé ces figures et les invente encore, et que sans elle c'est bien inutilement qu'on en apprend l'artifice et qu'on en recherche l'emploi. Il arrive alors ce qui est si commun aujourd'hui : avec un tas de figures, on est à la fois bouffi et glacé, recherché et sec, emphatique et barbare.

L'opéra de *Sémiramis* n'a pas peu servi à Voltaire pour faire sa tragédie. C'est le même plan presqu'en entier; ce sont les mêmes rôles, les mêmes moyens; et pourtant la distance est immense entre les deux ouvrages, tant il y a loin d'un bon opéra à une belle tragédie; car ici la disproportion des genres n'est pas moindre que celle des auteurs. Il n'en est pas moins vrai que l'une des deux pièces est à peu près moulée sur l'autre. Sémiramis ressent pour Arsane, qui est l'Arsace de Voltaire, cette espèce d'amour qui ne révolte point, quoique dans une mère pour son fils, parce qu'il laisse apercevoir une sorte de méprise où la nature se retrouve. Cette nuance était délicate et nécessaire : Crébillon n'en a pas eu la moindre idée; Roy l'a indiquée assez heureusement, et Voltaire a su la marquer.

Un penchant inconnu m'entraîne,
Plus puissant mille fois et moins doux que l'amour.

C'est ainsi que Sémiramis parle dans la pièce de Roy, joué en 1718. Il est à remarquer que celle de Crébillon avait paru l'année précédente, et que Roy n'en prit rien et n'en pouvait rien prendre, car tout y est détestable; et Crébillon est ici au-dessous de Roy, autant que Roy est au-dessous de Voltaire. L'Azéma de celui-ci est exactement l'Amestris de l'opera. Zoroastre, qui veut épouser Sémiramis, est Assur, et révèle à la fin la naissance d'Arsane, comme le grand-prêtre dans la tragédie. Ce rôle de Zoroastre est d'ailleurs très convenablement placé, comme contemporain, et introduit fort à propos sur la scène cette magie dont il passe pour le premier auteur; en sorte que le spectacle est adapté aux mœurs historiques et lié à l'action. C'est un art dont il faut tenir compte, d'autant plus que depuis Quinault on l'a souvent négligé. Il y a de l'intérêt dans les amours d'Arsane et de cette Amestris que Sémiramis sa rivale a condamnée à se dévouer au culte des dieux, ce qui forme un obstacle à son penchant pour Arsane, et développe en elle un caractère à la fois noble et sensible, et un mélange de tendresse et de résignation bien entendu et bien soutenu. Arsane tue sa mère sans la connaître, comme dans la tragédie, mais par un moyen assez usé, par un égarement tout semblable à celui d'Atys, et qui n'est pas à beaucoup près si bien amené : c'est peut-être le seul ressort faible de cette intrigue. Le tombeau de Ninus, dans Voltaire, est bien d'un autre effet et très préférable, parce que cet effet est assez grand pour couvrir ce qui manque à la vraisemblance. Mais, dans l'opéra comme dans la tragédie, la cérémonie la plus imposante, celle où Amestris va prononcer ses vœux à l'autel, est interrompue par le tonnerre et les tremblements de terre, et par un oracle équivoque qui appelle Amestris au tombeau de Ninus. Voltaire a tout fortifié et tout embelli; mais c'est le même nœud et le même dénouement, le mariage d'Arsane et d'Amestris, à qui Sémiramis laisse le trône, ainsi que dans la tragédie.

L'ouvrage de Roy qui lui a fait le plus de réputation est le ballet des *Éléments*, sans doute parce qu'il y a plus d'originalité dans la conception, et surtout parce qu'il y a des morceaux de poésie qui ont mérité d'être retenus ; ce qui ne lui est pas arrivé dans ses tragédies-opéra. C'était une idée neuve et ingénieuse, très analogue d'ailleurs à la nature de ce spectacle, que d'attacher à chacun des *Éléments* une petite action qui en offrît quelques rapports ; et la mythologie était ici bien plus heureuse et plus dramatique que l'allégorie, espèce de fiction qu'il est rare de garantir de la froideur. Le poëte a tout pris dans la Fable, ou presque tout ; car, même dans l'acte du *Feu*, le seul où il ait pris de l'histoire un personnage de vestale qui, en s'oubliant avec un amant laisse éteindre le feu sacré, c'est encore l'amour qui vient le rallumer et les sauve ainsi tous deux ; ce qui donne un dénouement mythologique. L'acte de l'*Air*, Ixion, amoureux de Junon et foudroyé par Jupiter, ne me semble pas un sujet aussi bien choisi que les autres : un coup de foudre est une catastrophe un peu rude pour le crime le plus léger de tous à l'Opéra, celui d'aimer une déesse. On ne voit à ce théâtre que des déesses à qui la tête tourne pour des mortels très ordinaires, sans en excepter la chaste Diane, qui devient folle du berger Endymion, seulement parce qu'il est joli ; ce qui ne l'empêche pas de faire dévorer ce pauvre Actéon par ses chiens, pour avoir eu le malheur de la voir très innocemment dans le bain. Ce sont d'étranges créatures que ces déesses, et c'est souvent une étrange chose que la fable, moitié absurde et moitié morale. Il est vrai que Junon, autant qu'il m'en souvient, est la seule à qui les poètes n'aient pas donné d'amant, apparemment par respect pour le grand Jupiter; aussi l'ont-ils faite méchante comme une furie. Ce n'est pas relever beaucoup la sagesse conjugale, qu'ils ont presque entièrement réduite à une jalousie enragée, et qui méritait d'être représentée sous une tout autre moralité.

L'acte de l'*Eau*, les amours du chantre Arion et de la nymphe Leucosie, et sur-tout celui de la *Terre*, les amours de Vertumne et de Pomone, sont ce qu'il y a de mieux fait dans ces fragments lyriques. Les scènes des deux amants, dans le dernier, sont très agréables, et ont quelque chose de l'esprit de La Motte et de la grace de Quinault. On en peut juger par ce couplet de Vertumne :

Voyez dans ces vergers la source qui serpente :
Elle embrasse cent fois ces jeunes arbrisseaux.
Unie avec l'ormeau, cette vigne abondante
    S'élève et croît sur ses rameaux :
Cette autre sans appui demeure languissante.
Ces palmiers amoureux s'unissent en berceaux.
C'est le plaisir d'aimer que le rossignol chante.
Ces ondes et ces bois, ces fruits et ces oiseaux
    Tout vous est de l'amour une leçon vivante.

C'est bien ici qu'on peut observer ce que vaut l'élégance et le nombre. Rien de plus commun que tout le fond de ces pensées, et rien de plus connu que ces vers que j'ai entendu citer mille fois, parce que l'expression a du charme. Un morceau d'un ordre d'idées et d'un mérite fort supérieur, c'est ce début du prologue qui sera toujours admiré (c'est le Destin qui parle):

Les temps sont arrivés; cessez, triste chaos;
Paraissez, éléments : dieux, allez leur prescrire
  Le mouvement et le repos.
Tenez-les renfermés chacun dans son empire.
Coulez, ondes, coulez; volez, rapides feux.
Voile azuré des airs, embrassez la nature.
Terre, enfante des fruits, couvre-toi de verdure.
Naissez, mortels, pour obéir aux dieux.

La tournure simple et précise du dernier vers a quelque chose de sublime, quoique l'idée nous soit très familière. Tant les Anciens avaient raison d'attacher un grand prix à l'arrangement des mots et à la coupe des vers.

 Les apostrophes sont ici fort multipliées, et j'avoue que cette forme de phrase est en poésie la plus facile de toutes; mais elles sont ici à leur place : c'est l'expression naturelle du pouvoir qui commande pour créer. Il n'en n'est pas de même de la plupart des monologues que j'ai sous les yeux : l'apostrophe y est prodiguée avec une profusion inexcusable; et de toutes les causes d'ennui qui rendent si fastidieuse la lecture d'un recueil d'opéra, celle-là n'est sûrement pas la moindre. Il se peut que cette construction parût favorable à l'ancienne musique, dont les procédés étaient généralement beaucoup trop uniformes; mais ce n'est pas une excuse pour les poètes, car ce défaut n'existe point dans Quinault, dont les monologues ne tirent point leur agrément de l'apostrophe, non plus que ses dialogues; et puisqu'il a su s'en passer, c'est qu'il avait plus de ressources que ses successeurs. Ceux-ci semblent n'en avoir pas d'autres dès qu'ils veulent faire un morceau d'effet, au point qu'à tout moment ils coupent la scène même pour faire une espèce d'*a-parte* en apostrophe; ce qui, du moins à la lecture, ôte toute vérité au dialogue. Quant aux monologues, on jurerait que c'en est une loi, tant ils y sont fidèles; et sur cent monologues, je ne sais si l'on en trouvera deux qui ne commencent et souvent même ne se continuent par des apostrophes. Cette figure est belle et musicale quand l'usage en est ménagé et naturel; et personne ne sera blessé qu'un amant, dans un rendez-vous de nuit chante comme Roland :

O nuit, favorisez mes désirs amoureux, etc.

Mais qu'on ne puisse pas former une plainte ou un désir sans s'adresser à toute la nature, aux *rochers*, aux *vents*, aux *fleurs*, aux *déserts*, aux *jardins*, aux *torrents*, aux *retraites*, aux *bois*, aux *forêts*, etc., qu'une femme parle toujours à ses *yeux*, à ses *soupirs*, à ses *regrets*, à ses *feux*, et même à sa *bouche*, c'est une insupportable monotonie. Roy, en particulier, à qui ses apostrophes des *Élements* avaient réussi ne s'en fit pas faute dans *le Ballet des Sens*, qui eut aussi du succès, et qui n'est pas sans mérite, quoique bien inférieur aux *Éléments*. Voici d'abord le soleil :

Enchantez mes regards, objets délicieux;
Vous me dédommagez du séjour du tonnerre.

Brillez, naissantes fleurs : vous êtes à la terre
Ce que les astres sont aux cieux.
Coulez, ruisseaux, amants de la verdure.
Chantez, oiseaux, chantez, peuple toujours heureux;
C'est vous dont je reçois l'offrande la plus pure :
Le plaisir n'éteint point vos feux.
Passez dans mon cœur amoureux,
Charme que je répands sur toute la nature.

Les deux derniers vers sont fort beaux : il y a dans les autres de l'esprit et de la tournure; et ce morceau, l'un de ceux qu'on a loués dans cet opéra, n'a d'autre défaut que l'uniformité de cinq apostrophes consécutives. Mais ce n'est rien encore; et immédiatement après suit un autre monologue, celui d'Iris, taillé sur le même patron, et qui n'a pas les mêmes beautés :

Vents furieux, cessez votre guerre funeste;
Qu'un calme heureux règne dans l'univers;
Que mes douces splendeurs *éteignent* les éclairs.
Torrents qui descendez de la voûte céleste,
Arrêtez, demeurez suspendus dans les airs.
Vous, ormeaux, relevez vos languissants feuillages.
Oiseaux, intimidés à l'aspect des orages,
Volez, reprenez vos concerts,
J'aime à recevoir vos hommages.

C'est là le cas de parodier les vers de la satire [*] :

Aimez-vous l'apostrophe? on en a mis partout,
Ces refrains redoublés sont d'un merveilleux goût.

---

[*] Aimez-vous la muscade? on en a mis partout.
Ah! Monsieur, ces poulets sont d'un merveilleux goût.
(BOILEAU, *Satire III.*)

Mais à cette espèce de stérilité se joint encore la plus froide affectation, quand la douleur, la passion, le désespoir, semblent n'avoir d'autre langage que celui-là; et c'est ici que la monotonie est encore surchargée de ridicule. On passe à Chimène de dire une fois: *Pleurez, pleurez mes yeux;* il y a là un cri de désolation ; et d'ailleurs les *yeux* jouent un si grand rôle dans l'histoire de l'amour et de la beauté, les femmes qui ont de beaux yeux en sont si souvent occupées presque autant que leurs amants, que l'apostrophe à leurs yeux paraît assez naturelle. J'entendrai même assez volontiers la fille de Jephté, dans cet air si connu :

Mes yeux, éteignez dans vos larmes
Des feux qui dans mon cœur s'allument malgré moi.

Il y a là quelque chose de touchant; mais il ne faut pas non plus parler à ses *yeux* à tout propos; il ne faut pas dire encore plus froidement :

Éclatez mes tristes regrets*,

car il n'y a nulle raison de parler à ses *regrets;* c'est le moyen qu'ils ne disent rien aux spectateurs : jamais celui qui les sent véritablement n'a songé à les interpeller. C'est encore pis de dire , même en chantant :

C'est trop vous faire violence;
Éclatez mes soupirs trop long-temps retenus **.

* Dans *Castor et Pollux.*
** *Iphigénie en Tauride.*

Des *soupirs n'éclatent* point ; et qui est-ce qui s'avise de s'adresser ainsi à ses *soupirs ?* Et que dirons-nous de ces éternelles confidences faites aux *beaux lieux*, qui à l'Opéra reçoivent toujours le premier aveu des princesses ? Sans doute si les arbres avaient des oreilles comme au temps d'Orphée (*auritas quercus*), ils entendraient souvent de ces secrets-là, qui s'échappent de cent manières sans y penser ; mais on ne leur fait pas des déclarations arrangées ; on ne leur dit pas :

Témoins de mon indifférence,
Lieux charmants, apprenez mon secret en ce jour.
Quand je bravais l'Amour et sa puissance,
Je ne connaissais pas Almanzor et l'Amour.

Rien n'est plus froid que *d'apprendre son secret en ce jour à des lieux charmants, témoins de l'indifférence.* Ce n'est point ainsi qu'on *apprend ce secret-là*, même à des *lieux charmants*, qui n'en rediront rien. S'ils redisaient quelque chose, ce serait un nom souvent répété, ou des plaintes qui ne s'adresseraient point à eux. On aurait tort d'accuser la musique de refroidir ainsi le sentiment par des formules de convention : elle sait le rendre bien quand il parle bien, pourvu qu'il ne parle pas long-temps : c'est la différence de la musique à la poésie, et de la tragédie à l'opéra, et il y en a bien d'autres. On ne peut pas alléguer non plus que, si toutes ces princesses *apprennent leur secret* aux *lieux charmants*, c'est faute d'avoir à qui parler, comme on pourrait le croire : non, elles ont, comme dans la tragédie, des confidentes qui ne sont là que pour les écouter, et le mauvais goût reste sans excuse.

Je ne parle pas de ces maximes d'amour qui sont l'invariable texte de tous les airs de divertissement, et qui, retournées en mille manières, n'ont presque jamais le petit mérite de l'être au moins passablement. C'est, entre autres choses, ce déluge de fadeurs et de mauvais vers qui avait indisposé Boileau contre l'opéra; et là-dessus, en vérité, il n'avait que trop raison. Quinault du moins flattait assez souvent l'oreille, même dans ces paroles de ballet, par la singulière facilité de ses tournures. Mais depuis il faut absolument que les musiciens n'aient demandé autre chose aux faiseurs d'opéra que des *règne*, des *vole*, des *lance*, des *enchaîne*, etc., pour faire des roulades, n'importe à quel prix ; et pourvu que les *cœurs* et les *ardeurs*, et les *amours* et les *beaux jours* amènent des rimes, les faiseurs ne paraissent pas du tout s'être souciés ni de la pensée ni du vers.

La Harpe, *Cours de Littérature*.

RULHIÈRE (Claude-Carloman de), poète et historien, naquit en 1735, d'une famille illustre. Après avoir fair de brillantes études, il s'adonna particulièrement à l'étude de la diplomatie; et les talents qu'il montra dans ce genre de travail le firent choisir pour accompagner, à St-Pétersbourg, le baron de Breteuil, en qualité de secrétaire d'ambassade. Pendant qu'il était dans cette capitale, une révolution, célèbre dans l'histoire de Russie, plaça Catherine sur le trône de Pierre III. Les évènements de cette terrible catastrophe le frappèrent vivement ; à son retour en France, il les racontait avec plaisir, et la comtesse d'Egmont obtint sans peine qu'il en écrivît le récit.

Cette histoire, qui est loin d'être sans mérite, resta manuscrite et ne parut qu'après la mort de l'auteur ; mais il s'en fit de si fréquentes lectures, et dans tant de sociétés, que l'ouvrage fut bientôt loué et critiqué comme un livre soumis au jugement du public. Ainsi se forma la réputation littéraire de Rulhière ; elle fut augmentée par sa pièce de vers *sur les Disputes*, qui mérita de la part de Voltaire un éloge particulier et qui fut imprimée dans les *Questions sur l'Encyclopédie*. Quelques temps après Rulhière fut chargé d'écrire, pour l'instruction du Dauphin, l'histoire des troubles qui agitaient la Pologne, et on le gratifia en même temps d'une pension de 6,000 livres dont il jouit jusqu'à sa mort. A l'aide de ce revenu, il parcourut les différents pays de l'Europe, et visita plusieurs cours où il fut très bien reçu ; partout on s'empressait de lui communiquer les pièces qui pouvaient avoir rapport aux évènements dont il devait écrire l'histoire.

Au retour de ses voyages, quoique son ouvrage ne fût point achevé et que les vers dont nous avons parlé fussent réellement son seul titre littéraire, puisque son *Histoire de la Révolution de Russie* était inédite, Rulhière eut l'ambition d'entrer à l'Académie-Française, et il y fut reçu en 1787. Son

Discours de réception parut très remarquable et capable de justifier le choix de ses confrères. Bientôt se déclarèrent les premiers préludes de la révolution ; Rulhière, comme bien d'autres, n'y vit d'abord que le triomphe de la philosophie, mais en 1790 il pouvait déjà prévoir que les choses n'en resteraient pas là. Déjà il craignait pour ses bienfaiteurs, peut-être aussi pour lui-même, puisqu'il avait quitté Paris pour sa maison de campagne de St.-Denis, et qu'il ne s'occupait plus nullement des affaires publiques. Il mourut presque subitement, le 30 janvier 1791, avant que ses craintes fussent réalisées. On a fait à son caractère de graves reproches, Chamfort, son ami, n'a pas craint d'imprimer « qu'il était très malicieux avec « le ton de l'aménité, très intrigant sous le masque « de l'insouciance et du désintéressement ; ...... « qu'il était souple et réservé, adroit avec mesure, « faux avec épanchement, fourbe avec délices, hai- « neux et jaloux, etc. » Rulhière eut d'autres amis que Chamfort, et l'intimité dont l'honoraient le baron de Breteuil, Montesquieu, Richelieu, semble le mettre à l'abri d'une pareille accusation où il ne faut voir sans doute qu'un exemple de plus des égarements auxquels peuvent entraîner les rivalités littéraires et les dissentiments politiques.

Comme poète, Rulhière nous a laissé un poème des *Jeux de mains*, qui eut une très grande réputation avant d'être imprimé, et qui lorsqu'il fut rendu public la perdit en grande partie. Maintenant le principal titre de l'auteur sont ses *Épîtres* et ses

Poésies diverses. Son chef-d'œuvre est la pièce sur les *Disputes.* Il y a eu des *Poésies de Rulhière* trois éditions ; la dernière forme le second volume de ses *Œuvres* publiées en 1819. On n'a rien trouvé de deux comédies, *Le Médisant* et *Le Fâcheux*, qu'il avait, dit-on, entreprises. Rulhière a plus de titres comme historien, et son *Histoire de l'anarchie de Pologne* est le plus sûr fondement de sa réputation, M. Auguis a publié tous les ouvrages de cet écrivain ; la collection forme 6 vol. in-8°. Les quatre derniers portent le titre d'*Œuvres posthumes.*

JUGEMENTS.

I

C'était un sujet bien triste, mais bien instructif, que l'histoire de l'anarchie de Pologne, et du démembrement de cette république. Un pareil tableau, tracé par Rulhière, est digne à tous égards d'une haute attention. L'on ne trouve point ici un compilateur d'anecdotes, encore moins un compilateur de gazettes. C'est un véritable historien qui sait choisir et classer les incidents, les resserrer, les étendre, les faire ressortir, selon le degré de leur importance, et coordonner habilement toutes les parties d'un vaste ensemble. A mesure que la série des faits l'exige ou le permet, il distribue à la manière des historiens de l'antiquité, des notions détaillées sur l'origine et les mœurs des Polonais, des Moscovites, de la horde inhumaine des Zaporoves, des diverses hordes de Tartares ; des Turcs, à qui deux siècles de conquêtes n'ont laissé qu'une faiblesse orgueilleuse, et les souvenirs d'une gloire éclipsée; des Monténégrins, qui bordent le golfe de Venise, et sont, comme les Russes, de race esclavone, des Macédoniens, des Épirotes, des Grecs du Péloponèse, et, parmi ces derniers, spécialement des Maniotes, qui, si près du joug ottoman, conservent encore la rudesse, le fier courage, et jusqu'à l'indépendance des Spartiates leurs ancêtres. Des liaisons intimes avec les chefs des différents partis polonais, l'aide des ministres et des ambassadeurs les mieux instruits des affaires de l'Europe, tous les genres de secours, notes diplomatiques, mémoires particuliers, lettres sans nombre, entretiens confidentiels, avaient mis l'auteur à portée de recueillir des éclaircissements très curieux, et d'assigner quelquefois avec précision les causes long-temps secrètes des évènements publics. C'est ainsi qu'en parlant de la correspondance établie durant quinze années entre Louis XV et le comte de Broglie, à l'insu du ministère français, il explique par quelle intrigue bizarre les agens de la cour de Versailles ont pu recevoir en même temps des ordres directement opposés, donnés au nom du même roi. Il ne jette pas moins de jour sur la conduite des cabinets qui déterminèrent le sort de la Pologne : il développe des caractères d'une vérité frappante; Catherine, dont l'ambition s'irrite par les voluptés, dévorant à la fois des yeux et la Turquie et la Pologne; Frédéric, long-temps vainqueur rapide, désormais lent médiateur, n'usant ni ses soldats ni ses trésors où suffisent la force des circonstances et le poids de sa renommée, prince né pour les arts de la paix, au moins autant que pour la guerre, et sachant unir à tous les talents d'un général et d'un politique, toutes les vertus que ne s'interdit pas le despotisme ; Marie-Thérèse, faisant prouver par de vieux diplômes les droits qu'elle s'assure avec l'épée ; son fils, l'empereur Joseph, impatient de régner, de réformer et d'envahir ; près d'eux le prince de Kaunitz fondant sa vieille réputation sur un traité qui jadis étonna l'Europe en réconciliant la France et l'Autriche, ministre laborieux, quoique frivole à l'excès, rusé sous l'air de l'indiscrétion, sincère dans sa vanité, faux sur tout le reste, adroit et heureux négociateur, à qui la malice des courtisans pardonnait quelque mérite en faveur de ses ridicules. Aux bornes de l'Europe, d'autres images se présentent : les agitations de Constantinople, l'indécision du divan, l'ineptie politique et militaire des grands vizirs ; les qualités inutiles du sultan Mustapha, trop bien intentionné pour ne pas sentir, mais trop ignorant pour guérir les maux d'une monarchie théocratique, où l'ignorance est un point de religion. Non loin de là, un descendant de Gengiskan, Crimguérai, qui, du sein de sa disgrace, avait éclairé le sultan sur les projets de la Russie, apparaissant tout-à-coup à la tête de ses Tartares, est arrêté par une mort soudaine : tant la destinée sert bien Catherine. Au milieu de ces mouvements, la Pologne, envahie par les armes russes, déchirée par les factions intérieures, préfère au joug étranger les caprices de sa liberté ombrageuse. On admire encore cette liberté sur des ruines, et ses derniers soutiens qui succombent : un vieillard octogénaire, le grand maréchal de Lithuanie, beau-frère du roi, mais tout entier à la patrie; un prince de Radziwil, épuisant pour elle son immense fortune, bravant la persécution, la misère et la fuite; des hommes nouveaux, des parvenus à la gloire, Pulawski et ses deux fils levant des troupes qui sont quelquefois victorieuses; deux prélats respectables, Krasinki, évêque de Kaminiek, organisant avec son frère une confédération puissante; et l'évêque de Cracovie, Gaëtan Soltik, martyr intrépide, dévoué sans espoir à la cause commune, n'ayant d'autre attente qu'un exil en Sibérie, attente que le gouvernement russe n'a pas trompée; enfin, Mokranouski, plus brillant qu'eux tous, se trouvant partout où l'intérêt public l'appelle; aux diétines, aux armées, dans la diète; à Versailles, dans le cabinet du duc de Choiseul; à Berlin, dans celui de Frédéric; ardent, jeune, ayant tous les courages, comme aussi toutes les passions nobles, servant l'amour et l'honneur, mais avant tout la liberté de son pays; héros des temps chevaleresques, et républicain des temps antiques. On conçoit aisément que l'auteur comble d'éloges des personnages si dignes du souvenir reconnaissant de l'histoire. S'étonnera-t-on s'il ne traite pas aussi bien ce Poniatowski, long-temps obscur citoyen d'un état libre, amant favori d'une princesse étrangère, couronné par elle à force ouverte, lui vendant pour le nom de roi la servitude publique et la sienne, et, malgré son infatigable obéissance, ne parvenant à jouer sur le trône, que le rôle d'un courtisan disgracié? N'oublions pas un fait notable. Cette histoire, austèrement véridique, fut entreprise il y a quarante ans, par ordre de l'ancien gouvernement français, soit qu'on puisse le louer d'avoir au moins voulu rendre hommage aux droits d'un peuple allié qu'il n'avait osé secourir; soit qu'il faille seulement féliciter Rulhière d'avoir rempli sans molle complaisance les nobles devoirs d'un historien....

Au reste, quelques travaux que suppose l'*Histoire de l'anarchie de Pologne*, on a lieu d'être surpris que Rulhière n'ait pu l'achever en vingt-deux ans. Telle qu'elle est néanmoins, c'est elle qui le maintiendra célèbre. Elle n'est pas seulement beaucoup plus étendue que ses autres écrits; elle leur est fort supérieure, et c'est à haute distance qu'elle s'élève au-dessus de toutes les productions historiques publiées depuis vingt ans en Europe. Peut-être à une révision scrupuleuse, Rulhière eût-il cru devoir abréger les trois premiers livres qui ne sont qu'une introduction; mais il n'eût rien changé sans doute dans les trois suivants, où sont réunies tant de beautés énergiques. C'est là qu'il accumule sans confusion les principaux traits de son grand tableau: en Russie, la fin languissante d'Élisabeth, les courtes folies de Pierre III, le prompt veuvage de Catherine; en Pologne, la longue agonie du roi Auguste, et celle même de son pouvoir, les outrages prodigués à Brulh, son ministre, les trames de Czartorinski, l'astuce habile de Keiserling, l'audace féroce de Repnine, et cette diète trop mémorable où Stanislas Poniatowski fut élu roi des Polonais par le sabre des Moscovites. Le reste est moins fort, sans être faible, et plusieurs morceaux sur les réclamations des dissidents, sur la guerre des Turcs, sur les confédérations polonaises, sont encore animés par un talent rare. L'auteur, dans les diverses parties que nous indiquons, approche quelquefois de Thucydide, dont il retrace les formes heureuses; et, si l'ouvrage entier se soutenait à ce degré de vigueur, après les chefs-d'œuvre de Voltaire, d'ailleurs conçus et exécutés dans une manière différente, nous cherchons en vain quelle histoire il serait possible de lui comparer, pour la beauté du plan, pour l'art de mettre en jeu les caractères, pour la chaleur et la grace du style.

M.-J. Chénier, *Tableau de la Littérature française*.

II.

Rulhière est célèbre par une épître intitulée : *Les Disputes*, dont le style familier, négligé, mais piquant, paraît s'approcher souvent du caractère des *Épîtres* d'Horace, et par quelques pièces fugitives, la plupart satiriques, d'une verve en général très heureuse.

Son *Histoire de la Révolution de Russie* n'a été publiée que depuis sa mort; mais il la lisait en société, et nous l'avions entendue plus d'une fois avec le vif intérêt qu'elle inspirait alors. Rulhière, à l'époque même de cette révolution, était à Pétersbourg, et paraissait bien instruit de ses détails et de ses causes.

On a de lui des éclaircissements historiques sur la révocation de l'édit de Nantes. Il a su découvrir, dans des sources ouvertes depuis long-temps à tout le monde, dans les *Lettres de madame de Maintenon*, par exemple, des faits intéressants échappés jusqu'à présent à tous les yeux, et qui jettent le plus grand jour sur l'objet de ses recherches.

Le discours que prononça M. de Rulhière le jour de sa réception à l'Académie-Française, est du petit nombre de ceux que l'on distingue, et qui méritent de survivre à leur date.

Palissot, *Mémoires sur la Littérature.*

MORCEAUX CHOISIS.

I. Le Disputeur.

Auriez-vous, par hasard, connu feu monsieur d'Aube,
Qu'une ardeur de dispute éveillait avant l'aube?
Contiez-vous un combat de votre régiment,
Il savait mieux que vous où, contre qui, comment.
Vous seul en auriez eu toute la renommée,
N'importe, il vous citait ses lettres de l'armée;
Et Richelieu, présent, il aurait raconté
Ou Gênes défendue, ou Mahon emporté.
D'ailleurs homme de sens, d'esprit et de mérite;
Mais son meilleur ami redoutait sa visite.
L'un, bientôt rebuté d'une vaine clameur,
Gardait, en l'écoutant, un silence d'humeur.
J'en ai vu, dans le feu d'une dispute aigrie,
Près de l'injurier, le quitter de furie;
Et, rejetant la porte à son double battant,
Ouvrir à leur colère un champ libre en sortant.

Ses neveux, qui l'à sa suite attachait l'espérance,
Avaient vu dérouter toute leur complaisance.....
Un voisin asthmatique, en l'embrassant un soir,
Lui dit : « Mon médecin me défend de vous voir. »
Et, parmi cent vertus, cette unique faiblesse
Dans un triste abandon réduisait sa vieillesse.
Au sortir d'un sermon la fièvre le saisit,
Las d'avoir écouté sans avoir contredit.
Et, tout près d'expirer, gardant son caractère,
Il faisait disputer le prêtre et le notaire.
Que la bonté divine, arbitre de son sort,
Lui donne le repos que nous rendit sa mort,
Si du moins il s'est tu devant ce grand arbitre !
Les Disputes.

II. L'A-propos.

    Cet infatigable vieillard
  Qui toujours vient, qui toujours part,
Qu'on appelle sans cesse, en craignant ses outrages,
Qui mûrit la raison, achève la beauté,
Et que suivent en foule, à pas précipité,
Les heures et les jours, et les ans et les âges ;
Le Temps, qui rajeunit sans cesse l'univers,
Et, de l'immensité parcourant les espaces,
Détruit et reproduit tous les mondes divers,
Un jour, d'un vol léger suspendu dans les airs,
Aperçut Aglaé, la plus jeune des Graces.
Son cortège nombreux fut prompt à s'écarter.
Le dieu descendit seul vers la jeune immortelle :
Ainsi l'on voit encore, à l'aspect d'une belle,
Les heures, les jours fuir, et le temps s'arrêter.
Il parut s'embellir par le désir de plaire ;
    Et sans doute le dieu du temps
  Sut préparer, sut choisir les instants,

Ceux de parler, ceux de se taire.
Un autre dieu naquit de ce tendre mystère :
Cherchez la troupe des Amours,
La plus leste, la plus gentille,
Vous l'y rencontrerez toujours :
C'est un enfant de la famille.
Le don de plaire promptement,
Les rapides succès, les succès du moment,
Forment sur-tout son apanage ;
Il est le dieu des courtisans,
Et la faveur des cours est encor son ouvrage,
Même quand elle vient par les soins et les ans.
Il donne de la vogue au sage,
Quelquefois de l'esprit aux sots,
Le bonheur aux amants, la victoire aux héros.
On ne le voit jamais revenir sur ses traces ;
Il fuit comme le Temps, il plaît comme les Graces,
Et c'est le dieu de l'à-propos. *

III. Le Don du Contre-Temps.

Tout l'univers sait comment
Vénus reçut dans la Grèce,
Pour unique vêtement,
Sa ceinture enchanteresse.
On sait moins communément
Que l'époux de la déesse

---

* Cette jolie pièce a été imprimée dans plusieurs recueils, et se trouve citée tout entière dans les notes du chant III de *L'Imagination*. M. Delille dit lui-même, en parlant de la grace :

De l'enfance naïve elle est le premier don ;
La grace lui donna son facile abandon,
Cette *soudaineté* que nous vante Montagne ;
Et l'heureux *à-propos* en tous temps l'accompagne.

Reçut du sort malfaisant
Un charme d'une autre espèce
Et tout un autre présent.
C'est une lourde besace
Où les dieux avaient jeté
Esprit, savoir et gaîté,
Tous trois pris hors de leur place ;
Ensuite l'empressement,
Qui va, vient et se démène,
Et se met tout hors d'haleine
Pour manquer le vrai moment.
Dans ses énormes sacoches,
Pleines de talents pareils,
Vous trouverez les reproches,
Les soupçons et les conseils,
Et la morgue du précepte,
Le rire faux et l'inepte,
Les pédantismes divers,
Même celui des bons airs,
Avec les petites ruses
Des grandes prétentions,
Et les mauvaises excuses
Des bonnes intentions.
Mais, fût-on la beauté même,
N'eût-on que quinze ou vingt ans,
Entre ces dons importants
Sûrs de plaire en tous les temps,
Le premier, le don suprême,
C'est le don du contre-temps.
Or, sur la voûte céleste
Vulcain marchant de travers,
Par un accident funeste,
Son sac s'ouvrit dans les airs ;

Et, tout sortant pêle-mêle,
Tous ces talents entasés
Sont tombés comme la grêle
Sur gens que vous connaissez.

SAADI, surnommé Moslih-Eddin, célèbre poète persan, naquit à Schiraz, l'an 589 (1194 de J.-C.); et le nom de Saadi lui fut donné, dit-on, parce que son père était attaché au service de l'atabec Aboubecr Saad, fils de Zenghi, qui mourut en l'année 667, et qui appartient à la dynastie des Salgouriens.

Saadi étudia d'abord à Bagdad, et embrassa ensuite la vie spirituelle, sous la conduite du célèbre sofi Abd-Alkadir Ghilani, avec lequel il fit le pélerinage de la Mecque. On dit que dans la suite il réitéra quatorze fois cet acte de piété, et qu'il le fit toujours à pied.

L'auteur de l'*Histoire des Poètes persans* nous apprend que Saadi, qui vécut cent deux ans, en consacra trente à l'étude; que trente autres années furent employées à des voyages, et qu'il en passa trente dans la retraite. Il fit aussi plusieurs campagnes dans l'Inde et dans l'Asie-Mineure, tomba au pouvoir des croisés en Syrie, et fut employé, comme esclave, à creuser des tranchées devant Tripoli. Racheté moyennant dix pièces d'or, par un marchand d'Alep, il épousa la fille de son libérateur; mais cette alliance lui causa, dit-on, des chagrins qui lui firent quelquefois regretter sa captivité. Saadi passa les dernières années de sa carrière dans un ermitage qu'il s'était bâti près des murs de Schiraz. Il y recevait les visites et les dons des personnages les plus distingués; mais ne se réservant pour lui que le strict nécessaire, il abandonnait aux pauvres la plus grande partie de ces dons.

On croit que ce fut en l'an 691 que Saadi termina sa longue carrière. Son corps repose dans le lieu même où il passa ses dernières années, et les voyageurs vont visiter son tombeau.

Le recueil de ses œuvres est appelé par les Persans *la Salière des poètes*, et a été imprimé, en 1791, à Calcutta, 2 vol. in-fol. Il se compose principalement de poésies, et contient quelques ouvrages en prose ou en prose mêlée de vers. Parmi ces derniers, le *Gulistan* tient le premier rang, tant par son importance que par la réputation dont il jouit à juste titre. Saadi nous apprend qu'il composa cet ouvrage en l'année 656. Il a été commenté en turc par plusieurs auteurs; traduit en diverses langues de l'Europe; et le texte a été imprimé plusieurs fois, tant dans cette partie du monde qu'en Asie. La première édition en a été donnée à Amsterdam, par Gentius, avec une traduction latine et des notes, en 1651. Avant Gentius, André Du Ryer avait publié une traduction incomplète de ce livre, sous le titre de *Gulistan* ou l'*Empire des Roses*, *composé par Saadi*; Le *Bostan* a été composé par Saadi un an avant le *Gulistan;* c'est un ouvrage divisé en dix livres, et dont l'objet et le plan diffèrent peu de ceux du *Gulistan*, mais qui porte davantage l'empreinte des idées religieuses de l'auteur. Le texte du *Bostan* n'a jamais été imprimé en entier. Il s'en trouve de nombreux fragments dans le 3ᵉ volume du recueil intitulé : *Selections for the use of the students of the persian class*, publié à Calcutta, par M. Lumsden. Ce volume, qui se compose de morceaux extraits du *Gulistan* et du *Bostan*, a paru en 1809. Il en a été donné aussi divers passages en persan et en français, dans les notes jointes à la traduction française du *Pend-Namèh*, ou *Livre des conseils de Ferid-Eddin Attar*, par M. de Sacy, Paris, 1819, in-8°. Un troisième ouvrage de Saadi, intitulé *Pend-Namèh*, composé, à ce qu'il paraît, à l'imitation du *Pend-Namèh* de Ferid-Edding Attar, a été donné avec une traduction anglaise, à Calcutta, en 1788, in-8°, et a reparu dans l'ouvrage de Fr. Gladwin, intitulé *The Persian Moonshi*, ouvrage dont il y a deux éditions; la première de Calcutta, la seconde de Londres, en 1801, in-4°.

SAINT-AMANT (Marc-Antoine-Gérard, sieur de) poète français, naquit à Rouen, en 1594. Une épigramme de Maynard a fait croire que son père n'était qu'un gentilhomme verrier; c'est une erreur, il fut pendant vingt-deux ans au service de la reine Élisabeth, ainsi que nous l'apprend Saint-Amant lui-même, dans l'épître dédicatoire de la troisième partie de ses *Œuvres*. Son éducation fut fort négligée; et il ne savait pas assez de grec et de latin pour être, disait-il, un pédant; mais il avait le goût des voyages; il apprit l'anglais, l'espagnol, l'italien, parcourut diverses contrées, en Europe, en Afrique et en Amérique; ce furent là ses études. La vie de ce poète voyageur et guerrier dut être remplie d'aventures curieuses; malheureusement il est plutôt connu par des satires que par les mémoires littéraires du temps qui ne se sont point occupés de lui. C'est dans ses ouvrages que l'on voit qu'il fut écuyer et gentilhomme ordinaire de la reine de Pologne et de Suède, c'est lui-même qui a chanté ses propres exploits lorsqu'il prenait part aux glorieuses expéditions du comte de Harcourt, cadet de la maison de Lorraine. Ce fut dans la maison de ce seigneur qu'il se lia d'amitié avec Faret, victime comme lui des railleries satiriques de Boileau.

Parmi les traits lancés contre Saint-Amant, par la verve de Despréaux, nous ne pouvons nous empêcher de relever le reproche qu'il lui fait de sa pauvreté :

Saint-Amant n'eut du ciel que sa veine en partage :
L'habit qu'il eut sur lui fut son seul héritage ;
Un lit et deux placets composaient tout son bien,
Ou pour en mieux parler, Saint-Amant n'avait rien.
Mais quoi ! las de traîner une vie importune,
Il engagea ce rien pour chercher la fortune;
Et, tout chargé de vers qu'il devait mettre au jour,
Conduit d'un vain espoir, il parut à la cour.

En effet, Saint-Amant mourut pauvre; mais il avait eu des amis qui avaient travaillé à sa fortune, et il ne connut le besoin que dans les derniers mois de sa vie. Il est vrai qu'il fondait quelqu'espoir sur un poème ridicule intitulé la *Lune parlante*, que le roi et le public ne purent lire tout entier; mais malgré toute la vérité qu'il pourrait y avoir dans cette accusation elle serait toujours peu généreuse. Et ensuite Saint-Amant ne se présentait pas à la cour pour la première fois; il avait vécu avec les rois et les princes, et si Boileau pouvait s'égayer sur le poète, il devait respecter l'homme et ne pas le calomnier.

Le nom de Saint-Amant, comme écrivain, est aujourd'hui presqu'une injure, et cependant nous nous plaisons à répéter avec La Harpe, que *Saint-Amant n'était pas dépourvu de génie;* parmi ses œuvres, beaucoup trop volumineuses sans doute, et trop louées de leur temps, il est des morceaux qui ne sont pas sans mérite, et qui annoncent du talent; mais aussi le principal ouvrage de Saint-Amant, son poème épique de *Moïse sauvé* est ridicule d'un bout à l'autre, et mérite bien tous les sarcasmes du satirique français. C'est de cet ouvrage, qui, depuis long-temps, *commençait à moisir par les bords*, qu'il est dit dans l'*Art poétique :*

> N'imitez pas ce fou qui, décrivant les mers
> Et peignant au milieu de leurs flots entr'ouverts
> L'hébreu sauvé du joug de ses injustes maîtres,
> Met pour le voir passer les poissons aux fenêtres;
> Peint le petit enfant *qui va, saute, revient,*
> *Et joyeux à sa mère offre un caillou qu'il tient.*

Mais on trouve dans *la Solitude*, *l'Été de Rome*, le *Soleil levant*, le *Melon*, des tirades remarquables.

L'auteur était de l'Académie-Française, et, à l'exception du dernier, tous ses ouvrages avaient été bien reçus du public, il mourut en 1660. Depuis 1627 jusqu'en 1649, on fit plusieurs éditions in-12 et in-4° des *OEuvres du sieur de Saint-Amant*.

SAINT-ÉVREMOND (Charles MARGUETEL de SAINT-DENIS, seigneur de), né à Saint-Denis-le-Guast, à trois lieues de Coutances, en 1613, d'une famille noble et ancienne de Basse-Normandie, fit ses études à Paris, prit ensuite le parti des armes, et fut envoyé au siége d'Arras, en qualité de capitaine d'infanterie. Sa bravoure, ses talents et les agréments de son esprit, lui méritèrent bientôt l'estime générale, et les bonnes graces du prince de Condé, qui voulut se l'attacher en lui donnant la lieutenance de ses gardes. Mais à travers les qualités dont il était pourvu, Saint-Évremond avait une telle causticité dans le caractère, qu'il lui échappait souvent des traits satiriques sur les personnes qu'il devait le plus respecter. Son protecteur ne fut pas plus ménagé que les autres, et il perdit bientôt, avec la faveur du prince, l'emploi dont il l'avait gratifié. Cette disgrace, cependant, ne corrigea point Saint-Évremond; il continua de se livrer à son humeur caustique, et fut enfermé trois mois à la Bastille, pour quelques plaisanteries faites à table contre le cardinal Mazarin, avec lequel pourtant il se réconcilia ensuite.

La guerre civile s'étant allumée, Saint-Évremond resta fidèle au roi, et obtint le grade de maréchal-de-camp, avec une pension de 3,000 livres. Le traité des Pyrénées, qui mit fin à toutes les hostilités, déplut à beaucoup de gens : Saint-Évremond écrivit à ce sujet au maréchal de Créqui, et sa lettre était la satire du traité. Le roi ayant, dit-on, des sujets secrets de se plaindre de lui, prit occasion de cette lettre pour ordonner qu'il fût mis à la Bastille ; mais Saint-Évremond averti dans la forêt d'Orléans, prit aussitôt la fuite et se réfugia en Angleterre, où Charles II l'accueillit avec distinction.

Plusieurs personnes illustres employèrent, mais inutilement, tout leur crédit pour obtenir son rappel ; leurs soins n'eurent de succès que dans le temps où Saint-Évremond, trop âgé, ne voulut plus profiter de la bonne volonté des ministres, et « aima « mieux, comme il le disait lui-même, rester avec « des gens accoutumés à sa loupe. » (Il en avait une au front.)

La duchesse de Mazarin s'étant brouillée avec son mari, quitta la cour de France et passa en Angleterre. Saint-Évremond la vit souvent ainsi que plusieurs gens de lettres qui s'assemblaient dans sa maison. C'est à cette dame qu'il adressa une grande partie de ses ouvrages. Sa vieillesse fut saine et heureuse. Il mourut le 20 septembre 1703, à l'âge de 90 ans, et fut enterré dans l'église de Westminster, au milieu des rois et des grands hommes de l'Angleterre.

Ses *Œuvres* ont été recueillies à Londres, 1705, en 3 vol in-4°; à Paris, 1740, 10 vol. in-12, et 1753, 12 vol. petit in-12. Deleyre a donné, en 1761, l'*Esprit de Saint-Évremond*.

JUGEMENT.

Saint-Évremond eut dans le dernier siècle une réputation prodigieuse : il en a perdu beaucoup, et peut-être trop dans celui-ci ; et l'on peut assigner les raisons de cette extrême disproportion. D'abord c'était véritablement un homme de beaucoup d'esprit, un écrivain agréable, délicat et ingénieux, du moins en prose (car il ne faut pas même parler de ses vers *) ; c'était en même temps un homme de cour, un homme de très bonne compagnie. Sa naissance, ses places et ses agréments l'avaient mis dans la société des plus grands princes ; il jouit des mêmes distinctions en Angleterre, et la disgrace même qui le relégua chez l'étranger, et les correspondances qu'il conservait en France, étaient de nature à donner un nouveau relief à sa célébrité. Il avait joué un rôle dans la Fronde, guerre de plume aussi bien que d'intrigue, et ses satires contre le cardinal Mazarin, ses plaisanteries sur le voyage du duc de Longueville en Normandie, ses différents

---

* Les Saint-Évremond, les Balzac ne me parurent pas occuper les premiers rangs (dans *Le Temple du Goût*). Ils les avaient autrefois ; ils brillaient avant que les beaux jours des belles-lettres fussent arrivés ; mais peu à peu ils ont cédé aux véritablement grands hommes. Ils ne font plus ici qu'une assez médiocre figure. En effet, la plupart n'avaient que l'esprit de leur temps, et non cet esprit qui passe à la dernière postérité.

> Déjà de leurs faibles écrits
> Beaucoup de graces sont ternies ;
> Ils sont comptés encore au rang des beaux esprits,
> Mais exclus du rang des génies.

.... L'inégal Saint-Évremont n'ose parler de vers à personne.

VOLTAIRE, *Temple du Goût.*

écrits politiques, qui ne manquaient ni de finesse ni de gaieté, et qui empruntaient un nouvel intérêt de celui des affaires publiques, le mirent à la mode, comme un des hommes qui possédaient le mieux la raillerie, l'une des armes alors le plus en usage. D'ailleurs, soit par insouciance, soit par une espèce de vanité que l'on sait avoir été dans son caractère, et qu'il ne cache pas dans ses écrits, il n'imprimait jamais rien, regardant comme au-dessous d'un homme de condition le titre d'auteur, en même temps qu'il désirait la réputation du talent. Ses ouvrages, circulant d'abord dans les sociétés qui donnaient le ton aux autres, y acquéraient cette sorte de renommée, la plus facile et la moins dangereuse, qui s'augmente par la curiosité d'avoir ce que tout le monde n'a pas, par l'indulgence que l'on a toujours pour les manuscrits, et par la disposition à juger ce qu'on appelle un homme du monde d'autant plus favorablement, qu'on lui suppose moins de prétentions, et qu'on exige moins de lui. De plus, rien de ce qu'il faisait n'avait la forme et l'importance d'un ouvrage : c'étaient des morceaux détachés qui paraissaient de temps en temps par l'officieuse infidélité de quelques amis; on se les arrachait de toutes parts. Ce qu'ils avaient de mérite excitait moins de jalousie, soit parce que l'auteur était éloigné, soit parce que lui-même avait l'air d'abandonner tout ce qu'il écrivait à ceux qui voudraient s'en emparer. Les fautes n'étaient pas mises sur son compte ; on supposait de la négligence dans les copistes. Nous avons vu depuis beaucoup d'exemples de cette existence mixte de bel-esprit et d'homme du monde, et nous avons toujours vu que l'un de ces deux titres adoucissait extrêmement la sévérité que l'on a d'ordinaire pour l'autre.

Enfin, il est juste d'avouer que plusieurs de ces morceaux avaient de quoi plaire, malgré leurs défauts, et peuvent encore aujourd'hui être lus avec quelque plaisir. Saint-Évremond sut éviter dans sa prose l'enflure de Balzac et l'affectation de Voiture. Il avait réellement un caractère de style qui était à lui, et qui tenait à celui de son esprit. Sa philosophie était douce et mesurée : c'était un épicuréisme bien entendu ; sa raison n'avait point l'austérité chagrine des moralistes de Port-Royal ; son érudition était exempte du pédantisme dont les savants n'étaient pas encore entièrement défaits. Son goût pour le plaisir est du moins celui de ce qu'on appelle honnêtes gens ; il rejette tout excès. Son style quoiqu'inégal, trop peu correct et trop peu soigné, prouve généralement le talent d'écrire, celui de rendre souvent sa pensée avec une facilité assez élégante. Les expressions ne lui manquent point, et quelquefois elles sont heureuses ; il saisit sur plusieurs objets des rapprochements d'idées qui, sans être rigoureusement justes, ont un fond de vérité ingénieusement aperçu, comme dans cet endroit : « Le plus dévot ne peut venir à bout de « croire toujours, ni le plus impie de ne croire « jamais. » Et celui-ci : « La sagesse nous a été « donnée principalement pour ménager nos plaisirs.» On trouve beaucoup de choses bien pensées et bien dites dans ses *Considérations sur les Romains*, dans ses *Dissertations morales, historiques et politiques*; et l'on conçoit que cette liberté de penser sur toutes sortes de matières, qui alors était rare, et sa manière d'écrire aisée et spirituelle, sa facilité à discourir de tout agréablement, quoiqu'il n'approfondît rien, aient pu avoir assez d'attrait pour faire dire aux libraires, qui ne jugent que sur la vogue et le débit : *Faites-nous du Saint-Évremond*.

Mais lorsqu'après sa mort, et dans un temps où les personnes et les choses qui l'avaient fait valoir n'étaient plus, on rassembla dans une volumineuse collection tous ces fragments épars, qui séparément avaient fait tant de fortune; ce recueil, qui montrait Saint-Évremond tout entier, le réduisit à sa juste valeur. Les grands modèles qui avaient paru en tous genres de poésie firent sentir le peu que valait la sienne, qui même n'en mérite pas le nom. Ses prétendues comédies, dénuées de toute apparence de comique; ses froides galanteries, que ne soutenait plus le nom de la fameuse Hortense Mancini; ses dialogues, ses madrigaux, ses épîtres, ses sonnets, cette foule de vers de toute espèce, qui ne sont que de la prose rimée, tout ce fatras fut mis au rang des vieilleries du temps passé, et, dans sa prose même, le mélange du bon et du mauvais, inconvénient ordinaire des recueils, et sur-tout des recueils posthumes, rendit les lecteurs d'autant plus sévères, que les éditeurs l'avaient été moins. Saint-Évremond, que tous les critiques avaient respecté, et que Bayle avait appelé un *auteur incomparable*, tomba peu à peu dans la classe des écrivains médiocres. Il fut peu lu, et pourtant il mérite de l'être, du moins par ceux qui ne se font pas une peine de chercher et de démêler quelques morceaux estimables parmi beaucoup d'autres qui ne sont d'aucune valeur.

Il me semble qu'il y a beaucoup de sens dans ce qu'il dit de la vieillesse. « Quand nous sommes « jeunes, l'opinion du monde nous gouverne, et « nous nous étudions plus à être bien avec les « autres qu'avec nous. Arrivés à la vieillesse, nous « trouvons moins précieux ce qui nous est étranger. « Rien ne nous occupe tant que nous-mêmes, qui « sommes sur le point de nous manquer. Il en est « de la vie comme de nos autres biens : tout se « dissipe quand on pense en avoir un grand fonds; « l'économie ne devient exacte que pour ménager « le peu qui nous reste. C'est par là qu'on voit faire « aux jeunes gens comme une profusion de leur « être, quand ils croient avoir long-temps à le « posséder. Nous nous devenons plus chers à mesure « que nous sommes plus près de nous perdre. « Autrefois mon imagination errante et vagabonde « se portait à toutes les choses étrangères : aujour- « d'hui mon esprit se ramène au corps, et s'y réunit « davantage. A la vérité, ce n'est point pour le « plaisir d'une douce liaison; c'est par la nécessité « des secours et l'appui mutuel qu'ils cherchent à se « donner l'un à l'autre. »

Saint-Évremond me paraît avoir démêlé avec assez de justesse cette vérité d'observation, que les jeunes gens, quoique naturellement portés aux voluptés de leur âge, sont pourtant très vifs et très empressés pour les jouissances de l'esprit, et en font grand cas; que les vieillards au contraire se refroidissent sur les choses d'esprit, et sont principalement occupés de tout ce qui tient aux facultés corporelles; et la raison en est simple : c'est que les uns courent après ce qu'ils veulent acquérir, et que les autres s'attachent à ce qu'ils craignent de perdre.

Il y a dans ce morceau de Saint-Évremond quelque chose de la vérité de Montaigne, quoique son imagination n'y soit pas; mais on croit retrouver l'une et l'autre dans celui-ci, où l'on reconnaît le vieux soupirant de la belle Hortense. « Vous vous
« étonnez mal à propos que les vieilles gens aiment
« encore; car leur ridicule n'est pas à se laisser tou-
« cher; c'est à prétendre imbécillement *de* pouvoir
« plaire. Pour moi, j'aime le commerce des belles
« personnes autant que jamais, mais je les trouve
« aimables sans dessein de m'en faire aimer. Je ne
« compte que sur mes sentiments, et cherche moins
« avec elles la tendresse de leur cœur que celle du
« mien.... Le plus grand plaisir qui reste aux vieil-
« lards, c'est de vivre, et rien ne les assure si bien
« de leur vie que leur amour. *Je pense, donc je suis*,
« sur quoi roule la philosophie de Descartes, est
« une conclusion pour eux bien froide et bien lan-
« guissante. *J'aime, donc je suis*, est une consé-
« quence toute vive, toute animée, par où l'on
« rappelle les désirs de la jeunesse, jusqu'à s'ima-
« giner quelquefois être jeune encore. Vous me direz
« que c'est une double erreur de ne croire pas être

« ce qu'on n'est, et de s'imaginer être ce qu'on n'est
« pas. Mais quelles vérités peuvent être si avanta-
« geuses que ces bonnes erreurs qui nous ôtent le
« sentiment des maux que nous avons, et nous
« rendent celui des biens que nous n'avons pas ! »

Les Anacréon, les Saint-Aulaire n'ont rien dit de plus spirituel et de plus aimable pour justifier le culte de la beauté, pratiqué jusqu'au dernier moment. Cette morale ne saurait déplaire à un sexe flatté de faire sentir son pouvoir à tous les âges, et sur-tout quand cela ne l'engage à rien.

L'on voit que Saint-Évremond l'avait assez bien connu, ne fût-ce que par ce passage sur la manière de converser avec les femmes. « Le premier mérite
« auprès des dames, c'est d'aimer ; le second, est
« d'entrer dans la confidence de leurs inclinations ;
« le troisième, de faire valoir ingénieusement tout
« ce qu'elles ont d'aimable. Si rien ne vous mène
« au secret du cœur, il faut gagner au moins leur
« esprit par des louanges ; car, au défaut des amants
« à qui tout cède, celui-là plaît le mieux qui donne
« aux femmes les moyens de plaire davantage. Dans
« leur conversation, songez bien à ne les tenir ja-
« mais indifférentes : leur âme est ennemie de cette
« langueur : ou faites-vous aimer, ou flattez-les sur
« ce qu'elles aiment, ou faites-leur trouver en elles
« de quoi s'aimer mieux, car enfin il leur faut de
« l'amour, de quelque nature qu'il puisse être. »

Il est clair que Saint-Évremond était un homme de fort bonne compagnie. Il ne s'exprime pas moins agréablement sur la dévotion dans le déclin de l'âge, c'est-à-dire sur les erreurs dont elle est susceptible, et qui sont le contraire de la véritable dévotion. « La pénitence ordinaire des femmes, à ce que j'ai « pu observer, est moins un repentir de leurs pé- « chés qu'un regret de leurs plaisirs ; en quoi elles « sont trompées elles-mêmes, pleurant amoureuse- « ment ce qu'elles n'ont plus, quand elles croient « pleurer saintement ce qu'elles ont fait..... Quand « elles étaient jeunes, elles sacrifiaient des amants ; « n'en ayant plus, elles se sacrifient elles-mêmes. La « nouvelle convertie fait un sacrifice à Dieu de « l'ancienne voluptueuse..... Quelquefois elles veu- « lent s'élever au ciel de bonne foi, et leur faiblesse « les fait reposer en chemin .... La dévotion a « quelque chose de tendre pour Dieu, qui peut « retourner aisément à quelque chose d'amoureux « pour les hommes. »

Je ne citerai rien de plus sur ce chapitre des dévotes, qui devient un peu satirique. Ce qu'il y a de mieux, c'est le titre (*La dévotion est le dernier de nos amours*). On en ferait une maxime digne de La Rochefoucauld, qui, en sa qualité de chrétien, aurait pu ajouter que cet amour-là sert à faire sentir le vide de tous les autres.

Voltaire, qui a tiré parti de tout, s'empare quelquefois des idées de Saint-Évremond, jusqu'à mettre sa prose en vers ; témoin cet endroit : « César « profita des travaux de tous les Romains ; les Sci- « pion, les Émile, Marcellus, Marius, Sylla et « Pompée, ses propres ennemis, avaient com- « battu pour lui : tout ce qui s'était fait en six cents

« années fut le fruit d'une heure de combat. »

Et dans *la Mort de César* :

Nos imprudents aïeux n'ont vaincu que pour lui.
Ces dépouilles des rois, ce sceptre de la terre,
Six cents ans de vertus, de travaux et de guerre,
César jouit de tout, et dévore le fruit
Que six siècles de gloire à peine avaient produit.

Il y aurait beaucoup à observer dans ce que Saint-Évremond écrit sur l'histoire. Quoique le jugement ne manque point chez lui, en général il n'est ni assez sûr ni assez étendu ; et nous verrons ailleurs qu'il en est de même de sa critique en littérature [*]. Il n'a guère, sur tous les sujets qu'il traite, qu'un premier aperçu, quelquefois assez vivement saisi par un goût naturel, mais qui s'arrête ou s'égare là où il faudrait que la réflexion vînt diriger ou étendre ses vues. Quant à sa diction, quoique peu soutenue, quelquefois elle n'est pas au-dessous de sa matière. Il dit, en parlant d'Alexandre : « Il « n'était proprement dans son naturel que dans les « choses extraordinaires : s'il fallait courir, il vou- « lait que ce fût contre des rois ; s'il aimait la chasse « c'était celle des lions. Il avait peine à faire un pré- « sent qui ne fût digne de lui ; jamais si résolu, ja- « mais si gai que dans l'abattement des troupes ; « jamais si constant, si assuré que dans leur dé- « sespoir ; en un mot, il commençait à se posséder « pleinement où les hommes ordinaires, soit par « crainte, soit par quelque autre faiblesse, ont ac- « coutumé de ne se posséder plus. »

---

[*] Dans le nouveau commentaire de Racine.

Ce qu'on appelle les *OEuvres de Saint-Évremond* est en grande partie composé de *Lettres*. Il était alors à la mode de les écrire comme des ouvrages, et c'était le plus souvent un moyen pour qu'elles ne fussent bonnes, ni comme ouvrages, ni comme lettres. Les siennes sont pour la plupart très médiocres. On y a joint jusqu'aux billets les plus insignifiants, tant on était avide de tout ce qui sortait de sa plume. Mais heureusement il s'y rencontre aussi quelques lettres de la célèbre Ninon de Lenclos : celles-là n'étaient pas écrites pour le public, on le voit bien ; et on les lit avec d'autant plus de plaisir, qu'elle y montre, avec la même franchise, et son caractère et son esprit, et que tous deux la font aimer. C'est pour elle que Saint-Évremond fit ces quatre vers, à peu près les seuls qu'on ait retenus de lui :

> L'indulgente et sage nature
> A formé l'âme de Ninon
> De la volupté d'Épicure
> Et de la vertu de Caton.

On peut cependant y joindre ceux-ci, qu'il adresse à cette même Ninon :

> Je vis éloigné de la France,
> Sans besoin et sans abondance,
> Content d'un vulgaire destin.
> J'aime la vertu sans rudesse ;
> J'aime le plaisir sans mollesse ;
> J'aime la vie, et n'en crains pas la fin.

Si les Mémoires pour la duchesse de Mazarin

imprimés dans les *OEuvres de Saint-Évremond*, étaient de lui, il y aurait de quoi s'étonner que cet homme, qui professait la galanterie, écrivît mieux comme avocat que comme galant. Mais il est avéré qu'ils sont d'Érard, célèbre avocat de ce temps, et qui méritait sa réputation, à n'en juger que par ces *Mémoires*. On les crut long-temps de Saint-Évremond, parce qu'ils étaient d'un style piquant et d'une tournure légère; ce qui prouvait seulement que l'avocat, homme d'esprit, avait quitté le style du barreau pour prendre celui de son sujet.

Il serait superflu de s'étendre sur les autres bagatelles de ce recueil; elles prouvent à tout moment l'extrême incertitude de son goût. Cependant les pièces réunies à ses *OEuvres*, comme lui ayant été attribuées, prouvent aussi son mérite; et quand un abbé Picque et un La Valterie veulent *faire du Saint-Évremond*, il sont encore fort loin de lui. Mais il n'en est pas de même de la conversation si connue du *Père Canaye et du maréchal d'Hocquincourt*. Ce morceau, qui est de Charleval, est connu comme un modèle de finesse, de gaieté et de bonne plaisanterie; et je ne serais pas surpris qu'on aimât mieux l'avoir fait que tous les ouvrages de Saint-Évremond.

La Harpe, *Cours de Littérature*.

SAINT-FOIX (Germain-François POULLAIN de), gentilhomme breton, né à Rennes en 1699, embrassa d'abord la carrière des armes, et la quitta ensuite pour se livrer à la culture des lettres. Il vint à Paris, étudia particulièrement l'histoire de France, et les connaissances qu'il acquit en ce genre lui valurent la place d'historiographe de l'ordre du Saint-Esprit.

Il était d'un caractère droit, mais difficile, exigeant, inquiet, aisé à offenser, et ne pouvait souffrir aucune contradiction. Après avoir mené une vie fort agitée, il termina sa longue carrière dans sa ville natale le 25 août 1776.

Ses ouvrages ont été recueillis en 6 volumes in-8°, Paris 1778. Ils contiennent les *Lettres turques*, 1 vol. in-12, espèce de roman épistolaire, qui a donné lieu à plus d'un genre de critique ; *Essais historiques sur Paris*, 7 vol. in-12 : ouvrage d'une lecture assez agréable, mais sans ordre, et dans lequel l'auteur a fait entrer plusieurs choses hasardées et fausses, ou qui n'ont aucun rapport avec son titre. On dit que Saint-Foix ne pouvant souffrir qu'on lui reprochât le peu d'exactitude de son ouvrage, cherchait à effrayer les critiques en les menaçant, et qu'il les citait devant les tribunaux civils. On a encore de lui : *Histoire de l'ordre du Saint-Esprit*, compilation de faits et d'anecdotes sur les grands seigneurs décorés du cordon de cet ordre ; et quelques *Comédies* remplies des prestiges de la féerie.

JUGEMENT.

Dans le recueil des *OEuvres de Saint-Foix* on trouve dix ou douze petites pièces intitulées, je ne sais pourquoi, *Comédies*. Ce sont de petits tableaux de féerie ou de mythologie, qui sur la scène peuvent plaire aux yeux, mais qui n'ont rien de dramatique, et sur-tout rien de comique : de ce genre sont *les Graces* que j'ai vu reprendre plusieurs fois, et *l'Oracle*, que l'on représente souvent. Ces deux bagatelles, et sur-tout la dernière, furent célébrées au-delà de toute mesure du vivant de l'auteur, par cette espèce d'hommes qui se plaisent à exalter les petites choses en haine des grandes. L'*Oracle* eut une vogue prodigieuse dans sa nouveauté ; mais on n'ignore pas qu'elle en fut la cause. Un acteur de la plus belle figure, et dont les graces nobles avaient extrêmement réussi même ailleurs qu'au théâtre, Grandval, y jouait avec la belle Gaussin ; et si l'on se rappelle le sujet de la pièce, on concevra que ce pouvait être un spectacle assez attrayant de voir deux créatures charmantes exposer sur la scène les jeux et les caresses de l'amour : il n'en faut pas tant pour faire courir tout Paris. La pièce d'ailleurs (quelque nom qu'on veuille donner à un petit drame fondé tout entier sur le merveilleux de la baguette, c'est-à-dire sur tout ce qu'il y a de plus aisé) a de l'agrément et de la délicatesse dans les détails. C'est tout ce qu'on peut demander dans ces sortes de compositions de fantaisie, qu'il était aussi ridicule de prôner qu'il le serait de soumettre aux règles de la critique ce qui n'est qu'une exception à celles de l'art. Mais il en est de plus importantes encore, celles de la morale, et l'on peut marquer cette pièce comme la première où, sur un théâtre régulier, l'on se soit permis d'arranger des tableaux de volupté, apparemment parce qu'il est plus aisé de parler aux sens qu'à l'esprit et au cœur.

La Harpe, *Cours de Littérature.*

SAINT-GELAIS (Mellin de), poète français, ami et contemporain de Marot, naquit à Angoulême en 1491. Ses progrès furent rapides dans les langues anciennes, la rhétorique, la philosophie, les mathématiques. Il étudia successivement la médecine en France, et le droit à Padoue ; mais dégoûté également et du barreau et de la médecine, il revint à la poésie qui avait toujours eu pour lui beaucoup d'attraits et pour laquelle il sentait une facilité qui ne le trompa pas, comme tant d'autres. Ses talents furent bientôt connus de François Ier ; et comme Saint-Gelais s'était fait ecclésiastique, le monarque protecteur des lettres, lui donna l'abbaye de Reclus, diocèse de Troyes, et le nomma aumônier du Dauphin.

Insouciant et léger par caractère, notre poète passait sa vie agréablement au milieu d'un cercle d'amis qui partageaient son goût pour les plaisirs et les vers. Marot, Habert et quelques autres composaient cette aimable société ; et si l'on considère leur liaison avec Saint-Gelais, qui ne fut jamais troublée par des rivalités changées trop souvent en haine entre les gens de lettres, on ne pourra ajouter foi au reproche de jalousie qu'a fait à ce poète le poète Ronsard, blessé peut-être par quelqu'épigramme lancée contre sa muse qui *en français parlait Grec et Latin.* En effet « c'est dans ce genre, dit « Palissot, que Saint-Gelais s'est le plus rapproché « du génie de Marot, et il nous est resté de lui quel- « ques épigrammes qui méritaient véritablement de « passer à la postérité. Il était plus instruit que son « rival, et cependant n'eut pas comme lui un ca- « ractère original qui lui ait mérité l'honneur d'ê- « tre en aucun genre réputé modèle. Le nom d'*O-* « *vide français* qu'on lui donna de son temps, « prouve qu'on a toujours abusé de la manie de « faire des parallèles. Quel trait de ressemblance « pouvait avoir avec Ovide, un homme qui n'a « écrit que des *sonnets*, des *rondeaux*, des *dixains*, « des *épigrammes*, etc., etc.? Son vrai mérite est « qu'on ait retenu, jusqu'à nos jours, quelques-uns « de ses vers. (*Mémoires sur la Littérature.*) La Harpe porte sur Saint-Gelais le même jugement et le regarde comme celui qui a le plus approché de Marot.

Lorsque le Dauphin, Henri II, eut succédé à son père, il donna à son aumônier la charge de bibliothécaire, que celui-ci conserva jusqu'à sa mort, arrivée en octobre 1558. Thevet raconte que Saint-Gelais, dans sa dernière maladie, voulant mourir en poète, demanda son luth et chanta des vers latins assez bons qu'il avait composés dans un accès de fièvre. Un moment après, les médecins semblaient embarrassés de porter un jugement sur son état : Je vais vous tirer de peine, dit-il en souriant, et après s'être tourné de l'autre côté, il mourut.

Les plus longues productions de Mellin de Saint-Gelais, sont la *Traduction d'une élégie d'Ovide*, la *Déploration du bel Adonis*, imitée de Bion, et la *Genève*, imitée des quatrième, cinquième et sixième chants du *Roland furieux*. Il a laissé en outre un grand nombre de poésies fugitives; l'édition la plus complète et la plus récente que l'on en ait donnée est celle de Paris (Coustelier) 1719, in-12.

ÉPIGRAMMES CHOISIES

I.

Notre vicaire, un jour de fête,
Chantait un *Agnus* gringotté,
Tant qu'il pouvait à pleine tête
Pensant d'Annette être écouté.
Annette de l'autre côté,
Pleurait, attentive à son chant;
Dont le vicaire, en s'approchant,
Lui dit : pourquoi pleurez-vous belle?
Ah ! messire Jean ! ce dit-elle,
Je pleure un âne qui m'est mort,
Qui avait la voix toute telle
Que vous, quand vous criez si fort.

II.

Un charlatan disait, en plein marché,
Qu'il montrerait le diable à tout le monde,
Si n'y eût nul, tant fût-il empêché,
Qui ne courût pour voir l'esprit immonde.
Lors une bourse assez large et profonde,
Il leur déploie et leur dit : Gens de bien,
Ouvrez vos yeux, voyez, y a-t-il rien?
Non, dit quelqu'un des plus près regardants.

Eh! c'est, dit-il, le diable, oyez-vous bien?
Ouvrir sa bourse et ne rien voir dedans.

III.

Un maître-ès-arts, mal chaussé, mal vêtu,
Chez un paysan demandait à repaître,
Disant qu'on doit honorer la vertu,
Et les sept arts dont il fut passé maître.
Comment sept arts ! répond l'homme champêtre,
Je n'en sais nul, hormi mon labourage;
Mais je suis saoul quand il me plaît de l'être,
Et si nourris ma femme et mon ménage.

IV. A un importun.

Tu te plains, ami, grandement
Qu'en mes vers j'ai loué Clément,
Et que je n'ai rien dit de toi :
Comment veux-tu que je m'amuse
A louer ni toi, ni ta muse?
Tu le fais cent fois mieux que moi.

V. Quatrain.

On dit que tu es amoureux,
Mais que c'est de ta fantaisie :
S'il est vrai, tu es bien heureux;
Nul ne te porte jalousie.

SAINT-GENIEZ (JEAN DE), né à Avignon en 1607, d'une famille noble, cultiva de bonne heure la poésie latine. Il eut quelques succès, et vint à Paris où il se fit des amis illustres. Après avoir joui quelque temps de sa gloire dans les grandes sociétés de la capitale, il retourna à Avignon, où il embrassa l'état ecclésiastique, et fut fait prêtre ; peu de temps après il obtint un canonicat à Orange, où il mourut en 1663, âgé de cinquante-six ans. Ses poésies sont pleines de feu, de génie, et on y trouve de bons vers : Boileau en a imité quelques-uns, et c'est un des plus beau titres de l'auteur. Ses *Œuvres*, composées d'*Idylles*, de *Satires* d'*Élégies*, d'*Épigrammes* et de *Poésies diverses*, furent recueillies à Paris en 1654, in-4°.

SAINT-LAMBERT (CHARLES-FRANÇOIS, marquis DE), naquit en 1717, à Véselize, petite ville du département de la Meurthe, de parents nobles, mais sans fortune, qui lui firent embrasser la carrière des armes au sortir du collège. Il servit dans les gardes-lorraines jusqu'à la paix d'Aix-la-Chapelle, conclue en 1748. Stanislas Leczinski, chassé deux fois du trône de Pologne, résidait alors à Nanci, et trouvait dans la pratique de la bienfaisance autant que dans la culture des lettres un noble dédommagement à des pertes qu'il n'avait pas méritées. Saint-Lambert fut admis à la cour de ce prince exilé, et y trouva une réunion choisie de personnages célèbres par leurs talents, ou par leurs qualités aimables. Voltaire était du nombre, ainsi que la marquise du Châtelet, femme d'esprit, qui traduisait le *Système de Newton*, mais qui oubliait souvent ses travaux mathématiques, pour se livrer à des distractions galantes. Malgré sa longue intimité avec Voltaire, la nouvelle Uranie écouta les vœux de

Saint-Lambert. Celui-ci, pour mieux supplanter le poëte, s'évertua à composer des pièces fugitives qui achevèrent de subjuguer la marquise. Madame du Châtelet mourut en mettant au monde un enfant dont Saint-Lambert fut réputé le père. Cette aventure lui donna dans les salons de Paris un commencement de célébrité, et le fit accueillir avec empressement dans la société du baron d'Holback. Il se lia avec Grimm, Duclos, Jean-Jacques et Diderot. Le prince de Beauveau lui donna un logement dans son hôtel; et bientôt après ses liaisons avec Madame d'Houdetot le déterminèrent à vendre la charge qu'il avait auprès du roi Stanislas, pour se fixer à Paris. Saint-Lambert se fit bâtir une maison de campagne au village d'Eaubonne, pour se rapprocher de la marquise d'Houdetot qui habitait le village de Sannois, dans la vallée de Montmorency. Rousseau fut, tour à tour le confident, le censeur, et le panégyriste de cette union très peu légitime, et demeura l'ami de Saint-Lambert après avoir tenté inutilement de le supplanter. Dès l'année 1756, après la campagne de Hanôvre, Saint-Lambert avait quitté le service pour se livrer exclusivement à la littérature. Les petites pièces de vers qu'il lisait dans les sociétés, l'avaient mis à la mode. On distinguait parmi ces *Essais*, une composition fort gracieuse, *Le Matin et le Soir*, imprimée en 1764. L'auteur imputa cette publication à l'infidélité des libraires, qui par un larcin moins heureux, donnèrent également au public son *Essai sur le Luxe*, destiné à l'*Encyclopédie*. Les articles *Génie*, *Intérêt de l'argent*, *Législa-*

teurs, *Manières*, etc., qu'il composa aussi pour cette massive compilation, portent l'empreinte d'une aridité qui ne tient pas toujours à la nature des matières qu'il traite. Il tenta les hazards du théâtre par une comédie-ballet, jouée en 1756 sous ce titre : *Les fêtes de l'Amour et de l'Hymen.* Le succès en fut aussi peu durable qu'il avait été peu éclatant. Le conte intitulé *Sara*, qu'il publia en 1765, retraçait, selon Grimm, les aventures d'une vieille folle de qualité qui vivait à Londres dans une infamie publique ; et le peu d'intérêt qu'inspirait aux contemporains une telle héroïne, n'était pas compensé par un style irréprochable. Les compositions précédentes n'avaient pas jeté assez d'éclat pour élever Saint-Lambert au-dessus des littérateurs médiocres qui formaient alors un si nombreux cortège à deux ou trois philosophes de génie. Mais il se fit une réputation durable et en partie méritée par son poëme des *Saisons*, ouvrage alors tout-à-fait neuf dans notre langue, et qu'on lit encore avec plaisir, même après les brillantes compositions du poète qui a épuisé, de nos jours, le genre descriptif. On reprochait à Fontenelle d'avoir transporté dans ses bergeries le bel esprit de la ville et les fatuités de la cour. Saint-Lambert n'observa pas mieux les lois de la vraisemblance en faisant de ses laboureurs autant de philosophes raisonnant à perte de vue sur la nature, sur le système du monde et sur une morale qu'on n'a jamais su analyser sous le chaume. Ce défaut blessa jusqu'à ses admirateurs. Grimm et Diderot, en parlèrent avec peu de ménagement dans leur Correspondance; mais ils défendaient Saint-Lambert en public, soit pour l'honneur de la philosophie, soit pour ne pas indisposer Voltaire qui épuisait en faveur des *Saisons* toutes les formules de l'éloge. Il est vrai que l'auteur avait aussi fort bien traité Voltaire, en le proclamant

Vainqueur des deux rivaux qui règnent sur la scène,

et en faisant suivre ce vers d'une note où il avançait que Racine n'avait su peindre que des Juifs. Pour lui, il essaya de peindre dans le conte d'*Abénaki*, l'homme sauvage, alors réputé meilleur que l'homme civilisé. Il publia un recueil de *Fables orientales*, imitées de Saadi, et préférables à ses contes, même à celui des *Deux amis*, qui n'est pourtant pas sans intérêt. Le chantre des *Saisons* fut reçu à l'Académie en 1770. Le membre dont il eut à faire le panégyrique, était cet abbé Trublet, moins connu par ses *Sermons* que par une facétie du *Pauvre diable*. Le nouvel académicien obtint bientôt une grande influence, et fut nommé directeur de l'assemblée. En cette qualité il répondait aux discours des récipiendaires avec une parcimonie de louanges inusitée dans ces sortes de réceptions. Après avoir assez mal apprécié lui-même les grands écrivains du siècle de Louis XIV, il finit par combattre leurs détracteurs, et Voltaire « lui sut bon « gré d'avoir soutenu Racine et Boileau en pleine « Académie. » Saint-Lambert travaillait depuis long-temps à un ouvrage philosophique, qui eut exigé une tête plus forte que la sienne, et sur-tout des principes mieux fondés, en raison et en morale, que les doctrines alors à la mode. C'était un *Cathéchisme universel*, ou *Principes des Mœurs chez toutes les nations*. La première partie fut publiée en 1797, et le reste au commencement du nouveau siècle. L'auteur vécut paisible à Paris pendant les orages révolutionnaires, et mourut le 9 février 1804. Parmi ses *Pièces fugitives*, on distingue, comme pleine de sensibilité et d'images gracieuses, celle qu'il composa, à l'âge de 80 ans, sur les *Consolations de la vieillesse*. Il avait publié long-temps auparavant des *Mémoires sur la vie de mylord Bolinbroke*, qu'on regarde comme un de ses meilleurs écrits. Son poème du *Génie*, dont il lut quelques fragments à l'Académie, n'a pas été achevé. La plus belle édition du poème des *Saisons* est celle de P. Didot, Paris 1799, in-4°, fig., vélin.

Favier.

JUGEMENTS.

I.

Quoique nous n'ayons pas dissimulé, dans nos éditions précédentes, qu'on reprochait au poème des *Saisons*, non-seulement de la froideur, mais le vice de l'ensemble, la monotonie des épisodes, et d'autres défauts encore que nous invitions l'auteur à faire disparaître, cependant on nous a soupçonnés d'avoir moins consulté les lois de la critique, en jugeant l'ouvrage de M. de Saint-Lambert, que ce sentiment de faveur qui nous porte à l'indulgence envers nos compatriotes. Ce n'est point à nous de disputer contre l'opinion publique. Cependant nous redirons encore que le poème des *Saisons* n'est pas l'ouvrage d'une main vulgaire, qu'on y trouve des détails très heureux des peintures neuves, et qu'en général il est écrit avec beaucoup d'élégance.

PALISSOT, *Mémoires sur la Littérature*.

II.

Que l'homme de goût, l'homme sensible à la poésie, prenne ce poème des *Saisons*, à quelque endroit qu'il s'arrête, il rencontrera, ou les détails charmants de la nature pittoresque décrits avec une pompe qui ne dégénère jamais en luxe, ou les teintes d'une mélancolie aimable et réfléchissante qui attache des idées, des souvenirs et des sentiments à tous les objets ; il entendra tour à tour, ou la voix imposante du chantre inspiré qui célèbre les merveilles de la nature, ou la voix douce et instructive du solitaire attendri qui s'entretient de son bonheur et désire celui des autres.

Quoi de plus noble que cette invocation qui suit l'exorde du premier chant ?

> Arbitre des destins, maître des éléments,
> Toi dont la volonté créa l'ordre et le temps,
> Ton amour paternel veille sur notre asyle ;
> Il épancha ses dons sur ce globe fertile.
> Mais l'homme a négligé les présents de tes mains :
> Je viens de leur richesse avertir les humains.
> Des plaisirs faits pour eux leur tracer la peinture, etc.

Vous apercevez d'abord une main sûre : rien de vague, rien d'embarrassé, rien de pénible ; une propriété de termes, tous choisis, qui gagnent par leur combinaison et leur enchaînement; un intérêt de style qui réside toujours dans des tournures faciles et naturelles, et jamais dans cet entassement de figures triviales ou forcées, ressource des écrivains froids et stériles, qui, ne trouvant point dans leur âme les mouvements spontanés qui animent la composition, cherchent à s'échauffer par des efforts et des secousses.

Si l'on cherche un exemple d'harmonie imitative, on trouvera peu après des vers qui en prouvent une connaissance réfléchie, et il y en a nombre de pareils.

>Neptune a soulevé ses plaines turbulantes.
>La mer tombe et bondit sur ses rives tremblantes;
>Elle remonte, gronde, et ses coups redoublés
>Font retentir l'abyme et les monts ébranlés.

La mer tombe et bondit..... elle remonte, gronde...... Ces deux hémitiches ne font-ils pas entendre le bruit du flot qui heurte le rivage, ou qui est refoulé vers la haute mer? Et quel heureux choix de mots neufs sans être recherchés.

Veut-on des traits d'une imagination poétique? ils s'offrent en foule :

>La tulipe orgueilleuse étalant ses couleurs,
>Le narcisse courbé sur sa tige flottante,
>Et qui semble chercher son image inconstante;
>L'hyacinthe azuré qui ne vit qu'un moment,
>Des regrets d'Apollon fragile monument, etc.

Voilà du vrais coloris, et non pas de ces images fastidieusement rebattues, de ces phrases précieuses et maniérées qu'on appelle de la fraîcheur, et qui ne sont qu'un vermillon de toilette grossièrement délayé.

Quant aux réflexions intéressantes et aux contrastes ménagés avec art, il y en a partout, mais principalement dans le chant de l'Hiver; le plus varié des quatre, parce que le poète nous transporte de la campagne à la ville, et peint l'une et l'autre de couleurs également riches et vraies. Mais c'est sur-tout dans le chant de l'Été, et singulièrement dans la description de la zone torride, que l'auteur a répandu toutes les richesses de la poésie descriptive, et s'élève jusqu'au sublime, comme dans les deux vers qui terminent ce dernier morceau, l'un des plus magnifiques de notre langue :

Tout est morne, brûlant, tranquille, et la lumière
Est seule en mouvement dans la nature entière.

On a reproché à l'auteur d'avoir une versification moins variée que celle du traducteur des *Géorgiques,* et il est vrai que celui-ci excelle en cette partie. Mais n'est-il pas juste de se souvenir qu'il était soutenu par le plus parfait de tous les modèles. M. l'abbé Delille, l'un de nos meilleurs versificateurs, paraît s'être particulièrement occupé de maîtriser notre vers alexandrin par le travail des constructions et des tournures, et de lui donner un mouvement aussi diversifié qu'il soit possible. C'est là comme le cachet de son talent : et qui peut douter que ce travail heureux ne soit la suite naturelle d'une longue et pénible lutte contre la perfection de Virgile, le plus grand maître de l'harmonie poétique ? C'est un très grand avantage pour le talent, de n'avoir qu'un seul objet, la versification. J'avouerai donc qu'en cette partie M. l'abbé Delille l'emporte à quelques égards sur l'auteur des *Saisons;* mais, en laissant même à part le mérite de la création, que le traducteur de Virgile n'a pas porté assez loin dans ses *Jardins*, pour qu'il soit permis de le juger sur une esquisse qui ne se soutient que par le brillant des détails*, il me semble que M. de Saint-Lambert compense, même dans le style seul, cette infériorité d'art par d'autres avantages. Je n'ai assurément, et ne puis avoir d'autre but que de rendre une égale justice à des mérites différents, puisque je fais de tous temps profession d'aimer et d'estimer le talent et la personne des deux écrivains dont il s'agit ; et j'en donne une preuve en faisant ici exception, pour eux seuls, à la loi que je me suis imposée jusqu'ici, de ne point parler des auteurs vivants. Ainsi je ne croirai ni flatter l'un ni blesser l'autre en avouant que la manière de M. de Saint-Lambert me paraît plus grande et plus élevée, en un mot, plus analogue à ce qu'on appelle le style sublime; j'entends sur-tout celui des images, qui tient une si grande place dans le genre descriptif. Je citerai, par exemple, ces deux vers :

L'Orellane et l'Indus, le Gange et le Zaïre,
Repoussent l'Océan, qui gronde et se retire.

* Il faut attendre deux autres ouvrages qu'il nous promet, un poème sur *l'Imagination* et un sur *les Géorgiques françaises*, qu'il aura sans doute travaillé davantage en raison des sujets; et il convenait à celui qui a si bien traduit Virgile de se mesurer contre lui.

Ces deux vers sont du vrai sublime, comme les deux que j'ai cités ci-dessus. J'ai entendu vingt fois des morceaux de différents ouvrages que le traducteur des *Géorgiques* achève actuellement; ils sont brillants d'élégance et piquants de variété; mais je n'y ai rien vu qui soit du même ordre de beauté que les vers qu'on vient de lire; et en général, ce qui fait le caractère de sa composition n'est pas ce qui est à la fois simple et grand, c'est la vivacité des mouvements du style et l'effet du mécanisme des vers. *Cuique suum.*

J'avouerai avec la même franchise, et pour rendre hommage à la vérité, que la seule chose qui manque aux *Saisons*, c'est une sorte d'élan et de jet; et, pour ainsi dire, ce feu central qui doit échauffer l'ensemble d'un poème descriptif, pour suppléer un peu à cet intérêt d'action qui soutient d'autres sujets; et j'observerai en même temps qu'ici le travail et le temps, qui ont bien servi le traducteur des *Géorgiques*, ont nui peut-être à l'auteur des *Saisons*. L'un ayant dans ses mains un tout parfaitement conçu, s'est occupé quinze ans de suite au fini du détail; l'autre, distrait d'ailleurs par d'autres occupations, a passé trente ans à polir chaque morceau de son ouvrage; ce qui a dû refroidir un peu la conception de l'ensemble. Mais remarquons aussi que cette conception n'a jamais été aussi heureuse et aussi soutenue dans aucun des poèmes de ce genre, que dans celui de Virgile, qui en est le chef-d'œuvre. Si l'on peut désirer à cet égard quelque chose dans les *Saisons* françaises, combien il manque davantage à celles de Thompson, qui ne sait proprement que décrire, à l'*Agriculture* de Rosset, aux *Mois* de Roucher! Et pourtant ce sont des hommes de talent, et leurs ouvrages ont du mérite. Celui de M. de Saint-Lambert sera toujours, par la beauté du langage et la pureté du goût, un de ceux qui depuis *la Henriade* ont fait le plus d'honneur à notre langue[*].

La Harpe, Cours de Littérature.

MORCEAUX CHOISIS.

I. L'Orage.

On voit à l'horizon de deux points opposés
Des nuages monter dans les airs embrasés;
On les voit s'épaissir, s'élever et s'étendre.
D'un tonnerre éloigné le bruit s'est fait entendre :
Les flots en ont frémi, l'air en est ébranlé,
Et le long du vallon le feuillage a tremblé;
Les monts ont prolongé le lugubre murmure,
Dont le son lent et sourd attriste la nature.
Il succède à ce bruit un calme plein d'horreur,
Et la terre en silence attend dans la terreur;

---

[*] Qu'est-ce que cette partialité de La Harpe pour Saint-Lambert? Le voilà porté aux nues entre Le Mierre et Roucher qu'on déchire, et qui lui sont supérieurs de cent piques en génie poétique et en verve. Saint-Lambert ne se risque pas comme eux, il ne s'élève jamais. Les deux autres, à qui cela arrive quelquefois un peu trop, tombent aussi quelquefois; cela est tout simple. Comme poète agréable, est-il donc supérieur même à Dorat? Je l'ai beaucoup vu Saint-Lambert; sa conversation n'était jamais piquante. Il a beaucoup de goût et d'esprit, et le ton excellent. Mais les *Saisons* m'ennuient et me plaisent à la fois.

Le prince de Ligne, Remarques sur le Lycée de La Harpe.

Des monts et des rochers le vaste amphithéâtre
Disparaît tout-à-coup sous un voile grisâtre,
Le nuage élargi les couvre de ses flancs ;
Il pèse sur les airs tranquilles et brûlants.

   Mais des traits enflammés ont sillonné la nue,
Et la foudre, en grondant, roule dans l'étendue ;
Elle redouble, vole, éclate dans les airs ;
Leur nuit est plus profonde ; et de vastes éclairs
En font sortir sans cesse un jour pâle et livide.
Du couchant ténébreux s'élance un vent rapide
Qui tourne sur la plaine, et, rasant les sillons,
Enlève un sable noir qu'il roule en tourbillons.
Ce nuage nouveau, ce torrent de poussière,
Dérobe à la campagne un reste de lumière.
La peur, l'airain sonnant, dans les temples sacrés
Font entrer à grands flots les peuples égarés.
Grand Dieu ! vois à tes pieds leur foule consternée
Te demander le prix des travaux de l'année.

   Hélas ! d'un ciel en feu les globules glacés
Ecrasent en tombant les épis renversés.
Le tonnerre et les vents déchirent les nuages ;
Le fermier de ses champs contemple les ravages,
Et presse dans ses bras ses enfants effrayés.
La foudre éclate, tombe ; et des monts foudroyés
Descendent à grand bruit les graviers et les ondes,
Qui courent en torrents sur les plaines fécondes.
O récolte ! ô moissons ! tout périt sans retour :
L'ouvrage de l'année est détruit dans un jour.
Les Saisons.

II. La Vendange.

Ces voiles suspendus qui cachent à la terre
Le ciel qui la couronne, et l'astre qui l'éclaire,

Préparent les mortels au retour des frimas.
Si le soleil encor se montre à nos climats,
Il n'arme plus de feux les rayons qu'il nous lance;
La nature à grands pas marche à sa décadence.

Mais la feuille, en tombant, du pampre dépouillé
Découvre le raisin, de rubis émaillé;
De l'ambre le plus pur la treille est colorée;
Les celliers sont ouverts, la cuve est réparée.
Boisson digne des dieux, jus brillant et vermeil,
Doux extrait de la sève, et des feux du soleil,
Source de nos plaisirs, délices de la terre.
Viens dissiper l'ennui qui me livre la guerre,
Et donne-moi du moins le bonheur d'un moment!

Bacchus, dieu des festins, père de l'enjoûment,
C'est toi qui répandis sur les monts du Bosphore
Les pampres enlevés aux portes de l'aurore :
Tu couvris de raisins les rochers de Lesbos :
Ta liqueur inspira les Muses, les Héros,
Et ton culte polit la Grèce encor sauvage.

C'est toi qui des Gaulois enflammais le courage,
Quand ce peuple vainqueur, du haut des Apennins,
Vint sous leurs toits fumants écraser les Romains.
Il voulait de tes dons enrichir la patrie;
Et, le front couronné des pampres d'Hespérie,
Ivre de vin, de joie, il repassa les monts.
Les vallons répétaient ses cris et ses chansons,
Et les thyrses guidaient sa marche triomphante.
La Gaule à ton nectar dut sa gaîté brillante,
Le charme des festins, et le sel des bons mots,
L'art d'écarter les soins, et d'oublier les maux.

Mais déjà vers la vigne un grand peuple s'avance;
Il s'y déploie en ordre, et le travail commence.

Le vieillard, que conduit l'espoir du vin nouveau,
Arrivé plein de joie au penchant du coteau,
Y voit l'heureux Lindor et Lisette charmée
Trancher au même cep la grappe parfumée ;
Ils chantent leurs amours et le dieu des raisins.
Une troupe à leur voix répond des monts voisins ;
Plus loin le tambourin, le fifre et la trompette
Font entendre des airs que le vallon répète.
Cependant les chansons, les cris du vendangeur,
Fixent sur le coteau les regards du chasseur.
Mais le travail s'avance, et les grappes vermeilles
S'élevant en monceau dans de vastes corbeilles,
Colin, le corps penché sur ses genoux tremblants,
De la vigne au cellier les transporte à pas lents :
Une foule d'enfants autour de lui s'empresse,
Et l'annonce de loin par des cris d'allégresse.

Tandis que le raisin sous la poutre est placé,
Qu'un jus brillant et pur dans la cuve est lancé,
Que d'avides buveurs y plongent la fougère,
Où monte en pétillant une mousse légère,
Sur les monts du couchant tombe l'astre du jour.

Le peuple se rassemble, il hâte son retour ;
Il arrive, ô Bacchus, en chantant tes louanges.
Il danse autour du char qui porte les vendanges ;
Ce char est couronné de fleurs et de rameaux ;
Et la grappe en festons pend au front des taureaux.
Le plaisir turbulent, la joie immodérée,
Des heureux vendangeurs terminent la soirée ;
Ils sont tous contents d'eux, du sort et des humains.
Des rivaux réunis un verre arme les mains :
Bacchus a suspendu la haine et la vengance ;
Il fait régner l'amour, et répand l'indulgence.

Deux vieillards attendris se tiennent embrassés ;
Tous deux laissent tomber des mots embarrassés ;
Dans leurs yeux entr'ouverts brillent d'humides flammes ;
Ils font de vains efforts pour épancher leurs âmes,
Et, pleins des sentiments qu'ils voudraient exprimer,
Tous deux, en bégayant, se jurent de s'aimer.
Grégoire à Mathurine allait porter son verre,
Sous ses pas incertains il sent trembler la terre ;
Il a vu les lambris et le toit s'ébranler ;
La table qu'il embrasse est prête à s'écrouler ;
Il tombe, il la renverse, et la cruche brisée
Se disperse en éclats sur la terre arrosée :
On se lève en tumulte, on part, et les buveurs
Font retentir au loin leurs chants et leurs clameurs.

Ibid.

III. La Veillée

A ces jours si remplis succède la soirée,
Et votre cœur content n'en craint pas la durée ;
Un facile travail, de doux amusements,
De la longue veillée abrègent les moments.
Tantôt, la serpe en main, vous divisez le hêtre,
Et préparez l'appui du pampre qui doit naître ;
Tandis que votre épouse, aux lueurs d'un brasier,
Dans l'osier avec art entrelaçant l'osier,
Précipite gaîment une chanson naïve,
Ou traîne en gémissant la romance plaintive.
Tantôt sous votre toit vos voisins rassemblés
Entourent vos foyers de cercles redoublés,
Où préside un Nestor, l'oracle du village.

Il prédit au canton le beau temps et l'orage.
Son voisin l'interrompt pour parler à son tour,
Et fait de longs récits ou de guerre ou d'amour.

De l'antique féerie on raconte une histoire;
L'orateur, qui la croit, l'atteste et la fait croire.
Un spectre, dit l'un d'eux, paraît vers le grand bois :
Le jour de la tempête on entendit sa voix;
Un autre en fait d'abord la peinture effrayante;
Le crédule auditoire est saisi d'épouvante;
Le silence et la peur augmentent par degré,
Et plus près du foyer le cercle est resserré.

Mais pendant ces récits, la robuste jeunesse
Se livre sans contrainte à sa vive allégresse;
A peine la musette et l'humble chalumeau
Ont rassemblé le soir les galants du hameau,
Que dans un vaste enclos, préparé pour la danse,
Ils viennent étaler leur rustique élégance;
Leurs pas sont ralentis ou pressés au hasard;
Ils suivent sans cadence un instrument sans art,
Tous célèbrent en vers la beauté du village;
La muse et la bergère ont le même langage.
O mortels innocents, que votre sort est doux!
Ibid.

IV. La Chasse du Cerf.

Mais l'automne offre encor d'autres amusements,
Où le courage et l'art mènent à la victoire;
Diane dans ses jeux se propose la gloire.
Entendez-vous quel bruit retentit dans les airs,
Et d'échos en échos roule dans ces déserts?
La Discorde, Bellone ou le dieu de la guerre,
Par ce bruit effrayant menacent-ils la terre?
De la vaste forêt l'espace en est rempli,
Dans ses sombres buissons le cerf a tressailli;
Au monarque des bois la guerre est déclarée.
Il a vu d'ennemis sa demeure entourée,

Et des chiens dévorants, en groupes dispersés,
De distance en distance autour de lui placés.
Là, le coursier fougueux levant sa tête altière,
Bondissant sous son maître et frappant la bruyère,
De la course tardive appelle les instants.

Mais on part; il s'élance; et des sons éclatants
Sur les traces du cerf, dont la terre est empreinte,
Ont conduit le chasseur au centre de l'enceinte.
Le timide animal s'épouvante et s'enfuit.
Et voit dans chaque objet la mort qui le poursuit.
Sa route sur le sable est à peine tracée :
Il devance en courant la vue et la pensée;
L'œil le suit et le cherche aux lieux qu'il a quittés.
Ses cruels ennemis, par le cor excités,
S'élèvent sur ses pas au sommet des montagnes,
Ou fondent à grands cris sur les vastes campagnes.
Effrayé des clameurs et des longs hurlements
Sans cesse à son oreille apportés par les vents,
Vers ces vents importuns il dirige sa fuite;
Mais la troupe implacable, ardente à sa poursuite,
En saisit mieux alors ses esprits vagabonds.
Il écoute et s'élance, et s'élève par bonds;
Il voudrait ou confondre ou dérober sa trace,
Se dérober du sable et voler dans l'espace.
Hélas! il change en vain sa route et ses retours.

Dans le taillis obscur il fait de longs détours;
Il revoit ces grands bois, théâtre de sa gloire,
Où jadis cent rivaux lui cédaient la victoire,
Où, couvert de leur sang, consumé de désirs,
Pour prix de son courage il obtint les plaisirs.
Il force un jeune cerf à courir dans la plaine,
Pour présenter sa trace à la meute incertaine;

Mais le chasseur la guide, et prévient son erreur.
Le cerf est abattu, tremblant, saisi d'horreur;
Son armure l'accable, et sa tête est penchée;
Sous son palais brûlant sa langue est desséchée.
Il entend de plus près des cris plus menaçants,
Et fait pour fuir encor des efforts impuissants.
Ses yeux appesantis laissent tomber des larmes.
A la troupe en fureur il oppose ses armes :
En vain le désespoir le ranime un instant;
Il tombe, se relève, et meurt en combattant.

Ibid.

SAINT-RÉAL (César VICHARD de), fils d'un conseiller au sénat de Chambéry, sa patrie, vint à Paris de bonne heure et s'y fit tonsurer. Varillas, auprès duquel il vécut quelque temps, l'accusa de lui avoir enlevé quelques papiers, et cette accusation ne fut jamais bien éclaircie. De retour dans sa patrie, en 1675, Charles-Emmanuel II le chargea d'écrire l'histoire d'Emmanuel Ier, son aïeul ; mais on ignore s'il exécuta ce projet. La duchesse de Mazarin s'étant réfugiée en Savoie, goûta l'abbé de Saint-Réal, et l'emmena avec elle en Angleterre. Ce voyage ayant dérangé ses études, il vint à Paris et y demeura jusqu'en 1692, qu'il se rendit à Chambéry, où il mourut vers la fin de cette année. Cet écrivain avait une imagination vive, une mémoire ornée, mais son goût n'était pas toujours sûr. On lui reproche d'avoir été d'une sensibilité puérile pour la critique, vif et impétueux à l'excès dans la dispute. Ses ouvrages parurent en 1745, Paris, Nyon, 3 vol.

in-4°, et 6 vol. in-12. Les principaux sont: 1° sept *Discours sur l'usage de l'Histoire*, pleins de réflexions judicieuses mais écrites sans précision ; 2° *Histoire de la Conjuration que les Espagnols formèrent en 1618 contre la république de Venise.* Ce morceau est certainement romanesque à plusieurs égards, et il est très vraisemblable que le fond même manque de vérité. Il y règne un sens admirable dans les réflexions, un coloris vigoureux dans les portraits, et un choix heureux dans les faits ; c'est dommage que tout cela ne soit qu'un tableau d'imagination. 3° *Don Carlos*, nouvelle historique, purement romanesque. 4° La *Vie de Jésus - Christ*, Paris, 1689. Il y a à la fin des remarques qui sont estimées. 5° *Discours de Remerciement*, prononcé le 13 mai 1680 à l'Académie de Turin, dont il avait été reçu membre dans un voyage qu'il fit cette année en cette ville. 6° *Relation de l'Apostasie de Genève*. Cet ouvrage curieux et intéressant, est une nouvelle édition du livre intitulé *Levain du Calvinisme*, composé par Jeanne de Jussie, religieuse de Sainte-Claire à Genève. L'abbé de Saint-Réal en retoucha le style et le publia sous un autre titre. 7° *Césarion*, ou *Divers Entretiens curieux*. 8° *Discours sur la Valeur*, adressé à l'électeur de Bavière en 1688. C'est une des meilleures pièces de Saint-Réal. 9° *Traité de la Critique*. 10° *Traduction des Lettres de Cicéron à Atticus*, 2 vol. in-12. Cette traduction ne contient que les deux premiers livres des épîtres à Atticus, avec la deuxième lettre du premier livre à Quintus. 11° Plusieurs *Lettres*. En 1757, l'abbé Pérau donna une nouvelle et jolie édition de toutes les *Œuvres* de cet auteur, en 8 petits vol. in-12. Ce n'est qu'une réimpression de celle qu'il avait donnée en 1745. M. de Neuville a donné l'*Esprit de Saint-Réal*, in-12.

Feller, *Dictionnaire historique*.

JUGEMENT.

On a reproché à Vertot les embellissements de pure imagination qu'il s'est permis d'ajouter dans son *Histoire de Malte* : on a fait le même reproche à l'abbé de Saint-Réal, sur la *Conjuration de Venise*, mais avec moins de preuves, et peut-être parce que les détails d'une conspiration aussi singulière que celle qu'il écrivait ont naturellement une teinte un peu romanesque. Quoi qu'il en soit, c'est le seul écrivain du dernier siècle qui ait su donner à l'histoire cette espèce de forme dramatique qu'elle comporte, lorsqu'on sait y mettre la mesure convenable, et qui nous attache dans les historiens grecs et romains. Je n'irai pas jusqu'à l'égaler à Salluste, dont il n'a pas la concision nerveuse; mais il est sûr qu'il se rapproche beaucoup de ce modèle qu'il s'était proposé, et qu'il sait, comme lui, donner une physionomie à ses personnages, et jeter dans une narration vive et rapide des réflexions qui occupent le lecteur sans le distraire du récit.

Ce qu'il a écrit sur les Gracches n'est pas, ce me semble, d'un si bon esprit, et eut beaucoup moins de succès. Le titre seul annonce la partialité : il qualifie de *Conjuration* l'entreprise généreuse de ces deux illustres citoyens, que les auteurs latins les plus partisans de l'aristocratie romaine appellent, à la vérité, des séditieux, mais non pas des *conspirateurs*, et se gardent bien de confondre avec des brigands tels que les Catilina, les Cinna et les Carbon. Il se peut que les réformes qu'ils projetaient ne fussent pas sans quelque danger, et demandassent plus de précautions ; que la résistance furieuse qu'ils éprouvèrent les ait portés eux-mêmes plus loin qu'ils ne voulaient aller ; je ne doute pas non plus qu'ils n'eussent dessein de s'agrandir, mais par des voies nobles et républicaines.

Sur-tout je ne puis imaginer qu'ils aspirassent en aucune manière à la royauté, comme Saint-Réal paraît le supposer sans aucune preuve ; et s'ils ont été aussi cruellement égorgés que lâchement trahis, ce n'est pas une raison pour calomnier leur mémoire.

Je n'ai pas plus de foi à ses *Considérations* sur Antoine et sur Lépide, dont il veut faire de grands hommes, contre le témoignage de tous les historiens, qui nous montrent l'un comme un brave lieutenant de César, qui n'avait que les qualités et les vices d'un soldat, mais d'ailleurs rien de grand dans le caractère, et qui fut redevable de sa fortune à l'attachement que les légions conservaient pour la mémoire du dictateur, et à l'espérance qu'elles conçurent de s'enrichir sous un général, qui leur abandonnerait tout ; l'autre, comme un homme très médiocre de tout point, qui n'avait pour lui que l'illustration d'un des plus grands noms qu'il y eût à Rome, et que les circonstances portèrent un moment à un degré d'élévation dont il tomba sur-le-champ dès qu'il fallut la soutenir par lui-même.

Saint-Réal, amateur des paradoxes historiques, s'efforce de rabaisser Auguste au-dessous de sa valeur, comme il voulait relever Antoine et Lépide. Il s'étend sur les cruautés si connues du triumvirat, que personne ne conteste ni n'excuse. Mais trente années d'un règne doux et modéré prouvent de deux choses l'une, ou qu'Auguste n'avait été cruel que par un calcul d'ambition et de politique, ou que, s'il l'était par caractère, il eut ensuite assez de force d'esprit pour vaincre le naturel. Il n'est pas vrai non plus qu'il manquât absolument de valeur ; il fit voir en plus d'une occasion le courage guerrier, et, ce qui est plus rare, le courage qui dicte une grande résolution dans un grand danger. Enfin le résultat de l'abbé de Saint-Réal, *il fut fort ambitieux, fort dissimulé, et fort heureux*, en ferait un homme très ordinaire ; et ce n'est pas avec ces seuls moyens que l'on peut faire une si grande révolution, et accoutumer en si peu de temps au gouvernement absolu le peuple le plus amoureux de sa liberté. Je crois qu'Auguste n'eut rien dans un degré supérieur, que les lumières de l'esprit, la politique et la connaissance des hommes ; mais c'est un peu plus que de la dissimulation, et il ne fallait pas moins pour assujettir l'empire romain et savoir le gouverner.

Il s'offrirait beaucoup de remarques à faire sur

ses différents *Traités historiques*, où il cherche plutôt des idées singulières que des idées justes. Mais sur-tout je trouve peu digne de l'auteur d'un aussi bon ouvrage que la *Conjuration de Venise*, d'avoir contribué plus qu'aucun autre à accréditer un genre de composition aussi frivole que celui de ces *Nouvelles historiques*, qui furent si long-temps à la mode dans son siècle, et qui heureusement sont tombées dans le nôtre. C'est une corruption de l'histoire, inconnue aux Anciens, et qui caractérise la légèreté des Modernes, que de défigurer par un vernis romanesque des faits importants et des noms célèbres, et de mêler la fiction à la réalité. *D. Carlos* et *Épicharis* sont dans ce goût. C'est un étrange projet que de nous donner les billets galants de Néron, et de s'égayer en inventions de la même espèce sur une aventure aussi tragique que celle du fils de Philippe II : un Tacite en aurait tiré un autre parti.

Saint-Réal, quoique né à Chambéry, écrivait en français avec assez d'élégance, mais non pas avec une pureté soutenue ni avec un goût sûr. C'était, ainsi que Saint-Évremont, un bel-esprit qui se pliait aisément à différents genres, mais bien plus solide et plus instruit que Saint-Évremont, quoiqu'en exceptant sa *Conjuration de Venise*, on ne trouve rien chez lui au-dessus du médiocre.

La Harpe, *Cours de Littérature.*

MORCEAUX CHOISIS.

I. Renault aux principaux Conjurés.

Il commença par une narration simple et étendue

de l'état présent des affaires, des forces de la république et des leurs, de la disposition de la ville et de la flotte, des préparatifs de don Pèdre et du duc d'Ossone, des armes et des provisions de guerre qui étaient chez l'ambassadeur d'Espagne, des intelligences qu'il avait dans le sénat et parmi les nobles; enfin, de la connaissance exacte qu'on avait prise de tout ce qu'il pouvait être nécessaire de savoir. Après s'être attiré l'approbation de ses auditeurs, par le récit de ces choses dont ils savaient la vérité comme lui, et qui étaient presque toutes les effets de leurs soins aussi bien que des siens :

« Voilà, mes compagnons, continua-t-il, quels
« sont les moyens destinés pour vous conduire à la
« gloire que vous cherchez. Chacun de vous peut
« juger s'ils sont suffisants et assurés. Nous avons
« des voies infaillibles pour introduire dix mille
« hommes de guerre dans une ville qui n'en a pas
« deux cents à nous opposer, dont le pillage joindra
« avec nous les étrangers que la curiosité ou le com-
« merce y a attirés, et dont le peuple même nous
« aidera à dépouiller les grands, qui l'ont dépouillé
« tant de fois, aussitôt qu'il verra sûreté à le faire.
« Les meilleurs vaisseaux de la flotte sont à nous,
« et les autres portent dès à présent avec eux ce
« qui doit les réduire en cendres. L'arsenal, la mer-
« veille de l'Europe, et la terreur de l'Asie, est
« presque déjà en notre pouvoir. Les neuf vaillants
« hommes qui sont ici présents, qui sont en état
« de s'en emparer depuis près de six mois, ont si
« bien pris leurs mesures pendant ce retardement,

« qu'ils ne croient rien hasarder en répondant sur
« leur tête de s'en rendre maîtres. Quand nous n'au-
« rions ni les troupes du Lazaret, ni celles de Terre-
« Ferme, ni la petite flotte de Haillot pour nous sou-
« tenir, ni les cinq cents hommes de don Pèdre, ni
« les vingt vaisseaux vénitiens de notre camarade, ni
« les grands navires du duc d'Ossone, ni l'armée
« espagnole de Lombardie, nous serions assez forts
« avec les intelligences et les mille soldats que nous
« avons. Néanmoins, tous ces différents secours que
« je viens de nommer sont disposés de telle sorte,
« que chacun d'eux pourrait manquer sans porter
« le moindre préjudice aux autres : ils peuvent bien
« s'entr'aider, mais ils ne sauraient s'entre-nuire : il
« est presque impossible qu'ils ne réussissent pas
« tous, et un seul nous suffit.

« Que si, après avoir pris toutes les précautions
« que la prudence humaine peut suggérer, on peut
« juger du succès que la fortune nous destine, quelle
« marque peut-on avoir de sa faveur qui ne soit
« au-dessous de celles que nous avons? Oui, mes
« amis, elles tiennent manifestement du prodige.
« Il est inouï, dans toutes les histoires, qu'une en-
« treprise de cette nature ait été découverte en par-
« tie, sans être entièrement ruinée, et la nôtre a
« essuyé cinq accidents dont le moindre, selon
« toutes les apparences humaines, devait la ren-
« verser. Qui n'eût cru que la perte de Spinosa,
« qui tramait la même chose que nous, serait l'oc-
« casion de la nôtre? que le licenciement des trou-
« pes de Liévestein, qui nous étaient toutes dé-

« vouées, divulguerait ce que nous tenions caché ?
« que la dispersion de la petite flotte romprait toutes
« nos mesures, et serait une source féconde de nou-
« veaux inconvénients ? que la découverte de Crême,
« que celle de Maran, attireraient nécessairement
« après elles la découverte de tout le parti ?

« Cependant toutes ces choses n'ont point eu de
« suite ; on n'en a point suivi la trace, qui aurait
« mené jusqu'à nous : on n'a point profité des lu-
« mières qu'elles donnaient. Jamais repos si profond
« ne précéda un trouble si grand. Le sénat, nous
« en sommes fidèlement instruits, le sénat est dans
« une sécurité parfaite. Notre bonne destinée a
« aveuglé les plus clairvoyants de tous les hommes,
« rassuré les plus timides, endormi les plus soup-
« çonneux, confondu les plus subtils. Nous vivons
« encore, mes chers amis ; nous sommes plus puis-
« sants que nous n'étions avant tous ces désastres ;
« ils n'ont servi qu'à éprouver notre constance.
« Nous vivons, et notre vie sera bientôt mortelle
« aux tyrans de ces lieux. Un bonheur si extraor-
« dinaire, si obstiné, peut-il être naturel ? Et n'a-
« vons-nous pas sujet de présumer qu'il est l'ou-
« vrage de quelque puissance au-dessus des choses
« humaines ?

« Et en vérité, mes compagnons, qu'est-ce qu'il
« y a sur la terre qui soit digne de la protection du
« ciel, si ce que nous faisons ne l'est pas ? Nous
« détruisons le plus horrible de tous les gouverne-
« ments ; nous rendons le bien à tous les pauvres
« sujets de cet état, à qui l'avarice des nobles le

« ravirait éternellement sans nous; nous sauvons
« l'honneur de toutes les femmes qui naîtraient quel-
« que jour sous leur domination, avec assez d'agré-
« ment pour leur plaire : nous rappelons à la vie un
« nombre infini de malheureux que leur cruauté est
« en possession de sacrifier à leurs moindres ressenti-
« ments pour les sujets les plus légers; en un mot,
« nous punissons les plus punissables de tous les
« hommes, également noircis de tous les vices que
« la nature abhorre, et de ceux qu'elle ne souffre
« qu'avec pudeur.

« Ne craignons donc point de prendre l'épée d'une
« main, et le flambeau de l'autre, pour exterminer
« ces misérables ; et, quand nous verrons ces pa-
« lais où l'impiété est sur le trône, brûlant d'un
« feu, plutôt feu du ciel que le nôtre; ces tribu-
« naux, souillés tant de fois des larmes et de la
« substance des innocents, consumés par les flam-
« mes dévorantes ; le soldat furieux, retirant ses
« mains fumantes du sang des méchants; la mort
« errante de toutes parts, et tout ce que la nuit
« et la licence militaire pourront produire des spec-
« tacles plus affreux, souvenons-nous alors, mes
« chers amis, qu'il n'y a rien de pur parmi les
« hommes; que les plus louables actions sont sujettes
« aux plus grands inconvénients; et qu'enfin, au
« lieu des diverses fureurs qui désolaient cette mal-
« heureuse terre, les désordres de la nuit prochaine
« sont les seuls moyens d'y faire régner à jamais la
« paix, l'innocence et la liberté. »

Conjuration de Venise.

II. Bedmar.

Le marquis de Bedmar est l'un des plus puissants génies que l'Espagne ait jamais produits. On voit, par les écrits qu'il a laissés, qu'il possédait tout ce qu'il y a dans les historiens anciens et modernes, qui peut former un homme extraordinaire. Il comparait les choses qu'il racontait avec celles qui se passaient de son temps. Il observait exactement les différences et les ressemblances des affaires, et combien ce qu'elles ont de différent, change ce qu'elles ont de semblable. Il portait d'ordinaire son jugement sur l'issue d'une entreprise, aussitôt qu'il en savait le plan et les fondements. S'il trouvait par la suite qu'il n'eût pas deviné, il remontait à la source de son erreur, et tâchait de découvrir ce qui l'avait trompé. Par cette étude, il avait compris quelles sont les voies sûres, les véritables moyens et les circonstances capitales qui présagent un bon succès aux grands desseins, et qui les font presque toujours réussir. Cette pratique continuelle de lecture, de méditation et d'observation des choses du monde l'avait élevé à un tel point de sagacité, que ses conjectures sur l'avenir passaient presque, dans le conseil d'Espagne, pour des prophéties.

A cette connaissance profonde de la nature des grandes affaires, étaient joints des talents singuliers pour les manier; une facilité de parler et d'écrire avec un agrément inexprimable; un instinct merveilleux pour se connaître en hommes; un air toujours gai et ouvert, où il paraissait plus de feu que de gravité, éloigné de la dissimulation jusqu'à approcher de la naïveté ; une humeur libre et complaisante, d'autant plus impénétrable, que tout le monde croyait la pénétrer ; des manières tendres, insinuantes et flatteuses, qui attiraient le secret des cœurs les plus difficiles à s'ouvrir ; toutes les apparences d'une extrême liberté d'esprit dans les plus cruelles agitations.

Ibid.

SAINT-VICTOR (Jean-Baptiste de), poète contemporain, est né à Nantes vers 1775. Son premier ouvrage fut le poème *de l'Espérance*, qui eut beaucoup de succès, et qui commença dignement une réputation que l'auteur a augmentée et rendue plus solide en publiant son poème du *Voyage du Poète* et la traduction en vers français des *Odes d'Anacréon*. Ce dernier ouvrage est devenu classique et méritait de le devenir. M. de Saint-Victor a composé aussi plusieurs odes remarquables sur les évènements du temps ; toutes ses poésies ont été réunies dans l'édition in-18, qu'en a donnée en 1822 le libraire Charles Gosselin. Ces divers ouvrages ont aussi été imprimés plusieurs fois séparément. On a encore du même auteur le *Tableau historique et pittoresque de Paris, depuis les Gaulois jusqu'à nos jours*, 1808-11, 3 vol. in-4°, et on lui attribue deux opéra-comiques : *Uthal et Malvina*, et *l'Habit du chevalier de Grammont*.

SAINT-VICTOR.

MORCEAUX CHOISIS.

I. L'Espérance dans les quatre âges de l'Homme.

Par sa mère enfanté dans le sein des alarmes,
A ses gémissements répondant par des larmes,
L'homme entre dans le monde escorté de douleurs :
L'Espérance en ses bras le prend, sèche ses pleurs,
Et le berce et l'endort. A peine à la lumiere
Ose-t-il entr'ouvrir une faible paupière,
De mille jeux divers, de mille objets nouveaux,
Elle offre à ses regards les mobiles tableaux ;
Prompte comme ses maux, et comme eux passagère,
Dès qu'il a ressenti leur atteinte légère,
Dès qu'elle entend ses cris, à ses côtés soudain
Elle accourt, en riant, un hochet à la main,
De rêves enchantés entourer son enfance.
De cet âge naïf la crédule innocence
D'une heure, d'un moment fait un long avenir :
Voyez-la se montrer, s'éloigner, revenir,
Prendre à chaque caprice un nouveau caractère,
L'occuper par des jeux, par des jeux le distraire,
Et, tour à tour, calmant, provoquant ses désirs,
Changer en ris ses pleurs, ses chagrins en plaisirs.
Douce enfance! âge aimable, où, nourri de mensonges,
L'homme trompé, du moins est heureux par ses songes !

Il fuit trop tôt pour lui cet âge regretté :
Ses traits ont moins de grace, ils ont plus de fierté ;
Le matin de ses jours succède à leur aurore ;
D'un duvet délicat son menton se colore ;
L'audace est sur son front, l'éclair est dans ses yeux :
Il regarde en extase et la terre et les cieux.
Pour lui l'illusion, et féconde et magique,
Répand sur les objets un charme fantastique ;

D'un feu secret, nouveau, son cœur est tourmenté ;
Il manque quelque chose à ce cœur agité :
Il s'inquiète, il cherche... En ce désordre extrême
Une femme paraît, lance un regard; il aime.
Dès qu'il aime, il espère ; il veut plaire à son tour ;
La gloire a droit sur-tout d'intéresser l'amour :
Eh bien, il fera tout pour l'amour et la gloire :
Et, soit qu'au champ d'honneur, épris de la victoire,
Il y brave la mort sur les pas des héros ;
Soit que, plus satisfait d'un stupide repos,
Et cherchant dans les arts de plus douces conquêtes,
Il préfère aux combats la lyre des poètes,
Ou poète, ou guerrier, dans le cirque, aux combats,
L'Espérance partout accompagne ses pas,
Le soutient, l'encourage, à ses regards étale
Des favoris de Mars la pompe triomphale,
Lui montre d'Apollon les nourrissons sacrés,
Accueillis par les rois, des peuples adorés,
Le front ceint de lauriers, s'enivrant au théâtre
Des acclamations d'un public idolâtre.
Combien son jeune cœur s'enflamme à ces tableaux !
La lice s'ouvre, il part, entouré de rivaux :
Là, l'Espérance encor le porte sur ses ailes ;
Vainqueur, il cueille au but les palmes immortelles,
Et l'amour satisfait lui garde un prix plus doux.

L'âge mûr, de succès également jaloux,
Et de gloire et d'amour abjurant les chimères,
Vers des desseins plus grands, des pensers plus sévères,
Dirige ses efforts et ses constants travaux.
Il veut de ses vieux ans, dans un noble repos,
Voir couler doucement les paisibles journées,
Et des champs cultivés dans ses belles années,
Lorsque viendra l'hiver, cueillir enfin les fruits.

L'État dans l'âge mûr voit ses plus chers appuis.
La ville, ses remparts, ses palais magnifiques,
Ses dômes éclatants, ses temples, ses portiques,
Et son immensité frappent moins ses regards,
Qu'un peuple, heureux enfant du commerce et des arts,
Qui, des destins jaloux corrigeant l'influence,
Joyeux, vole au travail, conduit par l'Espérance.
Au sénat, au barreau, mille éloquentes voix
Protègent l'innocence, et défendent les lois ;
J'entends, au chant du coq, l'artisan qui fredonne,
Recommencer gaîment son travail monotone :
Sous le marteau pesant l'enclume retentit ;
La scie infatigable et déchire et frémit ;
L'or en mille canaux s'étend, s'accroît, circule :
Ici, dans un comptoir, l'avidité spécule ;
Là, des fils de Plutus, les arts vont chaque jour
Saluer le réveil, et composer la cour.
Dans l'atelier bruyant où règne l'industrie,
Du luxe des cités l'indigence est nourrie ;
Tout s'anime ; à mes yeux s'offrent de toutes parts
Dans le port des vaisseaux, sur la route des chars ;
L'essieu pressé gémit, la voile se déploie,
Et tout rit de bonheur, d'opulence et de joie.

Il est des malheureux condamnés aux erreurs,
Et de la déité pâles adorateurs,
Qui, parmi ces travaux et ces destins prospères,
S'agitent, poursuivant, embrassant des chimères,
Ou faibles ou méchants, ou trompés ou trompeurs.
Dans le triste néant de ses vaines grandeurs,
L'ambitieux gémit, esclave misérable ;
Au milieu des banquets, convive insatiable,
Il désire, il espère, et, lassé d'être heureux,
Quand ses vœux sont comblés, forme encor d'autres vœux.

Dans l'antre où la Rapine, insolemment assise,
Parmi des monceaux d'or sourit à la Sottise,
Des traits de l'Espérance empruntant la douceur,
Un fantôme à sa perte entraîne le joueur.
Plus loin la Trahison, dans l'ombre ensevelie,
Vers la déesse élève une prière impie,
Tandis que, l'œil ouvert, tremblante au moindre bruit,
Comme un trait elle échappe au larcin qui la suit;
La Débauche l'invoque en sa flamme adultère,
Et sous d'affreux lambeaux, ravis à la misère,
Pâle, inquiet, mourant, auprès de son trésor,
L'avare infortuné l'attend, l'appelle encor.
A ses vils suppliants, la déesse sévère
Vend, au prix des remords, sa faveur mensongère,
Et fuyant quelquefois et la ville et la cour,
Vole aux champs, doux exil qu'a choisi son amour.
Là, le Travail encor, quittant ses toits rustiques,
Entouré, soutenu des vertus domestiques,
Dès l'aube, lui présente, en ses efforts constants,
Un hommage plus pur, des vœux plus innocents;
Et, courbé sur le soc, dans sa marche pesante,
Brave du ciel d'airain l'âpreté dévorante.
L'Abondance le suit : les vallons, les coteaux
S'animent à sa voix; ses superbes troupeaux,
Annonçant par leurs cris les Heures matineuses,
Et chassés du bercail en peuplades nombreuses,
Dans les bois, dans les prés, bondissent répandus.
Sur les torrents profonds des ponts sont suspendus;
Du pampre, en longs festons, la riante verdure,
Des stériles rochers étrangère parure,
Serpente mollement sur leurs flancs décharnés.
Par sa puissante main les fleuves enchaînés
A ces champs qu'autrefois devastait leur furie,

Portent en longs canaux l'abondance et la vie ;
L'épi doré mûrit où croissaient des poisons.
A sa riche vendange, à ses belles moissons,
Il sourit : l'Espérance accomplit sa promesse,
Et l'heureux laboureur goûte la douce ivresse
Des bienfaits de Cérès, des présents de Bacchus.

 Ainsi, de l'Espérance empruntant ses vertus,
Deux fois la Pauvreté, robuste et courageuse,
Ravit un sol fangeux à la mer orageuse ;
De ce sol raffermi son bras chassa les eaux ;
Une cité s'élève où flottaient des vaisseaux,
Et la mer étonnée, à ses pieds frémissante,
Bat ses superbes tours d'une vague impuissante.
Vainqueur de l'élément dont il est entouré,
Le tranquille habitant, dans ses murs retiré,
Contemplait cette plaine en naufrages féconde,
Et, paisible témoin des caprices de l'onde,
Du sommet de ses tours dédaignait sa fureur.
Mais d'un étroit rivage heureux usurpateur,
Jusque dans leurs Etats poursuivant la Fortune,
Ira-t-il insulter et les vents et Neptune ?
Le flot blanchit, s'élève, et le ciel s'obscurcit ;
Dans le sombre horizon la tempête mugit ;
Il frémit... L'Espérance, irrésistible guide,
Couvre d'un triple airain ce cœur faible et timide,
La voile s'enfle, il part. L'inclémence des airs,
Ces abymes profonds, ces humides déserts,
Cet immense Océan, où l'homme solitaire
Semble au milieu des eaux exilé sur la terre,
Rien ne peut l'effrayer ; il vole à d'autres bords,
Argonaute nouveau, conquérir des trésors ;
Il vole, et son vaisseau, dominateur des ondes,
Dans sa course hardie embrassant les deux mondes,

Unit par l'intérêt mille peuples divers :
L'habitant d'une ville est roi dans l'univers.

   Cependant sur le front de l'homme inconsolable
Croît lentement des ans l'outrage ineffaçable ;
Il jette autour de lui des regards abattus :
Ses beaux jours sont passés, ses amis ne sont plus.
La folâtre jeunesse, aux voluptés en proie,
L'irrite par ses jeux, l'attriste de sa joie ;
Compagne du jeune âge, amante du plaisir,
L'Illusion a fui, pour ne plus revenir ;
Les riants Souvenirs, troupe aimable et légère,
Ces enfants du Bonheur qui remplaçaient leur père,
Tels que des songes vains se sont évanouis.
Ce front qu'ont dépouillé le temps et les ennuis,
Et ce corps chargé d'ans, qui sous leur faix succombe,
Semblent, en se courbant, se pencher vers la tombe ;
Ce qui charmait ses sens a perdu ses douceurs :
La rose est sans parfums, l'aurore sans couleurs.
Sur la terre étranger, importun à lui-même,
Faible, toujours souffrant, dans son malheur extrême
Il a cessé de vivre, et ne peut pas mourir.
Quelle invisible main, prompte à le secourir,
Etouffe son murmure, et charme sa souffrance ?
Sur lui, près du cercueil, veille encor l'Espérance.
La déesse apparaît à ses yeux attristés,
Riche d'attraits nouveaux, brillante de clartés :
Par-delà des tombeaux il s'élance avec elle ;
Là, renaît sa jeunesse, éclatante, immortelle,
Et d'un nouvel Eden les bosquets enchantés
Lui prodiguent déjà leurs pures voluptés.
O vous, qui possédez la beauté, la jeunesse,
Dans vos jours fortunés, filés par la mollesse,
De folles vanités, et de faux biens épris,

Venez, de la Fortune indolents favoris :
Le bonheur est encor ailleurs que sur la terre ;
Suivez-moi dans vos champs, sous ce toit solitaire ;
Sur un lit de douleur, seul avec la Pitié,
Voyez-vous ce vieillard, qui, du monde oublié,
Va finir ses longs jours consumés par les peines?
C'est en vain que son bras, au sein des vastes plaines,
Attaché sans relâche au cercle des saisons,
Couvrit d'épis pressés d'innombrables sillons :
Le riche, chaque année, impitoyable maître,
Accourait recueillir la moisson qu'il fit naître,
Et sur un char doré remportait à Paris
Le fruit de ses travaux, payés par des mépris.
Il vécut pour souffrir : de son sort déplorable
Qui lui fit supporter le poids insupportable?
Et quand la mort tardive en vient rompre les nœuds,
Qui lui paîra le prix de ses jours malheureux?
Ah ! sous le chaume obscur, témoin de sa souffrance,
La Religion sainte avait mis l'Espérance :
L'Espérance soutint, consola ses douleurs,
Elle adoucit sa plaie, elle essuya ses pleurs,
Et lui montrant encore, à son heure dernière,
Dans un monde meilleur un destin plus prospère,
Pour des maux passagers un bonheur éternel,
Le mène en souriant, jusqu'aux portes du ciel.
L'Espérance.

II. L'Italie et Rome, ou les Monuments antiques.

O terre de Saturne! ô doux pays ! beau ciel *
Lieux où chanta Virgile, où peignit Raphael !

---

* Salve, magna parens frugum, Saturnia tellus,
 M....

VIRG., *Georg.* II, 173.

Terre dans tous les temps consacrée à la gloire,
Grande par les beaux-arts, reine par la victoire,
Sans respect, sans amour, qui peut toucher tes bords?
Que de belles cités ! que de riches trésors !
L'Italie et la Grèce ensemble confondues ;
Les palais, les tombeaux, un peuple de statues,
Et la toile animée, et partout réunis
Les beaux temps des Césars, et ceux des Médicis !
Partout les descendants de la reine du monde
Ressuscitent sa gloire, et la terre féconde
Rend l'Italie antique à leurs nobles efforts.

Rome ! c'est toi sur-tout qu'appellent nos transports.
La voilà donc enfin cette ville sacrée,
De tombeaux, de déserts, tristement entourée !
Quel trouble à son aspect saisit le voyageur !
La reine des cités a perdu sa splendeur :
Le Silence est assis sous ces voûtes antiques ;
Cependant ses palais, ses temples, ses portiques,
Attestent ses grandeurs dans leurs restes confus.
Sur ces arcs mutilés, vingt fleuves suspendus
Versaient en frémissant le tribut de leur onde ;
Ce temple fut paré des dépouilles du monde ;
Par ces portes sortaient les fières légions ;
Voilà ce Capitole, effroi des nations !
De là, semblable aux dieux, Rome lançait la foudre ;
Là, les rois interdits, et le front dans la poudre,
Aux portes du sénat, oubliés, sans honneur,
Attendaient, pour entrer, les ordres d'un licteur.

A ses pieds j'aperçois cette place fameuse
Où s'agitait, semblable à la mer orageuse,
Ce peuple ambitieux, insolent, importun,
Tyran du monde entier, esclave d'un tribun.
Ordonne, et des héros, parmi ces beaux décombres,

L'imagination va t'évoquer les ombres :
Les vois-tu s'élevant, sortant de toutes parts ?
Voilà ces vieux enfants de la ville de Mars,
Honneur de ses conseils, appui de ses murailles,
Qui labouraient leurs champs et gagnaient des batailles.
Le Voyage du Poète.

SAINTE-CROIX (Guillaume-Emmanuel-Joseph GUILHEM de CLERMONT-LODÈVE de), né à Mormoiron près Carpentras, dans le comtat Venaissain, le 5 janvier 1746, d'une famille noble, était appelé par sa naissance et par les exemples domestiques à la carrière militaire. A peine avait-il achevé ses études chez les jésuites de Grenoble, qu'il partit au mois de janvier 1761, pour les Iles du Vent, avec une commission de capitaine de cavalerie et en qualité d'aide-de-camp de son oncle, le chevalier de Sainte-Croix, qui s'était rendu célèbre par la défense de Belle-Ile, et qui allait prendre le commandement de la Martinique. L'inclination de M. de Sainte-Croix, fortifiée par ce voyage fait dans un âge où les impressions sont si vives, le portait par préférence vers le service de mer; mais les circonstances en décidèrent autrement. Le chevalier de Sainte-Croix étant mort au mois d'août de la même année, son neveu repassa en France, chargé des paquets de la cour, et fut attaché au régiment des grenadiers de France, en attendant qu'il obtînt une compagnie. Il servit six ou sept ans dans ce corps, et ne le quitta que pour se livrer entièrement à son goût pour l'étude, trop contrarié par un genre de vie qui le tenait quelquefois éloigné de toutes les sources de l'instruction. Déjà, par la lecture réfléchie des principaux écrivains grecs et latins, il avait posé les fondements de cette vaste et solide érudition dont il sut dans la suite faire un usage si heureux. L'histoire, dans toute son étendue et avec toutes ses branches, devint le domaine à la culture duquel il se consacra tout entier. Appliquant chaque jour les connaissances qu'il acquérait à quelqu'objet déterminé, il formait son jugement et s'habituait à mettre en œuvre les matériaux que la lecture lui fournissait. Par là il se préservait d'un écueil assez commun aux érudits, qui ne songent qu'à amasser de nombreuses connaissances sans les féconder par la réflexion, et rendent ainsi inutile, pour le progrès des lettres, une vie qu'ils ont consacrée uniquement à la littérature.

M. de Sainte-Croix avait épousé, le 11 décembre 1770, mademoiselle d'Elbène, et leur union avait été heureuse, comme toutes celles qui sont fondées sur les qualités estimables de l'esprit et du cœur. Deux fils, dont l'un, après avoir été attaché comme page à Monsieur, frère du roi, avait été nommé, en 1788, sous-lieutenant, et en 1791 lieutenant au régiment de Beauvoisis, et l'autre, élevé au collège d'Alais parmi les aspirans à la marine, était près d'être admis dans les gardes du pavillon, partageaient avec une fille toutes les affections d'un père et d'une mère dont ils se montraient dignes, et semblaient ne leur promettre que de nouveaux sujets de satisfaction. Les travaux littéraires de M. de Sainte-Croix lui avaient d'ailleurs mérité des succès flatteurs. Trois fois, en 1772, 1773 et 1777, il avait été couronné par l'Académie des Belles-Lettres, et cette illustre compagnie ne pouvant se l'attacher autrement, parce qu'il faisait sa résidence dans les états d'une puissance étrangère, l'avait mis dès 1772 au nombre de ses associés étrangers. Ainsi M. de Sainte-Croix se trouvait placé dans des circonstances qui devaient lui assurer le bonheur qu'il est permis au vrai sage de désirer sur la terre, lorsque tout d'un coup il s'est vu jeté au sein d'une mer orageuse, et surpris par la plus violente tempête. Les plus belles années de sa vie, celles où il devait être heureux de la considération qu'il s'était si justement acquise, ainsi que des vertus et du bonheur de tout ce qui lui était cher, n'ont plus été qu'une succession non interrompue de scènes déchirantes. Dès le mois d'avril 1791, obligé de fuir avec toute sa famille devant l'armée des brigands sortis d'Avignon, il quitta sa maison paternelle, et n'y revint, quand un moment de calme eut succédé à ce premier orage, que pour être témoin des dégâts que les soldats de Jourdan y avaient commis, et y attendre de nouveaux malheurs. L'année suivante, 1792, jeté dans une prison où il ne demeura que quelques jours, et déjà ayant sous les yeux l'instrument de son supplice, il parvint à s'évader de Mormoiron, le 4 octobre, et se rendit à Paris à la faveur d'un déguisement. Madame de Sainte-Croix, dont le courage, la fermeté d'âme, la présence d'esprit avaient lutté long-temps contre toute la fureur des brigands, et avaient sauvé les jours du père et des enfants, aurait fini par être elle-même la victime de son zèle, si, au moment où l'on allait exécuter l'ordre donné de l'arrêter, elle ne se fût échappée, le 9 mars 1794, d'Avignon, où elle s'était retirée après l'évasion de son mari, et ne fût venue le rejoindre dans la capitale. La vengeance des scélérats privés de leur proie, s'exerça sur les biens, la maison, les livres, les papiers de l'homme estimable, qui s'était soustrait à leur fureur : les biens furent séquestrés, la maison livrée à un club, les livres pillés, les papiers jetés au feu. Heureux cependant, M. de Sainte-Croix, s'il n'avait pas eu d'autres biens plus chers encore à regretter ! Mais bientôt privé de ses deux fils, il vit chacune de ses affections changée en une source de chagrins cuisants, et ses yeux ne purent plus s'arrêter sur rien de ce qui l'entourait, sans y trouver quelques restes échappés à un naufrage affreux, qui lui rappelait douloureusement des pertes irréparables. Sa fille, le seul enfant qui lui restait, lui fut encore enlevée en 1806, au moment où les plaies profondes qu'il portait, commençaient à se cicatriser, et cette cruelle blessure rouvrit toutes celles de son cœur. Cependant au milieu de ces tristes circonstances, fort de la paix de son âme, et pardonnant aux auteurs de ses maux, parce qu'il envisageait de plus haut tous les évènements de la vie, il n'a jamais cessé de chercher le soulagement dont il avait besoin, dans la religion, l'étude et la société de quelques amis, que sa simplicité jointe, à tant de talents, et la bonté de son cœur, relevée par l'éclat de son génie, lui avaient inviolablement attachés. Aussi, attaqué d'une maladie cruelle qui sembla pendant plusieurs mois ne pas menacer son existence, et lui préparer seulement une vieillesse pénible, il a vu ses amis entourer constamment son lit de douleur, et s'estimer heureux, lorsqu'ils pouvaient le distraire un moment de ses souffrances, ou s'entretenir avec lui des travaux dont il devait bientôt reprendre le cours. Malheureusement leurs espérances ont été trompées ; M. de Sainte-Croix a été enlevé à leur amitié le 11 mars 1809, et s'il leur reste quelques consolations, c'est de penser que la mort de l'ami qu'ils ont perdu, a excité un concert unanime de regrets et de pleurs, et que tous les hommes capables d'apprécier les talents et les vertus, ont partagé leur juste douleur.

Le grand nombre et la variété des sujets traités par M. de Sainte-Croix, suffisent pour faire juger de l'étendue de ses connaissances. La rectitude de son jugement se manifeste en toute occasion, par le choix des sujets auxquels il consacre ses recherches, l'heureux emploi qu'il fait de l'érudition, les rapports qu'il établit entre l'histoire ancienne et l'histoire moderne, la critique avec laquelle il pèse les témoignages, et les leçons qu'il sait tirer du passé ; son génie éclate toujours par de sublimes réflexions, des élans d'imagination, toujours consacrés à l'honneur de la vertu ou à la censure du vice. Enfin chacune de ses pages est empreinte de la bonté de son cœur et de la noblesse de ses sentiments.

Pour faire dignement l'éloge de M. de Sainte-Croix, il suffirait d'offrir aux lecteurs une liste exacte de ses travaux, et une analyse de ses ouvrages. L'espace dans lequel nous devons nous renfermer ne nous permet de faire ni l'un ni l'autre. Divers journaux littéraires, tels que le *Journal des Savants*, le *Magasin encyclopédique*, les *Archives littéraires*, renferment un grand nombre de morceaux fournis par M. de Sainte-Croix, et qui auraient pu orner des recueils académiques. Les *Mémoires de l'Académie des Belles-Lettres*, dont il fut un des plus zélés collaborateurs, contiennent un grand nombre de dissertations également intéressantes pour leurs objets et par la manière dont l'auteur les a traités. La classe d'histoire et de littérature ancienne de l'Institut, dont il était membre depuis le mois d'octobre 1802, époque de la nouvelle organisation de ce corps savant, lui doit aussi quelques *Mémoires*, et particulièrement des recherches très étendues sur le tombeau de Mausole, et sur la chronologie des rois de Carie. Il travaillait, lorsque la mort l'a enlevé, à deux autres *Mémoires*, l'un sur l'Égypte, l'autre sur l'histoire de la philosophie chez les Romains, et il était occupé depuis long-temps de recherches chronologiques sur la véritable époque de la naissance de Jésus-Christ.

Les ouvrages de M. de Sainte-Croix qui présentent le plus d'intérêt, sont : l'*Examen critique des anciens historiens d'Alexandre-le-Grand*, Paris 1775 ; 2ᵉ édit. Paris, an XIII (1804), 1 vol. in-4°; l'*Ézour-Védam*, ou *Ancien commentaire du Védam*, contenant *l'Exposition des opinions religieuses et philosophiques des Indiens*, Yverdun, 1778, 2 vol. in-12 ; *De l'état et du sort des Colonies des anciens peuples*, Philadelphie, 1779, 1 vol. in-8°. *Observations sur le traité de paix conclu en 1763 entre la France et l'Angleterre*, Yverdun, 1782, 1 vol. in-12 *Mémoires pour servir à l'histoire de la religion secrète des anciens peuples, ou Recherches historiques sur les mystères du paganisme*, Paris 1784, 1 vol. in-8 ; *Histoire des progrès de la puissance navale de l'Angleterre*, Yverdun, 1782; 2ᵉ édit. Paris 1786, 2 vol. in-12 ; enfin, *Des anciens gouvernements fédératifs et de la législation de Crète* ; Paris, an VII (1798), 1 vol. in-8°.

Silvestre de Sacy.

.JUGEMENT.

L'*Examen critique des anciens historiens d'Alexandre*, qui avait été couronné par l'Académie des Inscriptions et Belles-Lettres en 1772, commença à faire connaître aux savants tout ce qu'ils pouvaient attendre des talents de M. de Sainte-Croix. Le célèbre auteur de la *Bibliotheca critica*, ne fut que l'organe de tous les juges éclairés, en disant que l'on y admirait un jugement fin, une critique exercée, une connaissance approfondie de la chronologie et de la géographie, une éloquence toujours dictée par la noblesse des sentiments et par l'élévation de l'âme. L'auteur seul n'en était pas content. « C'est, écrivait-il au moment où il s'occupait d'en « faire une seconde édition, le moins mauvais des

MORCEAUX CHOISIS.

Voyez les jugements de M. de Sainte-Croix sur Hérodote, Thucydide et Xénophon.

———

SALLUSTE (Caius-Crispus SALLUSTIUS), historien latin, né à Amiterne, dans le pays des Sabins, 85 ans avant J.-C. ; mort à Rome 35 ans avant J.-C.

Les témoignages sont aussi unanimes sur la perversité de ses mœurs que sur la supériorité de ses talents. Il fallait que le déréglement de sa conduite, dont parle Horace dans ses *Satires*, allât jusqu'à l'infamie, puisqu'il fut chassé du sénat par le préteur Appius Pulcher, dans un temps où la censure, autrefois sévère comme les mœurs publiques, s'était relâchée elle-même, et corrompue comme tout le reste. Des auteurs dignes de foi s'accordent à dire qu'il n'a voulu qu'en imposer à ses lecteurs et tromper la postérité, en affectant dans ses ouvrages le langage le plus austère, et en étalant une morale qui n'était pas celle de son cœur; qu'il ne recherchait les expressions anciennes que pour faire croire que ses principes se sentaient, ainsi que son style, de la sévérité des premiers âges de la république; qu'enfin il n'empruntait les termes dont Caton le Censeur s'était servi dans son livre *des Origines*, que pour paraître ressembler en quelque chose à ce modèle de vertu, que d'ailleurs il était si loin d'imiter.

Il dut son élévation et sa fortune à César, qui, en qualité de chef de parti, ne pouvait pas être délicat sur le choix des hommes : c'est un principe et un malheur de l'ambition de se servir des vices d'autrui. Ce fut César qui le fit rentrer dans le sénat, et qui lui procura par son crédit la dignité de préteur. Salluste le servit bien dans la guerre d'Afrique; et, après la victoire, il obtint pour récompense le gouvernement de Numidie, avec le titre de propréteur. C'est là que, par toutes sortes de brigandages, il amassa des richesses immenses, dont il jouit avec d'autant plus de plaisir que la dissipation de son patrimoine l'avait réduit à la pauvreté. Il acheta ces jardins fameux connus depuis sous le nom de *Jardins de Salluste*, et une maison de campagne délicieuse auprès de Tivoli. Le cri fut général, et les peuples de sa province l'accusèrent de concussion auprès de César, alors dictateur. Mais comment celui qui, aux yeux de tous les Romains, avait enlevé le trésor public du temple où il était renfermé, pouvait-il punir un concussionnaire? La guerre civile n'est pas le temps de la justice. Salluste fut dispensé de répondre, en donnant au maître qu'il avait servi une partie de l'argent qu'il avait volé, et s'assura une possession paisible pour le reste de sa vie. Tel est l'homme qui, dans ses écrits, invective contre la dépravation générale, et rappelle sans cesse les mœurs antiques *.

La Harpe, *Cours de Littérature*.

* La meilleure édition de Salluste est celle qu'a donnée M. Burnouf, avec commentaire, dans la *Collection des Classiques latins*, publiée par M. Lemaire. Malgré les traductions du P. Dotteville, de Beauzée, de Dureau de

JUGEMENTS.

I.

Ce n'est point sans raison que Salluste a été appelé le premier des historiens romains, et qu'on a cru pouvoir l'égaler à Thucydide, si généralement estimé entre les historiens grecs : « *Nec opponere* « *Thucydidi Sallustium verear* (Quintil.). » Mais, sans vouloir régler ici les rangs, ce qui ne nous convient point, il suffit de le regarder comme un des plus excellents historiens de l'antiquité.

La qualité dominante de ses écrits, et qui caractérise Salluste d'une manière plus propre et plus singulière, est la brièveté du style que Quintilien appelle *immortalem Sallustii velocitatem*. Scaliger est le seul qui lui dispute cette louange; mais il est presque toujours bizarre dans ses jugements, comme je l'ai déjà observé.

Cette brièveté dans Salluste vient de la force et de la vivacité de son génie. Il pense fortement et noblement, et il écrit comme il pense. On peut comparer son style à ces fleuves qui, ayant leur lit plus serré que les autres, ont aussi leurs eaux plus profondes, et portent des fardeaux plus pesants.

La langue dans laquelle il écrivait lui était extrêmement commode pour serrer sa diction, et pour suivre en cela le penchant de son génie. Elle a cet avantage, aussi bien que la langue grecque, d'être

---

La Malle, de Le Brun et de M. Mollevaut, Salluste est encore à traduire. M. Billecoq, avocat, a donné, en 1795, une assez bonne traduction de la *Conjuration de Catilina;* elle fait regretter que l'auteur n'ait pas pu entreprendre celle de l'*Histoire de Jugurtha*. F.

également susceptible des deux extrémités opposées. Dans Cicéron elle nous présente un style nombreux, arrondi, périodique; dans Salluste, un style brusque, rompu, précipité. Celui-ci supprime assez souvent des mots, laissant au lecteur le soin de les suppléer. Il met ensemble plusieurs termes ou plusieurs phrases, sans les lier par aucune conjonction, ce qui donne une sorte d'impétuosité au discours. Il ne fait point difficulté d'employer dans son histoire de vieux termes, quand ils sont plus courts ou plus énergiques que les termes usités : liberté qu'on lui a reprochée dans une ancienne épigramme *. Mais sur-tout il fait un grand usage des métaphores, et il ne prend pas les plus modestes et les plus mesurées, comme les maîtres de l'art enseignent qu'on le doit faire, mais les plus concises et les plus fortes, les plus vives et les plus hardies.

Par tous ces moyens, et d'autres encore que j'omets, Salluste est venu à bout de se faire un style tout particulier et qui ne convient qu'à lui seul. Il marche hors de la route commune, mais sans s'égarer, et par des sentiers qui abrègent seulement le chemin. Il paraît ne pas penser comme les autres hommes, et néanmoins il puise toutes ses pensées dans le bons sens. Ses idées sont naturelles et raisonnables : mais toutes naturelles et toutes raisonnables qu'elles sont, elles ont encore l'avantage d'être nouvelles.

On ne sait ce qu'on doit admirer davantage dans

---

* Et verba antiqui multùm furate Catonis
Crispe, Jugurthinæ conditor historiæ.

cet excellent auteur, ou les descriptions, ou les portraits, ou les harangues : car il réussit également dans toutes ces parties ; et on ne voit pas sur quoi fondé, Sénèque le père, ou plutôt Cassius-Sévérus dont il rapporte le sentiment, a pu dire que les harangues de Salluste n'étaient supportées qu'en faveur de ses histoires : « *In honorem historiarum* « *leguntur.* » Elles sont d'une force, d'une vivacité, d'une éloquence, auxquelles on ne peut rien ajouter. Il y a beaucoup d'apparence que, dans l'endroit en question, il ne s'agit pas des harangues insérées par Salluste dans son *Histoire*, mais de celles qu'il prononça dans le sénat, ou de quelques plaidoyers. Quand on lit, dans l'*Histoire de la Guerre de Jugurtha*, le récit de ce fort surpris par un Ligurien de l'armée de Marius, il semble qu'on voie monter et descendre ce soldat le long des rochers escarpés ; il semble même qu'on y monte et qu'on en descende avec lui, tant la description en est vive et animée.

On trouve dans Salluste cinq ou six portraits, qui sont autant de chefs-d'œuvre, et je ne sais si dans toute l'étendue des lettres il y a rien dont la beauté approche plus de l'idée de la perfection. J'en rapporterai seulement ici deux, qui ne sont pas des moins beaux.

Portrait de Catilina.

« L. Catilina nobili genere natus, fuit magnâ vi
« et animi et corporis, sed ingenio malo pravoque.
« Huic ab adolescentiâ bella intestina, cædes, rapi-
« næ, discordia civilis grata fuere, ibique juventu-

« tem suam exercuit. Corpus patiens inediæ, algoris,
« vigiliæ, suprà quàm cuiquam credibile est. Ani-
« mus audax, subdolus, varius, cujuslibet rei si-
« mulator ac dissimulator : alieni appetens, sui
« profusus; ardens in cupiditatibus. Satis eloquen-
« tiæ, sapientiæ parùm. Vastus animus immoderata,
« incredibilia, nimis alta semper cupiebat. »

« L. Catilina joignait à la noblesse du sang une
« âme courageuse et un corps robuste, mais un es-
« prit pervers et corrompu. Il aima dès les premiè-
« res années de sa vie, les guerres intestines, les
« meurtres, le pillage, la discorde civile, et il en fit
« les plus ordinaires exercices de sa jeunesse. Il
« supportait les fatigues, la faim, le froid, les veilles,
« avec une patience au-dessus de tout ce qu'on peut
« imaginer. Il était hardi, rusé, fourbe, capable de
« tout feindre et de tout dissimuler ; avide du bien
« d'autrui, prodigue du sien, vif et emporté dans
« ses passions. Il avait assez de facilité à parler,
« mais peu de discernement. Un vaste génie et une
« ambition sans bornes, pour qui il n'y avait rien
« de trop élevé, lui proposaient sans cesse de chi-
« mériques desseins et de folles espérances.

Portrait de Sempronia.

« In his erat Sempronia, quæ multa sæpè virilis
« audaciæ facinora commiserat. Hæc mulier genere
« atque formâ, prætereà viro atque liberis satis for-
« tunata fuit; litteris græcis et latinis docta; psallere,
« saltare elegantiùs, quàm necesse est probæ : multa
« alia, quæ instrumenta luxuriæ sunt, sed ei cariora

« semper omnia, quàm decus atque pudicitia fuit.
« Pecuniæ an famæ minùs parceret, haud facilè dis-
« cerneres.... Ingenium ejus haud absurdum ; posse
« versus facere, jocum movere, sermone uti vel
« modesto, vel molli, vel procaci. Prorsùs multæ
« facetiæ, multusque lepos inerat. »

« Du nombre de ces femmes était Sempronia,
« qui avait prouvé par bien des actions qu'elle ne
« le cédait point en audace aux hommes les plus
« audacieux. Elle était belle, de bonne naissance,
« avantageusement mariée, et avait des enfants qui
« lui faisaient honneur. Elle possédait parfaitement
« les langues grecque et latine ; savait mieux danser
« et mieux chanter qu'il ne convient à une honnête
« femme ; et avait tous ces talents dangereux qui
« rendent le vice aimable, et dont elle fit toujours
« plus de cas que de la vertu et des bienséances
« de son sexe. Il n'était pas aisé de dire lequel des
« deux elle ménageait le moins, de son argent ou
« de sa réputation. Elle avait de l'agrément dans
« l'esprit, de la facilité à faire des vers, du talent
« pour la plaisanterie. Sérieuse, tendre, libre dans
« la conversation, elle donnait à ses paroles le tour
« qu'elle voulait : et dans tout ce qu'elle disait il y
« avait toujours beaucoup de sel et de grace. »

Il y a un grand nombre d'admirables endroits dans Salluste, sur-tout lorsqu'il compare les mœurs anciennes de la république avec celles de son temps. Quand on l'entend parler fortement, comme il lui est assez ordinaire de le faire, contre le luxe, les débauches, et les autres vices de son siècle, on le prendrait pour le plus honnête homme du monde; mais il ne faut pas s'en laisser éblouir. Sa conduite fut si dérangée, qu'il se fit chasser du sénat par les censeurs.

Outre les Guerres de Catilina et de Jugurtha, Salluste avait fait une histoire générale des évènements d'un certain nombre d'années, dont il nous reste entre autres fragments plusieurs discours parfaitement beaux*.

Rollin, *Histoire ancienne*.

II.

Salluste paraît s'être proposé pour modèle la précision et la gravité de Thucydide, et l'on dit même qu'il avait beaucoup emprunté de cet auteur.

---

* Il n'y a point d'auteur qu'on puisse lui préférer. Quintilien ne craint point de le mettre en parallèle avec Thucydide, si estimé parmi les historiens grecs; et il croit faire beaucoup d'honneur à Tite-Live, après avoir fort relevé son mérite, de dire que, par tant d'excellentes qualités, mais d'un genre tout différent de celles de Salluste, il est venu à bout d'atteindre à l'immortelle réputation que ce dernier s'est acquise par sa merveilleuse brièveté (a). En effet, Salluste, aussi bien que Thucydide, a écrit d'un style extrêmement vif, serré, concis; il a presque autant de pensées que de mots, et laisse entendre beaucoup plus de choses qu'il n'en dit (b). Mais c'est ce caractère-là même qui donne lieu de craindre que cet auteur ne soit trop fort pour la troisième; et je suis d'autant plus porté à le croire, que, dans des conférences établies pour en examiner et en éclaircir les difficultés, j'ai vu de fort habiles maîtres très embarrassés à découvrir le sens d'un grand nombre d'endroits. Quoi qu'il en soit, il n'y a point d'auteur qui nous donne une plus juste idée de la république romaine que Salluste, et qui peigne avec de plus vives couleurs le génie et les mœurs de son siècle, qu'il nous est très important de bien connaître. Rollin, *Traité des Études*.

(a) Immortalem illam Sallustii velocitatem diversis virtutibus consecutus est. (X, 1.)

(b) Densus, et brevis et semper instans sibi. Quint. *Ibid.*

Ita creber est rerum frequentia, ut verborum prope numerum sententiarum numero consequatur. Cic., *De Orat.* I.

Salluste, dit Quintilien, a beaucoup traduit du grec. Il faut apparemment que ce soit dans les autres ouvrages qu'il avait composés, et que nous avons perdus : car on ne voit aucune trace de ces traductions dans ce qui nous est resté *. Il avait écrit une grande partie de l'histoire romaine; mais, en imitant la brièveté de Thucydide, il lui donna encore plus de nerf et de force : un passage de Sénèque (*Excerpt. Controvers.* IX, 1) fait sentir cette différence. « Dans l'auteur grec, dit-il, quelque
« serré qu'il soit, vous pourriez encore retrancher
« quelque chose, non pas sans diminuer du mérite
« de la diction, mais du moins sans rien ôter de la
« plénitude des pensées. Dans Salluste, un mot sup-
« primé, le sens est détruit; et c'est ce que n'a pas
« senti Tite-Live, qui lui reprochait de défigurer
« les pensées des Grecs et de les affaiblir, et qui lui
« préférait Thucydide, non qu'il aimât davantage
« ce dernier, mais parce qu'il le craignait moins, et
« qu'il se flattait de se mettre plus aisément au-des-
« sus de Salluste, s'il mettait d'abord Salluste au-
« dessous de Thucydide. »

Ce morceau fait voir que Tite-Live, dont on croit volontiers les mœurs aussi douces que le style, était pourtant capable des injustices de la jalousie, tant

* La mémoire de La Harpe est ici en défaut : le discours que Salluste (*Jugurth.*, IV) met dans la bouche de Micipsa mourant est traduit en partie des dernières paroles de Cyrus (*Cyroped.*, VIII). On trouve encore dans Salluste un grand nombre de passages imités de Xénophon, de Thucydide et de Platon. M. Burnouf, dans l'excellent commentaire qu'il a donné sur cet auteur, n'a pas manqué de faire remarquer ces emprunts.

F.

il est vrai que, pour se mettre au-dessus de ce vice attaché à l'imperfection humaine, il ne suffit pas d'un grand talent, qui est rare, il faut une grande âme, qui est plus rare encore.

Aulu-Gelle appelle Salluste un auteur *savant en brièveté, un novateur en fait de mots*; ce qui ne veut pas dire qu'il inventait de nouveaux termes, mais qu'il en faisait un usage nouveau. « L'élégance de « Salluste, dit-il ailleurs, la beauté de ses expres- « sions et son application à en chercher de nouvel- « les, trouvèrent beaucoup de censeurs, même parmi « les hommes d'une classe distinguée; mais dans un « grand nombre de remarques critiques qu'ils ont « faites sur ses ouvrages, on en trouve quelques- « unes de bien fondées, et beaucoup où il y a plus « de malignité que de justesse. »

Il ne faut pas compter Lénas, affranchi de Pompée, qui appelait Salluste *un très maladroit voleur des expressions de Caton l'Ancien :* ce n'était qu'une injure grossière d'un ennemi, et d'un ennemi vil. Mais d'ailleurs ce n'étaient pas en effet des hommes médiocres qui reprochaient à Salluste de l'obscurité dans le style, et l'affectation de rajeunir de vieux termes, c'était Jules-César, qui l'aimait et qui fit sa fortune; c'était le célèbre Asinius Pollion, cet homme d'un goût si fin et si délicat, ce protecteur d'autant plus cher aux gens de lettres, qu'il était homme de lettres lui-même. Il avait eu le même maître que Salluste : ce maître était un grammairien nommé Prétextatus, qui, voyant que son élève Salluste montrait de la disposition pour le genre historique, lui donna un précis de toute l'histoire romaine, afin qu'il y choisît la partie qu'il voudrait traiter. Il écrivit d'abord la guerre de Catilina, et ensuite celle de Jugurtha : il avait été témoin de la première. Il composa l'histoire des guerres civiles de Marius et de Sylla, jusqu'à la mort de Sertorius, et des troubles passagers excités par Lépide après la mort du dictateur Sylla, et étouffés par Catulus. Tout ce morceau, qui sans doute était précieux, a péri presque entièrement : il n'en reste plus que quelques lambeaux.

Si les censeurs ont poussé trop loin la critique à l'égard de Salluste, d'autres ont exagéré la louange : Martial l'appelle le premier des historiens romains*, et il n'est pas le seul de cet avis. J'avoue que je lui préférerais Tite-Live et Tacite, l'un pour la perfection du style, l'autre pour la profondeur des idées. Sans vouloir prononcer sur le choix de ses termes, dont nous ne sommes pas juges assez compétents, on ne peut se dissimuler qu'il y a quelque affectation dans son style, et toute affectation est un défaut. On ne peut excuser non plus ses longs préambules et ses digressions morales, qui ne tiennent pas assez au sujet principal, et dont l'objet est vague et le fond trop commun. Il s'en faut bien que sa morale et sa politique vaillent celles de Tacite, qui dans ce genre n'a rien au-dessus de lui. Un autre grief contre Salluste, c'est sa partialité à l'égard de Cicéron. Ce grand homme a marqué les deux principaux devoirs de l'historien, de ne rien dire de faux,

* Crispus, romaná primus in historiá.

et de ne rien omettre de vrai. Salluste est irréprochable sur le premier article ; et comment ne le serait-il pas ? Il parlait d'évènements publics dont tous ses lecteurs avaient été témoins. Mais il est une autre espèce de mensonge très familier à la haine, le mensonge de réticence : et celui-là, moins choquant que l'imposture formelle, est aussi coupable et plus lâche, parce que la méchanceté se cache pour ne pas rougir. Le sénat décerne des actions de graces à Cicéron, conçues dans les termes les plus honorables, pour avoir délivré la république du plus grand danger sans effusion de sang. C'est un acte public et solennel, dont tout les historiens font mention : Salluste n'en parle pas *. Catulus et Caton, dans une assemblée du sénat, donnent à Cicéron le nom glorieux de Père de la patrie, que Pline, Juvénal et tant d'autres écrivains ont rappelé, et que la postérité lui a conservé : Salluste n'en parle pas **. Les magistrats de Capoue, la première ville municipale de l'Italie, décernent à Cicéron une statue pour avoir sauvé Rome pendant son consulat : Salluste n'en parle pas. Enfin le sénat lui accorde un honneur, dont il n'y avait point d'exemple ; il

---

* Salluste ne pouvait-il pas se dispenser de rapporter le décret du sénat, après avoir dit : « Intereà plebs, conjuratione patefactâ, *Ciceronem ad cœlum tollere*, velut ex servitute erepta gaudium atque lætitiam agitabat. » (*Catil.*, XLVIII.)

F.

** Lorsque Catilina ose appeler Cicéron *inquilinus civis urbis Romæ*, Salluste ne dit-il pas que les sénateurs, saisis d'indignation, traitèrent de *parricide*, d'ennemi de la patrie, celui qui osait insulter Cicéron : *obstrepere omnes, hostem atque parricidam vocare*. (*Ibid.* XXXI.) F.

ordonne ce qu'on appelait des *supplications* dans les temples, et ce qui n'avait jamais lieu que pour les triomphateurs. Cette distinction inouïe est assez remarquable : Salluste n'en parle pas. Il y a plus : qu'on lise son histoire de la guerre de Catilina ; tout y est parfaitement détaillé, excepté ce que fit Cicéron * sans lequel rien ne se serait fait. Est-ce là la fidélité de l'histoire ? Est-ce là remplir son objet le plus utile et le plus respectable, celui de montrer la punition du crime et la récompense de la vertu ? Mais comme la passion raisonne mal ! Comment Salluste n'a-t-il pas senti que ce silence, qui, dans un homme indifférent, serait une omission condamnable, dans un ennemi était une bassesse odieuse ? En se taisant sur des faits publics, croyait-il les faire oublier ? Croyait-il que d'autres ne les écriraient pas ? N'a-t-il pas dû prévoir que ces réticences perfides n'auraient d'autre effet, si ce n'est qu'on saurait à jamais que ces honneurs avaient été décernés à Cicéron, et que Salluste n'en avait rien dit ?

La Harpe, *Cours de Littérature*.

* Mais ne lit-on pas dans Salluste : « *Tùm, Tullius consul orationem habuit luculentam atque utilem reipublicæ, quam posteà scriptam edidit.* N'indique-t-il pas les sources où l'on peut puiser les détails que la rapidité de sa narration ne lui a pas permis de donner ? Un ennemi lâchement méchant eût-il aussi bien dépeint l'anxiété paternelle de Cicéron. « At illum « ingens cura atque lætitia simùl occupavère. Nam lætabatur, conjuratione « patefactà, civitatem periculis ereptam esse : porrò autem animus anxius « erat, in maximo scelere tantis civibus deprehensis, quid facto opus esset ; « pœnam illorum sibi oneri, impunitatem perdendæ reipublicæ credebat « (*Ibid.*, XLVI), » et Cicéron n'est-il pas à l'instant résolu à tout encourir pour sauver la patrie. Où est donc ce *mensonge de réticence ?* où est donc cette *méchanceté qui se cache pour ne pas rougir ?*   F.

III.

Parallèle de Salluste et de Tacite.

Salluste est l'écrivain le plus précis, le plus concis, le plus nerveux qu'ait produit la littérature latine, sans en excepter Tacite lui-même. Son goût est plus pur que celui de l'historien des empereurs; son expression plus franche; sa pensée plus dégagée de toute subtilité : l'un creuse plus avant dans les replis du cœur humain, mais avec une sagacité qui devient suspecte à force d'être pénétrante; l'autre s'arrête davantage à ces observations, dont la solidité se fait d'abord sentir, en même temps qu'on ne peut s'empêcher d'en admirer la profondeur. Tacite nous donne le plaisir de deviner, avec lui, des mystères dont lui seul pouvait percer l'obscurité; de faire, avec lui, des découvertes que nous n'aurions pas même soupçonnées : il crée des énigmes dont il fournit le mot sur-le-champ ; et ce mot est souvent un trait de lumière dont les dernières lueurs se prolongent jusqu'au fond des abymes les plus reculés et les plus ténébreux des passions humaines : il nous conduit, sur ses traces, dans un sombre labyrinthe, dont le fil délié est entre ses mains ; et là nous rencontrons, à chaque pas, de grandes vérités morales, qui apparaissent à nos regards comme aux siens, parmi quelques fantômes qui le séduisent et qui nous trompent. Salluste n'étonne jamais notre intelligence, et toujours il la satisfait ; jamais il n'est au-dessus de la mesure des idées communes, et toutefois on sent qu'il n'appartenait qu'à un génie extraordinaire d'en remplir ainsi l'étendue : s'il ne nous procure jamais ce plaisir de deviner, si flatteur pour l'amour-propre, si séduisant pour la malignité ; ce plaisir dont la curiosité est d'autant plus avide, qu'il en est l'exercice le plus agréable et l'usage le plus délicat, il ne nous inspire jamais aussi cette crainte de nous égarer, compagne inséparable des pensées où le raffinement domine, et cette défiance qui s'attache nécessairement à tout ce qui se présente sous une apparence conjecturale. Les clartés que répand le flambeau de Tacite sont quelquefois plus propres à produire des effets piquants qu'à montrer les objets sous leur véritable point de vue : Salluste marche toujours à la lumière du jour le plus pur et le moins douteux ; l'expression du premier emprunte davantage à sa pensée ; la pensée du second doit plus à son expression ; ils sont l'un et l'autre de très grands peintres, des coloristes admirables, pleins de vigueur, d'énergie, de verve et de feu, mais non pas exempts de toute manière et de toute affectation : le style de Tacite a des obscurités, des duretés, des bizarreries que cet écrivain semble avoir recherchées. On reproche à Salluste l'ambition des expressions vieillies et des tournures surannées ; une étude de la concision, qui semble dérober quelque chose à la phrase, même en lui accordant tout le nécessaire, qui compte les mots avec une économie si austère, qu'on est parfois tenté de la regarder comme une parcimonie fâcheuse : tous les deux sont des modèles, sans doute, puisqu'ils se sont élevés au rang des plus rares génies ; mais les hauteurs d'où ils brillent présentent, je crois, plus d'un écueil à l'imitation ; les sentiers qu'ils se sont ouverts, et dans lesquels ils ont marché les premiers, sont semés d'obstacles et de pièges. Il est toujours périlleux de chercher ses modèles hors des voies communes de l'esprit humain et dans l'ordre des exceptions. On peut appliquer aux deux grands historiens dont nous parlons ce qu'Horace dit du plus célèbre lyrique de la Grèce : « Il faut le suivre « de l'œil, avec admiration, dans les régions élevées « où plane son génie; mais il ne faut point vouloir « l'atteindre. »

DUSSAULT, *Annales littéraires*.

MORCEAU CHOISI [*].

Discours de Marius.

Salluste avait à faire parler Marius, qui faisait gloire de n'être que soldat, et de n'avoir aucune teinture des lettres. Il fallait une éloquence inculte, agreste et militaire. Marius, homme sans naissance, élevé par son seul mérite, ennemi des nobles, et nommé malgré eux pour commander en Afrique et faire la guerre à Jugurtha, remercie en ces termes le peuple romain :

« Je n'ignore pas, Romains, que la plupart de « ceux qui briguent les honneurs se montrent, « quand ils les ont obtenus, bien différents de ce

[*] *Voyez* plus haut les portraits de Catilina et de Sempronia, cités et traduits par Rollin.

« qu'ils étaient lorsqu'ils les ont demandés : d'abord
« actifs, modestes, suppliants, ensuite indolents et
« orgueilleux. Ce ne sont pas là mes principes : la
« république est plus que le consulat, et il convient
« de mettre plus de soin à servir l'une qu'à obtenir
« l'autre. Je n'ignore pas non plus que, si j'ai reçu
« de vous un grand bienfait, vous m'avez chargé
« d'un grand fardeau. Pourvoir aux dépenses de la
« guerre en ménageant le trésor public, forcer les
« citoyens au service sans se faire d'ennemis, veiller
« à tout au dedans et au dehors, et tout cela au
« milieu des obstacles, de l'envie et des factions,
« est plus difficile qu'on ne se l'imagine. D'autres,
« s'ils commettent des fautes, ont pour eux leur
« ancienne noblesse, la gloire de leurs ancêtres, le
« crédit de leurs parents et de leurs alliés, l'appui de
« nombreux clients. Je n'ai pour moi que moi seul :
« toutes mes ressources sont dans moi-même, dans
« mon courage, dans ma conduite irréprochable :
« tout le reste me manquerait. Je vois que tout le
« monde a les yeux sur moi ; que les bons citoyens
« me sont favorables, parce que mes actions sont
« utiles à la république, mais que les nobles n'at-
« tendent que l'occasion de m'attaquer. Je dois donc
« redoubler d'efforts pour qu'ils ne puissent pas
« vous en imposer, et pour ne pas donner prise sur
« moi. Je me suis comporté, depuis mon enfance
« jusqu'à ce jour, de manière à être accoutumé à
« tous les travaux, à tous les dangers : si je me suis
« conduit ainsi de moi-même avant de vous être re-
« devable, je n'ai pas envie de changer ma conduite

« après que vous m'en avez payé le prix. Que ceux
« à qui l'ambition apprit à se contrefaire aient de la
« peine à régler l'usage de leur pouvoir, cela doit
« être ; pour moi, qui ai passé ma vie à remplir
« mes devoirs, l'habitude de bien faire m'est deve-
« nue naturelle. Vous m'avez chargé de faire la
« guerre à Jugurtha, et la noblesse en murmure.
« C'est à vous de voir si un autre choix serait pré-
« férable ; s'il vaut mieux envoyer à cette expédi-
« tion quelqu'un choisi dans cette foule de nobles,
« quelque homme de vieille race, qui compte beau-
« coup d'ancêtres et point d'années de service, à
« qui la tête tourne dans un commandement aussi
« considérable, et qui soit réduit à chercher dans
« ce même peuple un subalterne qui lui apprenne
« son métier ; car c'est ce qui arrive le plus souvent,
« vous le savez, et celui que vous avez choisi pour
« général s'en choisit un autre pour lui-même.
« J'en connais, Romains, qui, parvenus au consu-
« lat, ont commencé à se faire lire les actions de
« leurs ancêtres et les livres des Grecs sur l'art mi-
« litaire, fort mal à propos, ce me semble ; car si
« dans l'ordre des choses on est élu avant de com-
« mander, dans l'ordre de la raison il faut apprendre
« à commander avant d'être élu. Comparez à ces an-
« ciens nobles si altiers un homme nouveau tel que
« moi. Ce qu'ils lisent ou ce qu'ils entendent dire,
« je l'ai vu ou je l'ai fait. Ce que l'étude leur ap-
« prend, je le sais par l'expérience : lequel vaut mieux
« des paroles ou des actions ? Je vous en fais juges,
« Romains. Ils méprisent ma naissance, et moi leur

« lâcheté. Ils me reprochent la faute de la fortune :
« je leur reproche leurs vices, ou plutôt je pense
« que tous les hommes sont égaux par la nature,
« mais que celui-là est le plus noble qui est le meilleur
« et le plus brave. Demandez aux parents d'un Al-
« binus, d'un Bestia, s'ils aiment mieux être les pères
« de pareils fils que d'un Marius : ils vous répondront
« qu'ils voudraient avoir pour fils celui qui a le plus
« de mérite. Si les nobles ont raison de me mépriser,
« qu'ils méprisent donc leurs ancêtres qui ont com-
« mencé, comme moi, par n'avoir d'autre noblesse que
« la vertu. Ils m'envient mes honneurs, qu'ils m'en-
« vient donc aussi mes fatigues, mes périls, ma probité;
« car c'est l'un qui m'a valu l'autre. Mais ces hom-
« mes, corrompus par l'orgueil, vivent comme s'ils
« méprisaient les honneurs, et les demandent comme
« s'ils les avaient mérités. Certes, ils s'abusent beau-
« coup, de prétendre à la fois à deux choses si op-
« posées, aux plaisirs de l'oisiveté et aux récompenses
« du courage. Ces mêmes hommes, quand ils par-
« lent dans le sénat ou devant vous, élèvent jus-
« qu'aux cieux le mérite de leurs ancêtres, et croient
« par là s'agrandir dans l'opinion : c'est tout le con-
« traire; leur lâcheté paraît d'autant plus coupable,
« que les actions de leurs aïeux ont été plus écla-
« tantes. La gloire des pères éclaire la honte des
« enfants. Je ne veux pas, comme eux, citer ce qu'ont
« fait les autres; mais, ce qui vaut beaucoup mieux,
« je puis dire ce que j'ai fait, et cependant, voyez
« comme ils sont injustes! Ils ne me permettent
« pas de m'applaudir de ce qui m'appartient, tandis

« qu'ils se vantent de ce qui ne leur appartient pas,
« apparemment parce que je n'ai pas comme eux
« des portraits de famille à étaler devant vous, et
« que ma noblesse ne date que de moi; comme s'il
« ne valait pas mieux s'en faire une à soi-même que
« de flétrir celle dont on a hérité. Je sais que, s'ils
« veulent me répondre, ils ne manqueront pas de
« paroles éloquentes et bien arrangées; mais, com-
« blé de vos bienfaits, et tous les jours, ainsi que
« vous, outragé par leur haine, je n'ai pas cru de-
« voir me taire, de peur qu'on ne prît le silence de
« la modestie pour un aveu de la conscience; car
« d'ailleurs je ne crois pas pouvoir être blessé par
« leurs discours. S'ils sont vrais, ils doivent me
« rendre justice; s'ils sont faux, ma conduite les
« réfute. Mais, puisqu'ils accusent votre choix qui
« m'a chargé d'une commission également impor-
« tante et honorable, voyez, encore une fois, si
« vous devez vous en repentir. Je ne saurais vous
« donner pour mes garants les triomphes et les con-
« sulats de mes pères; mais, s'il le faut, je puis
« montrer les décorations militaires que j'ai reçues,
« les enseignes que j'ai prises à l'ennemi, les cica-
« trices dont je suis couvert. Romains, voilà mes
« titres de noblesse [*] : ils ne me sont pas venus par
« succession; ils sont le prix des fatigues, des ser-
« vices et des dangers.

« Je ne parle pas bien ; je ne suis pas éloquent,
« je le sais : c'est un art dont je fais peu de cas. Je

---

[*] Si je n'ai point d'aïeux, comptez mes cicatrices.
Ducis, *Othello*, Act. I, Sc. 5.

« le laisse à ceux qui en ont besoin pour couvrir
« par de belles paroles des actions qui ne le sont
« pas; mais la vertu, quand elle se montre, n'a be-
« soin que d'elle-même. Je n'ai pas étudié les lettres
« grecques : j'ai cru cette étude bien inutile, puis-
« qu'elle n'a pas servi à rendre meilleurs ceux qui
« nous les ont enseignées. J'ai appris ce qui im-
« porte d'avantage à la république, à frapper l'en-
« nemi, à défendre mes compatriotes, à ne rien
« craindre que l'infamie, à souffrir le froid et le
« chaud, à reposer sur la dure, à supporter la soif
« et la faim. Voilà ce que j'enseignerai à mes soldats.
« Je ne me traiterai pas plus délicatement en les
« traitant avec rigueur; je ne veux pas que ma gloire
« ne soit que le fruit de leurs peines : c'est ainsi
« que l'on commande à des citoyens, c'est ainsi
« qu'il est utile de commander. Vivre soi-même
« dans la mollesse, et faire vivre son armée dans
« les privations, est d'un maître, et non pas d'un
« général. C'est en pensant, en agissant comme moi,
« que nos pères ont été grands et ont illustré la ré-
« publique. La noblesse d'aujourd'hui, qui ne leur
« ressemble guère, nous insulte, parce que nous
« voulons leur ressembler; elle brigue les honneurs
« comme s'ils lui étaient dus. Ils se trompent, ces
« hommes superbes : leurs ancêtres leur ont laissé
« tout ce qu'ils pouvaient leur transmettre : des ri-
« chesses, des titres, un grand nom; ils ne leur
« ont pas laissé la vertu : ils ne le pouvaient pas. Ce
« n'est pas un présent qu'on puisse faire ni qu'on
« puisse recevoir. Ils disent que je suis grossier et

« sans éducation, parce que je n'entends rien à pré-
« parer un festin, parce que je ne paie pas un cui-
« sinier, un histrion, plus cher qu'un fermier. J'en
« conviens, Romains. J'ai appris de mon père et j'ai
« entendu dire aux honnêtes gens que le luxe est
« pour les femmes, et le travail pour les hommes ;
« qu'il faut à un bon citoyen plus de gloire que de
« richesse ; que les ornements d'un guerrier, ce sont
« ses armes, et non pas ses meubles. Quant à eux, qu'ils
« s'occupent des seules choses dont ils fassent cas,
« des plaisirs et de la table ; qu'ils passent leur vieil-
« lesse comme ils ont passé leurs premières années,
« dans les festins, dans les débauches et la dissolu-
« tion, et qu'ils nous laissent la sueur et la pous-
« sière des camps, à nous qui en faisons plus de
« cas que de leurs voluptés. Mais non : quand ils
« se sont déshonorés par toutes sortes d'infamies,
« ils viennent ravir les récompenses des honnêtes
« gens. Ainsi, par la plus criante injustice, le luxe,
« la mollesse, les vices, ne nuisent pas à ceux qui
« en sont coupables, et nuisent à la république,
« qui en est innocente. Maintenant que je leur ai
« répondu, non pas en proportion de leur indignité,
« mais convenablement à mes mœurs, je dirai un
« mot de la chose publique. D'abord, pour ce qui
« regarde la Numidie, soyez tranquilles, Romains :
« vous avez écarté tout ce qui jusqu'à présent avait
« défendu Jugurtha : l'avarice, l'ignorance, l'orgueil
« de vos généraux. Vous avez sur les lieux une
« armée qui connaît le pays, mais jusqu'ici plus
« brave qu'heureuse, et affaiblie en grande partie

« par l'avidité et la témérité de ses chefs. Vous tous
« donc qui êtes en état de porter les armes, pré-
« parez-vous à défendre la république avec moi.
« Que le malheur passé et la dureté des comman-
« dants ne vous effraient plus; vous avez un géné-
« ral qui dans les marches et les combats sera votre
« guide et votre compagnon, et qui ne s'épargnera
« pas plus que vous. Avec le secours des dieux,
« vous pouvez tout vous promettre : la victoire, le
« butin, l'honneur. Et quand tous ces avantages
« seraient douteux ou éloignés, il conviendrait en-
« core que les bons citoyens vinssent au secours de
« la république; car la lâcheté ne sauve personne
« de la mort, et jamais père n'a désiré que ses
« enfants vécussent toujours, mais qu'ils fussent
« estimés et honorés*. J'en dirais davantage, Ro-
« mains, si les paroles donnaient du courage à ceux
« qui n'en ont pas; mais pour les braves, j'en ai
« dit assez. »

A cette vigueur mâle et guerrière, à cette austérité brusque, à cette âpreté de style, à cette jac-
tance soldatesque, tous ceux qui ont lu l'histoire
ne reconnaissent-ils pas Marius? Ne croient-ils pas
l'entendre lui-même? Qu'on lise les lettres et les
mémoires du grand Villars; qu'on voie de quelle
manière il parle de lui et de ceux qu'il appelle
des *généraux de cour;* et on s'apercevra qu'aux

---

* Salluste reproduit ici littéralement la pensée de Platon *(Ménexène)* :
« Ils n'ont jamais désiré que leurs enfants fussent immortels, mais qu'ils fus-
« sent braves et vertueux. »

F.

formes près, nécessairement différentes dans un consul romain et dans un général français, les hommes, placés dans les mêmes situations, ont dans tous les temps à peu près le même langage. C'est dire assez combien Salluste connaissait les hommes; et quand on les connaît bien, on a le droit de les faire parler.

La Harpe, *Cours de Littérature.*

SANNAZAR (Jacques), Actius-Sincerus SANNAZARUS, naquit à Naples en 1458. Possesseur d'une fortune plus que suffisante à ses besoins, il s'adonna à son goût pour la poésie; c'était sa seule occupation, et il menait du reste une vie assez dissipée et que l'on pourrait presque dire perdue dans les plaisirs. Les graces de son esprit et de son caractère plurent à Frédéric, roi de Naples, qui lui marqua son estime par plusieurs bienfaits et des distinctions honorables. Sannazar lui fut fidèle dans sa disgrace, et le suivit en France, où il demeura jusqu'à la mort de son souverain arrivée en 1504. Il est fâcheux que la vie entière de ce poète ait été consacrée à des occupations frivoles, et qu'il ait voulu jusqu'à la fin de ses jours avoir les manières et les goûts d'un jeune courtisan; il eût été pour lui bien plus honorable d'utiliser ses talents. Il mourut dans sa patrie en 1530. On prétend que les troupes de Philibert de Nassau, prince d'Orange, ayant ruiné sa maison de campagne, le chagrin qu'il en conçut abrégea ses jours.

Il a laissé des *Poésies* latines et italiennes. Les premières ont été recueillies à Venise par les Alde, 1535, in-8°. On y trouve des *Élégies*, des *Églogues* et un poème *De Partu Virginis*. Ce dernier ouvrage, qui a fait la réputation de l'auteur, est remarquable par un style élégant et correct ; mais ont est fâché de rencontrer à chaque page

. . . . en un sujet chrétien
Un auteur follement idolâtre et païen.
Boileau, *Art poét.*, Ch. III.

Ce défaut va quelquefois jusqu'au ridicule. Ce poème a été traduit en français par Colletet, en 1634, in-12. Le principal ouvrage italien de Sannazar est son *Arcadie*, mêlée de prose et de vers, et remarquable sur-tout par la délicatesse, la naïveté des images et des expressions. Ses *Poésies* dans cette langue ont aussi été recueillies à Padoue, 1723, et à Naples, 1720. L'*Arcadie*, traduite en français par Picquet, a été publiée en 1737, in-4°.

Voyez à l'article LITTÉRATURE, ce que dit La Harpe de Sannazar, tom. XVII du *Répertoire*, pag. 447.

SAPHO, de Mitylène, dans l'île de Lesbos, florissait environ six siècles avant l'ère vulgaire. Elle fut surnommée la *dixième Muse*, et laissa son nom au vers saphique. Alcée avait conçu de l'amour pour Sapho. Il lui écrivit un jour : « Je voudrais m'expli-
« quer, mais la honte me retient. — Votre front n'au-

« rait pas à rougir, lui répondit-elle, si votre cœur
« n'était pas coupable. »

Sapho disait : « J'ai reçu en partage l'amour des
« plaisirs et de la vertu ; sans elle, rien de si dan-
« gereux que la richesse, et le bonheur consiste
« dans la réunion de l'une et de l'autre. » Elle disait
encore : « Cette personne est distinguée par sa figure,
« celle-ci par ses vertus. L'une paraît belle au pre-
« mier coup d'œil ; l'autre ne le paraît pas moins
« au second. »

Je rapportais un jour ces expressions, et beaucoup d'autres semblables, à un citoyen de Mitylène,
et j'ajoutais : L'image de Sapho est empreinte sur
vos monnaies : vous êtes remplis de vénération
pour sa mémoire. Comment concilier les sentiments
qu'elle a déposés dans ses écrits et les honneurs
que vous lui décernez en public, avec les mœurs
infâmes qu'on lui attribue sourdement ? Il me répondit : Nous ne connaissons pas assez les détails
de sa vie pour en juger. A parler exactement, on
ne pourrait rien conclure en sa faveur, de la justice qu'elle rend à sa vertu, et de celle que nous
rendons à ses talents. Quand je lis quelques-uns de
ses ouvrages, je n'ose pas l'absoudre ; mais elle
eut du mérite et des ennemis, je n'ose pas la condamner.

Après la mort de son époux, elle consacra son
loisir aux lettres, dont elle entreprit d'inspirer le
goût aux femmes de Lesbos. Plusieurs d'entre elles
se mirent sous sa conduite ; des étrangères grossi-
rent le nombre de ses disciples. Elle les aima avec

excès, parce qu'elle ne pouvait rien aimer autrement ; elle leur exprimait sa tendresse avec la violence de la passion. Vous n'en serez pas surpris, quand vous connaîtrez l'extrême sensibilité des Grecs, quand vous saurez que, parmi eux, les liaisons les plus innocentes empruntent souvent le langage de l'amour. Lisez les dialogues de Platon ; voyez en quels termes Socrate y parle de la beauté de ses élèves. Cependant Platon sait mieux que personne combien les intentions de son maître étaient pures. Celles de Sapho ne l'étaient pas moins peut-être ; mais une certaine facilité de mœurs, et la chaleur de ses expressions, n'étaient que trop propres à servir la haine de quelques femmes puissantes qui étaient humiliées de sa supériorité, et de quelques-unes de ses disciples qui n'étaient pas l'objet de ses préférences. Cette haine éclata : elle y répondit par des vérités et des ironies qui achevèrent de les irriter. Elle se plaignit ensuite de leurs persécutions, et ce fut un nouveau crime. Contrainte de prendre la fuite, elle alla chercher un asyle en Sicile, où l'on projette, à ce que j'entends dire, de lui élever une statue. Si les bruits dont vous me parlez ne sont pas fondés, comme je le pense, son exemple a prouvé que de grandes indiscrétions suffisent pour flétrir la réputation d'une personne exposée aux regards du public et de la postérité.

Sapho était extrêmement sensible. — Elle était donc extrêmement malheureuse, lui dis-je. — Elle le fut sans doute, reprit-il. Elle aima Phaon, dont elle fut abandonnée : elle fit de vains efforts pour le ramener; et, désespérant d'être désormais heureuse avec lui et sans lui, elle tenta le saut de Leucade, et périt dans les flots. La mort n'a pas encore effacé la tache imprimée sur sa conduite ; et peut-être, ajouta-t-il en finissant, ne sera-t-elle jamais effacée : car l'envie, qui s'attache aux noms illustres, meurt, à la vérité, mais laisse après elle la calomnie qui ne meurt jamais.

Sapho a fait des hymnes, des odes, des élégies, et quantité d'autres pièces, la plupart sur des rhythmes qu'elle avait introduits elle-même, toutes brillantes d'heureuses expressions dont elle enrichit la langue.

Barthelemy, *Voyage d'Anacharsis*.

JUGEMENTS.

I

Plusieurs femmes de la Grèce ont cultivé la poésie avec succès, aucune n'a pu jusqu'à présent égaler Sapho ; et parmi les autres poètes, il en est très peu qui méritent de lui être préférés. Quelle attention dans le choix des sujets et des mots ! Elle a peint tout ce que la nature offre de plus riant : elle l'a peint avec les couleurs les mieux assorties ; et ces couleurs, elle sait, au besoin, tellement les nuancer, qu'il en résulte toujours un heureux mélange d'ombres et de lumières. Son goût brille jusque dans le mécanisme de son style. Là, par un artifice qui ne sent jamais le travail, point de heurtements pénibles, point de chocs violents entre les éléments du langage; et l'oreille la plus délicate trouverait à peine dans une pièce entière quelques sons qu'elle voulût supprimer. Cette harmonie ravissante fait que, dans la plupart de ses ouvrages, ses vers coulent avec plus de grace et de mollesse que ceux d'Anacréon et de Simonide.

Mais avec quelle force de génie nous entraîne-t-elle lorsqu'elle décrit les charmes, les transports et l'ivresse de l'amour! quels tableaux! quelle chaleur! Dominée, comme la Pythie, par le dieu qui l'agite, elle jette sur le papier des expressions enflammées. Ses sentiments y tombent comme une grêle de traits, comme une pluie de feu qui va tout consumer. Tous les symptômes de cette passion s'animent et se personnifient pour exciter les plus fortes émotions dans nos âmes.

C'était à Mitylène que, d'après le jugement de plusieurs personnes éclairées, je traçais cette faible esquise des talents de Sapho; c'était dans le silence de la réflexion, dans une de ces brillantes nuits si communes dans la Grèce, lorsque j'entendis sous mes fenêtres une voix touchante qui s'accompagnait de la lyre, et chantait une ode où cette illustre Lesbienne s'abandonne sans réserve à l'impression que faisait la beauté sur son cœur trop sensible. Je la voyais faible, tremblante, frappée comme d'un coup de tonnerre qui la privait de l'usage de son esprit et de ses sens, rougir, pâlir, respirer à peine, et céder tour à tour aux mouvements divers et tumultueux de sa passion, ou plutôt de toutes les passions qui s'entre-choquaient dans son âme.

SAPHO. 431

Telle est l'éloquence du sentiment. Jamais elle ne produit des tableaux si sublimes et d'un si grand effet que lorsqu'elle choisit et lie ensemble les principales circonstances d'une situation intéressante; et voilà ce qu'elle opère dans ce petit poème dont je me contente de rapporter les premières strophes.

> Heureux celui qui près de toi soupire,
> Qui sur lui seul attire ces beaux yeux,
> Ce doux accent et ce tendre sourire!
>   Il est égal aux dieux.
>
> De veine en veine une subtile flamme
> Court dans mon sein, sitôt que je te vois;
> Et, dans le trouble où s'égare mon âme,
>   Je demeure sans voix.
>
> Je n'entends plus; un voile est sur ma vue:
> Je rêve, et tombe en de douces langueurs;
> Et, sans haleine, interdite, éperdue,
>   Je tremble, je me meurs [*].

Le même, Ibid.

[*] En lisant cette traduction libre, que je dois à l'amitié de M. l'abbé Delille, on s'apercevra aisément qu'il a cru devoir profiter de celle de Boileau, et qu'il ne s'est proposé autre chose que de donner une idée de l'espèce de rhythme que Sapho avait inventé, ou du moins fréquemment employé. Dans la plupart de ses ouvrages, chaque strophe était composée de trois vers hendécasyllabes, c'est-à-dire de onze syllabes, et se terminait par un vers de cinq syllabes.

Voici la traduction de Boileau:

> Heureux qui, près de toi, pour toi seule soupire,
> Qui jouit du plaisir de t'entendre parler:
> Qui te voit quelquefois doucement lui sourire!
> Les dieux dans son bonheur peuvent-ils l'égaler?
>
> Je sens de veine en veine une subtile flamme
> Courir par tout mon corps sitôt que je te vois;

II.

M. de La Harpe a consacré ces huit lignes à la célèbre Sapho :

« Nous n'avons qu'une douzaine de vers de cette « fameuse Sapho, dont Horace dit :

Le feu de son amour brûle encore dans ses vers.

« Ils sont assez passionnés pour faire croire tout « ce qu'on raconte d'elle, et pour regretter ce qu'on « en a perdu. Boileau en a donné une imitation « très élégante, quoique peut-être elle ne soit pas « animée de toute la chaleur de l'original. »

Je ne veux point m'arrêter à relever cette construction barbare, *de vers assez passionnés pour regretter ce qu'on en a perdu ;* ni ces deux *en*, dont l'un se rapporte à Sapho, et l'autre à ses vers. M. de La Harpe savait très bien le français, et il y aurait du pédantisme à lui faire un trop grand crime de quelques négligences échappées à sa plume dans un travail rapide; mais ce que M. de La Harpe savait peu et mal, c'est le latin, c'est le grec, c'est la littérature de ces deux langues ; et pourtant il en parle avec une assurance en vérité bien extraordinaire.

M. de La Harpe croyait donc qu'il ne nous reste

Et, dans les doux transports où s'égare mon âme,
Je ne saurais trouver de langue ni de voix.

Un nuage confus se répand sur ma vue ;
Je n'entends plus ; je tombe en de douces langueurs :
Et pâle, sans haleine, interdite, éperdue,
Un frisson me saisit, je tremble, je me meurs.

de Sapho que cette ode admirable où le délire de la passion est peint de si vives couleurs, et que tout le monde connaît par les imitations de Catulle et de Boileau. Il ignorait qu'il existe encore une ode entière, et qui n'est peut-être pas moins belle que l'autre. L'erreur est d'autant plus remarquable que cette ode se trouve dans le *Traité* de Denys d'Halicarnasse sur *l'Arrangement des mots*; traité que M. de La Harpe, en sa qualité de rhéteur et de professeur, avait dû lire et méditer, au moins dans la traduction, alors fort répandue, de l'abbé Batteux. Comment M. de La Harpe, qui, deux pages plus loin, parle de l'Anacréon de Poinsinet, n'y avait-il pas aperçu la traduction de cette ode? Comment avait-il oublié qu'elle a été traduite par madame Dacier et par Longepierre, et que Blin de Sainmore en a fait une agréable imitation.

J'ai à mon tour essayé de mettre en français les beaux vers de Sapho. Ils me paraissent étrangement défigurés dans la version de madame Dacier, ainsi que dans la poésie, ou, si l'on veut, dans la prose de Longepierre et de Poinsinet. Batteux lui-même ne les a pas rendus avec assez de force et d'exactitude. J'aurais voulu faire mieux; peut-être n'aurai-je réussi qu'à faire autrement. Le texte de M. Brunck est celui dont je me sers.

« Immortelle Vénus, fille de Jupiter, toi qui
« t'assieds sur un trône brillant, et te complais aux
« ruses amoureuses; je t'en conjure, auguste déesse,
« ne brise point mon cœur par de si vives douleurs.
« Mais si tu daignas jamais écouter ma voix, viens

« en ces lieux; viens, comme au jour où, quittant
« le palais de ton père, tu descendis de l'Olympe sur
« ton char d'or. Tes passereaux charmants frappant
« l'air du battement précipité de leurs ailes, t'empor-
« taient rapidement à travers l'espace; déjà ils ont
« touché la terre. Et souriant de tes lèvres immor-
« telles, ô déesse! tu me demandais quelles étaient
« mes souffrances; pourquoi je t'invoquais; quel
« bien souhaitait ce cœur trop passionné, que je
« voulais lier des chaînes de mon amour.

« Sapho, qui te fait injure? Si l'on t'évite, bien-
« tôt l'on te recherchera; si tes présents sont re-
« jetés, l'on viendra t'en offrir; si l'on ne t'aime
« pas, bientôt l'on t'aimera, ou tu cesseras de le
« vouloir.

« Viens encore aujourd'hui; délivre-moi de mes
« mortelles douleurs. Prête-moi ton secours, et com-
« ble les vœux de mon cœur. »

Cette ode, et celle que Longin nous a conservée, sont écrites dans la plus haute manière, et donnent une bien grande idée du talent de Sapho. On ne s'étonne point, après les avoir lues, de l'enthousiasme avec lequel les Anciens parlent de cette femme extraordinaire; ils l'avaient, en quelque sorte, placée à côté du chantre de l'*Iliade*, et souvent ils la désignaient par le simple nom de *la poétesse*, de même qu'ils appelaient Homère, *le poète*; Démosthène, *l'orateur*, et Thucydide, *l'historien*.

« Nous avons, en quelques occasions, dit Galien,
« l'habitude d'appeler de leur nom générique
« les individus qui, dans chaque genre, sont au

« premier rang. Ainsi, quand on dit que tel vers
« se trouve dans le poète, tel autre dans la poé-
« tesse, tout le monde comprend qu'il s'agit d'Ho-
« mère et de Sapho. »

M. de La Harpe ne connaissait pas une ode connue de tout le monde : faut-il s'étonner qu'il n'ait pas soupçonné l'existence de plusieurs autres fragments de Sapho, épars dans les livres des Anciens, et recueillis dans quelques ouvrages modernes.

Sapho ne s'était pas exercée seulement dans le genre lyrique. Son talent élevé, mais flexible, savait descendre à des compositions plus simples. Elle avait laissé des élégies dont Ovide a sans doute emprunté quelques traits, et des épigrammes dont, trois sont heureusement conservées dans l'*Anthologie*. Ce sont des inscriptions pour des tombeaux; elles ont le naturel et la facilité qui font la grace et le mérite de ces petites pièces.

    O suavis anima! qualem te dicam bonam
    Antehàc fuisse, tales cùm sint reliquiæ.

BOISSONADE.

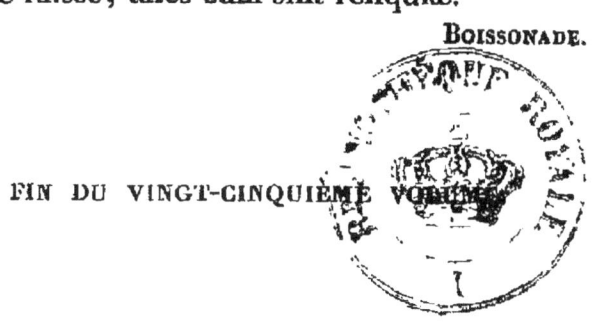

FIN DU VINGT-CINQUIÈME VOLUME.

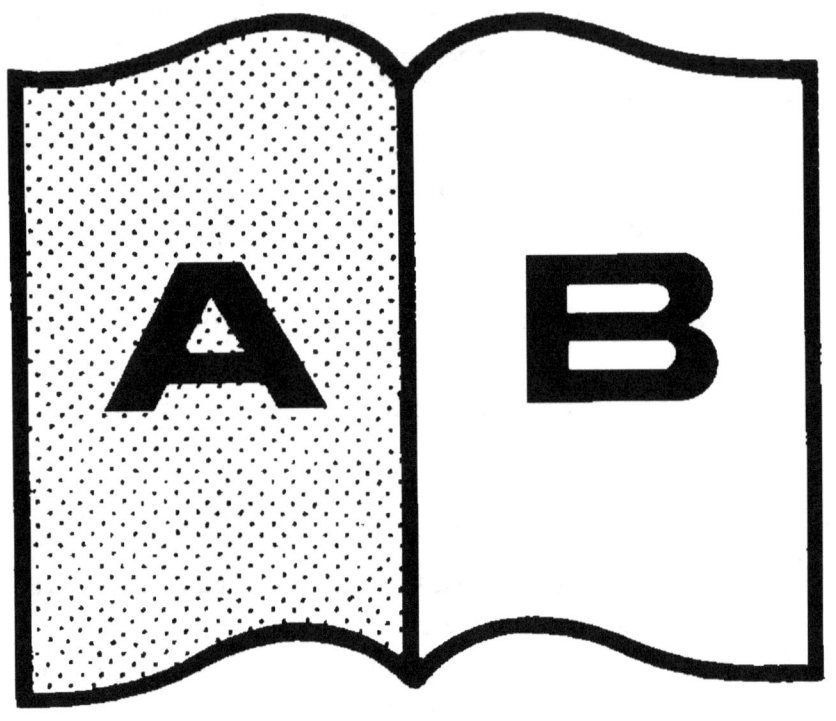

Contraste insuffisant

NF Z 43-120-14

www.ingramcontent.com/pod-product-compliance
Lightning Source LLC
Chambersburg PA
CBHW071110230426
43666CB00009B/1899